EPISTEMIC INJUSTICE

Handbook: Theory and Applications in Japanese Contexts

認識的不正義ハンドブック

理論から実践まで

佐藤邦政・神島裕子・榊原英輔・三木那由他 編著

勁草書房

はしがき

本書は、認識的不正義についての近年の研究動向と、日本社会で生じている認識的不正義の諸側面について知ることができるハンドブックである。ミランダ・フリッカー（Miranda Fricker）の『認識的不正義』出版から約一七年、海外ではさまざまな専門分野で認識的不正義の議論が展開してきたが、近年、日本でもこの概念が言及されることが多くなってきた。それと同時に、認識的不正義の理論的問題だけでなく、日本の法制度や諸実践における認識的不正義という新たな問題に対する関心も高まっている。本書は、以上のような問題を読者が自分で考えていくための一助となることを意図して編まれたものである。

読者のなかには認識的不正義に関する先行研究の多さや、認識的不正義概念と日本の制度や実践とのつながりの見えづらさから、何から手をつければよいのかと思っている人がいるかもしれない。この思いは認識的不正義の研究者も多かれ少なかれ持っている。そこで本書は、認識的不正義についての理論的問題の深さと広がり、および、日本社会で生じている認識的不正義の実践的問題を見通せるよう構成に意匠を凝らした。

具体的には、本書は以下の三部からなる。

第Ⅰ部では、フリッカー以降の認識的不正義の研究動向が説明される。第1章では、認識的不正義の諸特徴と研究方法論に関する議論が紹介される。第2章では、フリッカー以降のさまざまな認識的不正義概念が類型化されて提示される。第3章では、認識的不正義の不正の根拠についての異なる見解が整理されて紹介される。第4章では、認識的不正義の是正について個人面と制度・組織面からアプローチする議論が詳しく紹介される。

第Ⅱ部では、異なる哲学分野における認識的不正義概念の受容と今後に向けた批判的議論の展開について説明される。第5章では、分析認識論における認識的規範性という観点からフリッカーの『認識的不正義』に示された議論が検討される。第6章では、規範倫理学とメタ倫理学の観点から『認識的不正義』で提起された諸概念の意義が検討される。第7章では、言語哲学における言語行為と認識的不正義の関係について説明されたうえで、コミュニケーション的不正義という概念が提案される。第8章では、政治哲学における政治的自由に関する議論の観点から認識的不正義が検討されたうえで、民主主義のための認識的正義が素描される。第9章では、現象学における知覚論を踏まえて『認識的不正義』に見られる知覚的経験論について批判的に検討される。

第Ⅲ部では、日本社会の法制度や諸実践に見られるさまざまな認識的不正義が取り上げられる。第10章では、性暴力に関する現行の法制度に見られる諸課題が認識的不正義という観点から明らかにされる。第11章では、医療現場における患者と医療スタッフの間で生じる固有の認識的不正義のあり方が詳述される。第12章では、当事者研究において障害者の被りがちな解釈的不正義が指摘されたうえで、その制度的な是正方法として研究のコ・プロダクションが示唆される。第13章では、水俣患者の差別問題に対する原田正純医師の取り組みや姿勢が詳述されたうえで、認識的不正義を克服するための私たちの見方の変容について論じられる。第14章では、政治哲学の枠組みを踏まえて日本における入国管理行政の現場で生じている認識的不正義とその構造的要因が詳しく分析される。

「はしがき」の最後に、先行する類書である二〇一七年にラウトレッジから出版された認識的不正義の研究書（I. J. Kidd, J. Medina & G. Pohlhaus Jr.（Eds.）, *The Routledge Handbook of Epistemic Injustice*. Routledge, 2017）との違いを説明しよう。こちらは認識的不正義についての多岐に渡るテーマを掘り下げた論文集に近いのに対して、本書は認識的不正義研究の現状を見渡せるガイドブックとなることが目指されている。ガイドブックと言っても、各章の記述には案内役の各執筆者の認識的不正義への見方が色濃く反映されている。ガイドに身を任せながら、そんなところも味わっていただければ嬉しく思う。

二〇二四年八月

佐藤邦政

認識的不正義ハンドブック　理論から実践まで

目　次

I　基本的概念

第1章　認識的不正義の展開

佐藤邦政

はじめに

本章の目的は以下の二つである。第一に、フリッカーの認識的不正義概念の主要な特徴を明示し、本書第2章以降で詳論されるさまざまな認識的不正義の形態との関連性が見えるようにする（第1節）。第二に、既存の認識的不正義研究が依拠する方法論を、便宜上、「解放的方法論」（第2節）、「非理想的方法論」（第3節）、「制度的・組織論的方法論」（第4節）の三つに分類し、認識的不正義や抑圧を主題として取り上げて研究するための適切な方法論とは何かという問題を提示する(1)。

認識的不正義に関する研究は、すでに膨大な量が蓄積され、現在も新たな成果が日々生み出されている。さまざまな論者によって提案されている認識的不正義の諸形態に見られる類似の特徴——「家族的類似性」——を提示することは、近年の認識的不正義研究の多方面での展開を俯瞰するのに有益だろう。さらに、認識的不正義研究のルーツの一つであるフェミニスト認識論や非理想的認識論では、社会における認識実践上の抑圧や不正義に関する問題——一階の問題――と同時に、そのような問題に取り組むための適切な方法論とは何かという問題――二階の問題――についても研究されてきた。本書でも、認識的不正義というテーマについて、多様なアプローチ――分析認識論や倫理学のほか、言語哲学、政治哲学、現象学、フェミニスト哲学、法哲学、精神医学、当事者研究など――から研究されている。このことを踏まえると、これまでの認識的不正義研究が依拠してきた方法論を整理して提示することは、読者が認識的不正義についての一階の問題だけではなく、二階の問題にも取り組んでいくのに役立つだろう。

1　認識的不正義の特徴

本節では、認識的不正義の家族的類似性を明示することを目的に、フリッカーの証言的不正義と解釈的不正義それぞれの主要な特徴を参照枠として説明する。

証言的不正義

潜在的な偏見に起因

フリッカーの証言的不正義には大きく見ると四つの特徴がある。一つ目は、証言的不正義が情報提供者――話し手や書き手――の社会的アイデンティティに対する偏見的ステレオタイプ（以下、「偏見」と略記する）に起因することである。偏見は個人の心のなかでは潜在的バイアスとして機能しうるため、認識的不正義は、偏見の所持者が無自覚のうちに犯しうるものである。日本では、人種・民族的マイノリティに対する露骨な人種差別である古典的レイシズム（old-fashioned racism）は非難されるべきことだと人々に理解されているだろう。そうだとしても、人々は知覚の次元で潜在的な偏見を発揮してしまうことがある（本書第9章参照）。

証拠主義的な認識的義務違反

ある人物が偏見を持っていたり発揮したりするだけで、証言的不正義を犯していることになるわけではない。証言的不正義の二つ目の特徴は、聞き手が、情報提供者の信用性を証拠に照らして判断するのでなく、その人物の社会的アイデンティティに対する偏見のみに基づいて判断することである（本書第5章参照）。私たちが他者の証言を通じて真理を獲得するためには、情報提供者がどれぐらい信用できるのか――どれぐらい証言内容を知る能力があり、誠実にそれを語っているのか――をさまざまな証拠に照らして判断しなければならない。ところが、偏見をもつ聞き手は適切な証拠に照らして判断する認識上の義務を果たすのに失敗することで、情報提供者の信用性を不当に低く判断したり、過剰に高く判断したりする。(2)

真理や知識伝達に対する不正

ある人物が信用性判断に際して認識上の義務に違反するだけでは、その人が情報提供者に対して証言的不正義を犯しているとは限らない。この不正義の三つ目の特徴は、聞き手が認識上の義務を果たさないことで、情報提供者が認識的害を被る――その証言の伝達が不当な仕方で妨げられたり、歪曲化・矮小化されたりする、あるいは、証言する機会すら与えられずに沈黙させられたりすることである。人々が他者と証言上の交流を通じて信念――証言的信念（testimonial belief）――を形成するとき、情報提供者は相互に言葉を交わし合うことで聞き手の関心やニーズを知り、それに沿って必要な真理や知識を適切な仕方で伝えたり、聞き手はコミュニケーションのなかで相手の経験の意味を掴もうとしたりする。ところが、証言的不正義を被っている情報提供者――特に聞き手が特権者やマジョリティ側の場合に――は、さまざまな仕方でこの互恵的な知識の生産や伝達・拡散を妨げられる。

話し手の認識主体性に対する貶め

四つ目の特徴は、情報提供者が認識主体としての能力を貶められるという道徳的な害を被ることである。情報提供者の証言が不当に無視されたり、軽視されたり、歪曲化・矮小化されたりするとき、情報提供者はその人の証言する能力に対して適切な敬意が払われていない点で、能動性や自律性といった主体性が貶められている。この主体性に対する貶めは、フリッカーの議論では義務論的に理解されている（本書第6章参照）。しかし、情報提供者を単なる情報入手の手段とする「認識的モノ化（epistemic objectification）」の形態をとる場合もあれば、権力者やマジョリティ側の都合に合う限りでの主体性が承認される「切り詰められた主体（truncated subject）」の形態をとる場合などもある（本書第3章参照）。

解釈的不正義

解釈資源の欠落と歪曲化・矮小化に起因

解釈的不正義の一つ目の特徴は、人々が他人にわかってもらい、自分でも理解したい――そしてそれは本人の利益になる――社会的経験があるにもかかわらず、社会のスタンダードな解釈資源が不足していたり不十分であったりするせいで、その理解が不当に妨げられていることである。フリッカーは、ウェンディ・サンフォードの「産後うつ病」の事例をあげて説明している（フリッカー 2023，一九〇～一九二頁）。女性が妊娠や出産をする過程では、身体的にも社会的な役割においても予期しない急激な変化を経験し、一過性の抑うつ状態となることがあるが、このような症状が社会的に理解されていない時代では、産後に心身の変調をきたした女性に対して「育児をしたくないだけだ」といった一方的な解釈を押しつけられがちであった。近年の日本で生じていた、あるいは今も生じがちな解釈的不正義の事例としては、「ヤングケアラー」という言葉が知られる以前の子どもの状況に対する不十分な理解が挙げられるかもしれない。ヤングケアラーの子どもは、親の介護――排せつや入浴の介助――を行ったり、愚痴の聞き役をしたり、兄弟姉妹の面倒を一手に引き受けたりするせいで、過剰な心理的ストレスを抱えたり睡眠障害を発症したりしていても、「甘えている」や「サボっている」といった誤った解釈が押しつけられることがあると報告されている（濱島 2021）。

解釈的不正義は、解釈資源の不十分さに起因するだけではなく、権力者やマジョリティ側の人々による解釈の歪曲化や矮小化による場合もある（Medina 2013）。たとえば、米国・ミネソタ州でジョージ・フロイドが警官に膝で顔面を地面に押しつけられて窒息死した事件をきっかけに広がった Black Lives Matter 運動について、L・アンダーソンによれば、一部の反対者は「黒人の生活も他のすべての人々の生活と同様に重要だ」とする解釈をとらず、「黒人の生活だけが重要だ」とする排他的解釈をあえてとることで、この運動への自分たちの非難を正当化した（L. Anderson 2017）。このような排他的解釈の拡散は、Black Lives Matter 運動の背景に米国での黒人差別の歴史や人種差別的な規範や制度の影響が残存していることを考慮しておらず、権力やマジョリティ性を利用して運動の本来の目的を歪曲化する点で解釈的不正義である。

解釈的周縁化

二つ目の特徴は、被害者が自分たちの社会的経験を理解するためのコミュニケーションにおいて隅に追いやられたり、参加できないように締め出されたりする「解釈的周縁化（hermeneutical marginalization）」を被っていることである。あるいは、自分たちの解釈資源を有しながらも、自分たちの経験を理解するうえでそれを利用させてもらえない貢献的不正義（contributory injustice）を被っていることもある（Dotson 2012）。解釈的周縁化や貢献的不正義は、社会的に力の弱い人々やマイノリティの人々が被りやすい。このような人々は、自分たちの経験を適切に表現する新たな解釈資源を創造する実践から排除されたり、自分たちの解釈資源を広めたりする実践に対等な立場で参加するのを妨げられたりしがちだからである。

複合的な不正義

解釈的不正義が証言的不正義と同時に生じる場合があり、その場合、二重に深刻な不正義になる（フリッカー 2023、二〇八頁）。たとえば、産後の抑うつ症状のケースでは、出産後の女性は、人によっては長期化しうる自身の変化の大きさに対する無理解から誤った解釈を押しつけられやすい立場にあるだけではなく、家父長制における性別役割規範のせいで、女性の証言者としての能力が低く評価されてしまうために、心身の不調を訴える女性の証言が「訴え」という発語内行為として理解されなかったり、文字通りの言葉の意味で受けとめられなかったりする（本書第7章参照）。それにもかかわらず、「女の話は理解できない」といったように、コミュニケーション不全の責任は一方的に女性の側に押しつけられやすい。このように、解釈的不正義を被っている状況で証言的不正義を被ると、被害者はコミュニケーションにおいて壊滅的に不利な状況に陥りやすい。

認識的不正義の是正や緩和

フリッカーの提案する認識的不正義の是正法は、個人が証言的正義の徳と解釈的正義の徳を涵養して発揮することである（フリッカー 2023、4・1節）。証言的正義の徳は、認識主体の偏見を中和する役割を果たす。「中和」とは、聞き手が、証言のやり取りを通じて以前の自分の信用性判断を疑わしく感じた場合にその場で判断を柔軟に変更する――一次的に上げ下げしたり、判断を保留して臆断を避けたりする――ことである。証言的正義の有徳者は、自分の偏見それ自体には気づかなくても、あれやこれやの仕方で誤った信用性判断の影響を減らすことができる。そのためには、自分自身の特定の社会的位置づけ――社会的地位や権力――が話し手の語る内容や語り方にどのような影響を及ぼしうるかについて十分な配慮が必要とされる。

解釈的正義の徳も個人に求められる徳である。有徳な聞き手は、話し手が自分の社会的経験を伝えられない原因が解釈資源の不足や偏りにある可能性にも十分に注意を向けることができる。たとえば、話し手がうまく語りだせないでいるとき、話し手がもっと話しやすい風通しの良い環境にあれば、どのようなことを伝えるだろうかと思いめぐらしながら語りに耳を澄ますことができるかもしれない。証言的正義の徳も解釈的正義の徳も、個人の偏見や解釈資源に内在する偏見を中和することで、話し手の証言から真理を獲得したり、その言葉を適切に理解したりすると同時に、話し手の認識主体性に敬意を払うことを最終的な目標としている。この点で、二つの徳とも認識と倫理のハイブリッドな徳である。

2 解放的方法論

本節からは、認識的不正義研究が依拠している方法論を検討していこう。認識的不正義研究のルーツの一つであるフェミニスト認識論では「知識の獲得や伝達における抑圧や不正義とはいかなるものなのか」という問題と同時に、それらの問題を検討するための「適切な方法論とは何か」という問題——メタ的問題——も精力的に研究されてきた(e.g. Grasswick 2020; Longino 1999; Pitts 2018; Tanesini 1999; 2014; Tuana 2017)。以下では、認識的不正義研究が依拠している方法論を、便宜的に「解放的方法論」、「非理想的方法論」、「制度・組織論的方法論」に分類して紹介する。

本節ではまず、解放的方法論を見てみよう。フェミニスト認識論は、一九七〇年から八〇年代に、女性がジェンダーの偏見や家父長的規範のせいで知識の獲得や伝達を不当に妨げられていたことを明らかにすることで発展してきた(e.g. Grasswick 2020, p. 297)。その中心的問題の一つは、人々が抑圧や不正義からの解放を目指すにあたって、特定の社会や政治状況に巻き込まれながら知識の獲得や伝達に従事する人間の認識主体のあり方とはいかなるものなのかというものである。フリッカーが『認識的不正義』で「社会的に位置づけられた者として主体を説明する考え方」(フリッカー 2023, 五頁)を採用するのにはこのような研究背景がある。

しかし、フェミニスト認識論は、英語では"Feminist Epistemologies"と複数形で表されることが象徴するように、認識主体のジェンダー・アイデンティティのみに焦点をあてるような一枚岩の研究分野ではない。むしろ、フェミニスト認識論者は、複雑に交差する社会的アイデンティティ——インター・セクショナリティ——のせいで抑圧や不正義を被ってきた人々が知識伝達や解釈実践への参加を果たすことよって、抑圧や不正義から解放されることを目標とする解放的認識論（liberatory epistemologies）である（Tuana 2017, p. 126）。以下では、人々の抑圧や不正義からの解放を目指す方法論を「解放的方法論」と呼び、その具体的な研究方法を二つ紹介する。

社会的に位置づけられた者としての認識主体

解放的方法論は、社会的に位置づけられている者としての認識主体のあり方に着目する。私たちの社会的アイデンティティは特定の社会システムや政治システムのなかに位置づけられており、そのせいでマイノリティの人々や社会的に力の弱いグループの人々は、偏見、家父長制のような偏った社会的規範、健常者優先主義のようなイデオロギーなどに晒され、それらに起因する抑圧や不正義を被りやすい立場に置かれている。しかし、このような人々が抑圧や不正義を被るあり方は、ジェンダーやセクシュアリティのほか、人種、民族、出自や社会階級、階層、国籍などが複合的に作用することで差異化される。アルコフとポッターによれば、「ジェンダーは決して「純粋」な影響、つまり、単一の影響として見なすことはできない。ジェンダー・アイデンティティは、アイデンティティの同定やヒエラルキーを構成する他のシステムとの複雑な相互関係の一要素としてのみ適切に理解されうる——そのような一要素として知覚されうるのである」（Alcoff & Potter 1993, p. 3）。

社会的位置づけは、社会的現実を見る認識主体としてのあり方にも大きな影響をもたらしうる。私たちは、真理と知識の獲得において俯瞰的な視点は取りえず、特定のパースペクティブを持つ認識主体である。フェミニスト経験主義によれば、このことは、私たちは常に特定の社会や政治状況に巻き込まれているのであり、人々の実利的価値への利害関心から完全に自由で中立のパースペクティブを取ることはありえないことを意味する。しかし、そうすると、科学的探究を含む認識実践における経験的証拠についての評価も中立な視点ではなく、男性中心主義バイアスなどを反映した基準によって行われることになるため、証拠の力自体がそのようなバイアスに沿う仕方で評価されるリスクがある[3]（Longino 1999）。

一方、フェミニスト・スタンドポイント理論は、抑圧や不正義を被りやすい人々の社会的位置づけがもたらす認識のあり方への影響に着目し、社会のなかで抑圧されている人々こそが、抑圧や不正義に陥っている社会的現実に対する鋭い批判的気づきを持ちうることを明らかにしている（Tanesini 1999, Part VI; 2019）。たとえばヒル・コリンズは、一九六〇年代の米国において黒人女性が置かれていた社会的位置づけに由来する固有のスタンドポイントがあることを論じている（Collins 1986）。黒人女性は、白人家庭での子どもの世話の仕事を通じて白人家庭のあり方をよく知る立場にある一方、その白人家族によって不利な条件のもとで雇われており、身分としては経済的に従属している。黒人女性はこのような仕方で白人男性、中産階級の白人女性、黒人からなるコミュニティの内部に位置づけられると同時に、そのどのグループからもよそ者扱いされていることで（コリンズはこれを「内部のよそ者（Outsiders Within）」と呼んだ）、黒人女性のシビアな社会的現実についての証拠を得るのに認識的に優位な状況にあるのである。

厚い記述による個別事例

フェミニスト認識論やクリティカル人種理論は、長い間、抑圧されたり周縁化されたりしてきた人々の経験に焦点をあてて記述する個別事例のあり方について検討してきた（Grasswick & McHugh 2021, pp. 4-5）。哲学では、個人やその状況を捨象した簡潔な事例が思考実験に用いられることが多い。しかし、抑圧や不正義を分析し、その状況を改善するためには、抑圧や不正義の状況を細部にわたって記述する個別事例――「厚い記述による個別事例（thickly described cases）」（Grasswick & McHugh 2021）――が重要であることが指摘されている（Haslanger 2012, p. 22）。

厚い記述による個別事例は、抑圧や不正義が生じる現場の状況を、それらの要因となる複雑な諸条件――「サポート要因（support factor）」（Furman 2021）――の細部にわたって描写する。偏見やイデオロギーは社会の歴史的・政治的状況を背景とした権力関係に起因して目立たない形で影響を与えることが多く、それらによって引き起こされた抑圧や不正義の要因を同定するのは困難なことが多い。たとえば、フリッカーが『認識的不正義』で取り上げている映画『リプリー』の一場面――マージ・シャーウッドが、恋人であったディッキーの失踪について、彼の父親のグリーンリーフに直接会って自分の考えを述べようとした際に「女の勘とは別に、事実というものが存在するのだよ」と突き放されて、まともに取り合ってもらえなかった場面――での証言的不正義を考えよう。グリーンリーフがマージにジェンダーの偏見を押しつけて証言的不正義を犯していると記述するためには、両者の人物関係やそれまでの会話の流れや文脈、当時の社会背景など多くの情報を説明する必要があろう。このように、抑圧や不正義のあり方やその要因を同定するためには、いわば「現場性の認識論」――現場の状況やその背景、当事者や周りの人々との関係性、会話の文脈や時代背景といった現象――に関する詳細な記述が必要となるだろう（本書第11章参照）。

さらに、厚い記述による個別事例は、既存の認識的不正義の概念を発展させたり、オルタナティブな考え方を生み出したりすることにつながる（本書第2章参照）。たとえば佐々木は、話し手が語ることを不当に妨げられる従来の証言的不正義の形態だけではなく、語りたくないにもかかわらず、（性暴力被害へのケアや治療において）語らざるをえない状況に追い込まれたり、（事情聴取や公判の場で）同じことを何度も語らされたりする不正義の形態がありうることを示唆し、性暴力の被害者は後者の認識的不正義を受けやすいと論じている（本書第10章参照）。こうした不当な認識実践についての厚い記述による個別事例の提示は、同定された抑圧や不正義の例示（exemplification）――ある対象が持つ性質を、より一般的な現象のサンプルとして提示すること――として機能し、同種の抑圧や不正義を可視化できるようにもしてくれる。抑圧や不正義から多くの人々が解放されるために、必要な細部を描写した個別事例の研究は非常に重要な役割を担いうるのである。

3　非理想的方法論

近年の認識論では、現実の人間の持つ特性やその認識実践のあり方を重視する非理想的認識論が登場している[4]。非理想論は、もともと政治哲学分野で生まれてきた方法論であり（e.g. Mills 2005; O'Neill 1987; Young 1990）、社会のあるべき姿について論じる際に現実の社会条件から始める方法論を指す[5]（Valentini 2012）。

非理想論を認識論研究――無知の認識論――に導入した研究者チャールズ・ミルズによれば、理念（ideal）には、複雑な事象を説明するために、その重要な側面を抽象化して記述する「記述モデル」と、その事象のあるべき姿を示す「理念モデル」が存在する（Mills 2005, pp. 166–167）。理想論・非理想論は、どちらも「記述モデル」や「理念モデル」の理念を用いる点では共通するが、批判されるべき理想論は、現実のあり方――たとえば、現実の個人の能力の制約、不平等な対人関係、さまざまなマイノリティに対する抑圧的な社会制度――を差しおいたり、些末な事例と見なしたりしてあるべき理念を検討するものである（Mills 2005, p. 168）。このように、理想論のすべてが批判されるべきものであるわけではない。むしろ、非理想的方法論の特徴は、抑圧や不正義についての理念モデルの構築において重要な現実の社会的要因を構成条件として組み込むことにあると言えるだろう。

白人の無知と解釈的不正義

ミルズは、非理想的方法論に基づいて「白人の無知（white ignorance）」について考察している（Mills 2007）。白人の無知とは、米国社会における白人至上主義のイデオロギーが社会制度や規範に浸透しているせいで、人々の知覚、記憶、推論などの認知能力が歪み、そのせいで人々が特定の社会的現実に対して無知であることを指す（Mills 2007, p. 23）。たとえば、米国では黒人が奴隷として連行され、強制労働させられてきた歴史のなかで白人に特権が与えられ、黒人を圧倒的に劣位な立場に置く社会制度が制定され、白人優位の社会規範が構築されてきた歴史がある。このような歴史的経緯から、たとえば、黒人が関わった犯罪事件はメディアによって大々的に取り上げられる一方、黒人の置かれた社会的現実はメディアの話題にのぼらず、すぐに忘れ去られがちである（Mills 2007, p. 28）。白人の無知は、現代でも命脈を保ち続けている白人至上主義を要因とする構造的無知の一事例であると言える。(6)

ミルズとフリッカーは、構造的不正義を強調する白人の無知と解釈的不正義の関係について異なる分析をしている（Fricker 2013b; Mills 2013）。フリッカーによれば、白人の無知は、十分な解釈資源が存在していても、社会的に支配的立場にある人々が自分たちに不都合なものであるという理由からその解釈資源を意図的に無視することで生じており、そのため、無知の要因は解釈資源にあるのではなく、人々の偏見的な信念のほうにある（Fricker 2013b, p. 51）。白人の無知の主要因が偏った解釈資源の流布にある場合でも、この無知のせいで認識的害を被り続けるのは社会的に力の弱い人々だけである——支配的立場の人々は白人の無知の恩恵に浴することさえある——ことから、解釈的不正義と同一視することはできないと論じられる。

他方、ミルズは、白人の無知が白人至上主義というイデオロギーが社会制度や規範に浸透していることに起因することから、支配的立場の人々だけではなく、社会的に劣位に置かれた人々も白人の無知を図らずも犯しうると述べる（Mills 2013, p. 41）。ミルズは米国の歴史的事例として、当時奴隷とされた黒人自身も「西洋人による奴隷化は、悪魔崇拝の野蛮な状態にあった自分たち黒人に啓蒙をもたらしたのだ」という誤った信念を刷り込まれたせいで、白人の無知の生産に加担していたという例を挙げている。現代ではステレオタイプや偏見の内在化——人々がステレオタイプや偏見に基づく扱いを持続的に受けるうちにその価値観が自己の内面に刷り込まれる——として知られる心理的現象により、黒人が自分たち自身を（権力者が自分たちを見る視線を内面化して）劣位な存在だと自己認識するようになることは、デュボイスが指摘していたことである（デュボイス 1992, 一五頁）。ミルズによれば、このような要因で生産・維持される白人の無知は、社会的に劣位に置かれた人々の解放への道を不当に閉ざすものである点で不正義なのである。

実践的系譜学

エドワード・クレイグによる知識概念に関する系譜学的研究（Craig 1990）以降、現代認識論では、知識などの認識的概念の機能に着目し、その機能が人々のニーズに応じて発展していく系譜を実践的に構成する方法論が研究されている（e.g. Kelp 2011; Kusch & McKenna 2020）。実践的構成を類比的に説明するなら、たとえば、自動車が現在の形態となっているのはなぜかを説明するとき、実際の自動車の組み立ての工程を示すのが因果的構成の説明方法であるのに対し、自動車の形状——サイドミラーの形やブレーキの位置など——を人間の移動のニーズに基づいて説明したり、移動時の安全性や快適さという関心に合わせて内装を説明したりするのが実践的構成である（Queloz 2021, p. 14）。

クレイグは、人々が必要な情報を求めたり、情報入手のために信頼できる情報提供者を同定したりする認識的ニーズを持つ最小の社会——認識上の自然状態——をモデル化し、ある人に知識を帰属することの主要な機能は良い情報提供者を識別することにあると論じた。その後の認識論研究では、知識帰属の機能について「探求が終着点にあることの合図」（Kelp 2011）や「行為のための理由として扱いうる命題の同定」（McGrath 2015）など、クレイグとは異なるさまざまな見解が提示されている。さらに、ウィリアムズ（Williams 2002）やフリッカーは、クレイグの自然状態では、社会で行われる知識収集・蓄積のための分業が人々の協働によって行われることが素朴に前提とされていることを批判し、話し手を出し抜こうとする話し手や、フリーライドを目論む聞き手、あるいは、内集団／外集団バイアスを持つ両者の存在を考慮に入れるべきであると論じている。このように、自然状態を非理想化・政治化する系譜学的議論は、現実社会における認識的分業を不当に妨げる要因を同定し、そのような要因を回避しうる矯正的な認識的分業モデルを提案するのに有効である（Queloz 2021, Section 8.2）。

4　制度・組織論的方法論

現在の認識的不正義研究では、制度や組織に内在する認識的不正義やその是正のあり方が検討されている。フェミニスト哲学、クリティカル・セオリー、政治哲学などでは、抑圧や不正義が個人の悪徳によるだけではなく、男性中心主義やシスジェンダー規範などのイデオロギーが隠れて浸透した社会制度や規範にも起因することが指摘されており、抑圧や不正義を是正したり緩和したりするためには制度・組織上の変革が必要であることが議論されてきた。フリッカーも『認識的不正義』以降、知識の共有と経験の理解を認識上の基本的ケイパビリティであるとしたうえで、このケイパビリティの涵養のためには、他者からの適切な了解（uptake）が期待できる体制の構築が必要であると論じている（Fricker 2015）。以下では、制度や組織の観点から認識的不正義の形態や是正のあり方について検討する方法を「制度・組織論的方法論」と呼ぼう。

制度と組織の不正義

コーディは、認識的不正義には、情報管理や教育などの制度上の分配的な形態の証言的不正義があることを指摘した（Coady 2010）。たとえば、義務教育における子どもへの真理の分配を事例とするなら、家庭科教育は戦後、小学校では男女共に学習する必須科目となったが、中学校では一九九〇年代まで技術・家庭科が並列され、男子は技術で工作や電気を学び、女子は家庭科で料理や裁縫を学習するという性別役割分業を前提にした制度が取られていた。この事例では、家父長的規範のせいで、人々に特定の事柄についての無知や誤解を生み出す点で偏った真理の分配が――個人が偏見的な信用性判断を犯すことなく――行われている（Coady 2010, p. 109）。

E・アンダーソンは、証言的不正義を対人関係の次元に限定したフリッカーの議論を批判し、構造上の証言的不正義があることを指摘する（E. Anderson 2012, p. 166）。たとえば、米国連邦議会の聴聞会での証言者リストについて、作成した補佐官の偏見のせいでリストに当然入れるべき主要人物が排除されているなら、これは交流的な証言的不正義である。それに対して、すでに引退した元議長がリストを作成して以降、それが更新されないまま使い回されていたことで証言者の主要人物がリストに挙げられていないなら、これは現在の議会メンバーの偏見によってその人物が排除されたものではないため、構造的な不正義であると言える。E・アンダーソンは、異なる社会的グループが分断された社会では、交流的な証言的不正義を引き起こさない種類のバイアスでも構造的な不正義を引き起こしうることを指摘する（ibid., p. 170）。たとえば、権力者やマジョリティの自民族中心主義（ethnocentrism）は、マジョリティ集団のなかで認識的不正義を誘発することがない一方、マイノリティの人々と没交渉となることを通して、結果的にこれらの人々に対して不利な法制度の制定につながったりする。

近年では、政府、企業、学校、警察などの組織の認識的徳や悪徳が、認識的不正義と関係づけられて論じられている（e.g. Fricker 2010; 2012; 2013a; 2021; Medina 2021）。たとえば、メディナは、アメリカのダーラム郡拘置所で起きた死亡事件に関する厚い記述を提示することで、集団の悪徳に起因する組織の認識的不正義について論じている（Medina 2021）。このメディナの議論を踏まえて、岸見は、日本の入管施設に収容された無登録移民の人々の声に対する集団的な無視について論じている（本書第14章参照）。

フリッカーは、集合的な認識的行為者が認識的徳や悪徳を持つことを「エートス（ethos）」という概念に基づいて説明している（e.g. Fricker 2010; 2012; 2013a; 2021）。組織が集団で熟慮や推論に従事する能力を備えているとき、その組織はそれ自体で認識的な行為者と見なされうる（Lackey 2021, p. 9）。たとえば、大学が学生の健康維持・促進のためにキャンパス内の禁煙化を決定する際、大学を代表する執行部がその決定を支持する証拠と反対する証拠を十分に比較衡量し、証拠に応じて決定を改訂・棄却することができるなら、その大学は集合的な認識的行為者である。集合的行為者における組織内のメンバーがおおよそ一致した有徳あるいは悪徳な判断や行為をするとき、その判断や行為がエートスに基づくなら、その組織は集合的徳や悪徳を持っている（Fricker 2013a, p. 1327; 2021, p. 90）。ここで「エートス」は、その集合的判断や行為が導出される価値の源泉のことであり、組織内のメンバーはその価値にコミットしている。たとえば、B社が自動車保険の保険金水増し請求という不正を行っていた場合、その不正がB社全体に帰属すると言えるのは、従業員に対して理不尽な叱責や降格人事を行っていた特定の会社幹部や、不合理な経営計画が存在するだけではなく、利益至上主義を正義より優先させる企業風土――組織のエートス――のもとで多くの従業員が一致して不正に手を染めていた場合であるだろう（cf. 佐藤 2024a）。フリッカーによれば、このような組織による証言的不正義の是正のためには、メンバーが安全に「異議申し立て（contestation）」できる体制づくりが必要であり、それは組織のメンバー――あるいは民主主義社会における市民――の政治的自由の条件でもある（本書第8章参照）。

制度や組織の次元の是正

認識的不正義の是正においても、個人の徳の涵養だけではなく、制度や組織の改善が必要である（本書第4章参照）。アルコフは、認識的正義の実現のためには、認識的に有徳な人物になるための個人の努力では十分ではなく、広範な教育の改革や、偏って構築されてきた歴史的言説を修正することが必要であると論じている（Alcoff 2010）。たとえば、日本で「哲学」と言えば西洋の思想研究を指すことが当然視されたり、女性哲学者の活躍が例外と見なされたりしてきた言説のなかでは、個人の努力にかかわらず、人々はますます哲学のヨーロッパ中心主義や男性中心主義のバイアスを増幅させる可能性が高いだろう。このような証言の偏った分配状況を是正するためには、市民や学生がさまざまなオルタナティブな哲学言説に触れる教育機会――たとえば、東アジアやインド、イスラム、ラテンアメリカやアフリカの哲学書に触れたり、実際に活躍していた女性哲学者の映画を鑑賞したりする――が増え、人々がそれまでコミットしていた価値や態度の変容を促すことが重要だろう（本書第13章参照）。また、当事者研究について熊谷は、障害に関する解釈資源の偏りを是正していくためには、障害者が自分の経験を語りだすために自分たちの解釈資源を利用し、専門家と対等な立場で障害者研究に参画するコ・プロダクションを制度的に実現させることが重要であると論じている（本書第12章参照）。

おわりに

本章では、証言的不正義と解釈的不正義の主要な特徴を示し、次章以降で示されるさまざまな認識的不正義概念との家族的類似性が見えるようにした。さらに、認識的不正義の研究方法論について三つの分類を導入して先行研究のサーヴェイを行った。従来の認識的不正義研究は、概念的にも方法論的にも北米や西欧中心に発展してきた。今後、現在の日本——あるいは、世界の諸地域——における認識的不正義と是正方法について検討するために、不正義についての研究と同時に方法論についての研究も重要となるだろう。

注

（1）本章で示す三つの方法論の分類は決して決定的なものではなく、各方法論の特徴にもオーバーラップする点が見られる。本章での分類は、研究方法論の特徴や問題を大まかに浮かび上がらせる作業仮説としての意味を持つものであり、認識的不正義の研究方法論を包括的に論じる今後の研究の土台となることを意図している。

（2）デイヴィスによれば、偏見は証言内容それ自体に対しても作用し、その証言の信憑性——証言内容がどれぐらい信用できるのか——が不当に低く評価されることがある（Davis 2021, p. 221）。たとえば、ジェンダーの偏見を持つ哲学者がデカルト哲学についての研究発表で「当時の女性の哲学者がデカルトに影響を与えた」という発表（証言）を受け取っても、その内容がジェンダーによってコード化されているせいで、その哲学者はその話を証拠に照らすことなく鼻から信用しなかったり、疑わしいものと見なしたりするかもしれない。

（3）アントニーは、フェミニスト認識論者による理論もまた中立の立場からの構築ではありえない――女性差別や男性中心主義バイアスとは別種であるにしても、何らかのバイアスからは逃れられない――ことから、理論構築における不偏性（impartiality）の問題はフェミニスト認識論者にとってのパラドックスでもあると指摘する（Antony 2001, p. 115）。

（4）ベッグビィは、非理想的認識論を潜在的偏見から免れえない現実の認識主体性を踏まえる方法として狭く捉えている（Begby 2021）。マッケンナは、非理想的認識論の三つの側面――第一に、社会に位置づけられた者としての認識主体のあり方、第二に、家父長制のような抑圧や不正義を誘発する制度的側面、第三に、現実の探究をかえって機能不全に陥らせる「理念」に基づく議論のあり方――について説明している（McKenna 2023, pp. 5-10）。

（5）政治哲学における非理想論が生まれた背景には、ジョン・ロールズの『正義論』以降、理想的な条件下での社会のあり方に対する多くの哲学研究において、抑圧や不正義に対する視角が十分に考察されていないことへの反省がある（Schwartzman 2006）。他方、ミルズのような非理想論からのロールズ批判に対して、フェミニスト哲学の観点から、社会的協働を重視するロールズの議論に沿って女性を含む周縁化されていた人々の実質的平等を確保するフェミニスト的な政治的リベラリズムを擁護する研究がある（Watson & Hartley 2018）。いずれのアプローチも社会正義を望む点では一致しており、今後、両者の批判的応答を通じて正義に対するいっそう適切な研究方法論が見えてくる可能性がある。

本節の記述は認識論における非理想論の紹介に力点があるが、今後、認識論の文脈でも理想論と非理想論の間で類似の議論が行われると予測される。

（6）アルコフは、偏った社会規範やイデオロギーが認識実践に浸透しているせいで生産・維持される無知を「構造的無知（structural ignorance）」と呼び、悪徳の行為者が犯す行為者的無知（agential ignorance）と区別する（Alcoff 2007）。佐藤は、ミルズやアルコフが唱える構造的無知論研究のほか、認識的バブルやエコーチェンバーに関する社会認識論研究を踏まえて、日本における構造的無知について考察している（佐藤 2024b）。

参考文献

Alcoff, L. M.（2007）"Epistemologies of Ignorance: Three Types." In S. Sullivan & N. Tuana（Eds.）, *Race and Epistemologies of Ignorance*. State University of New York Press, 39-58.

――.（2010）. "Epistemic Identities." *Episteme*, 7(2), 128-137.

Alcoff, L. M. & Potter, E.（1993）. "Introduction: When Feminisms Intersect Epistemology." In L. Alcoff & E. Potter（Eds.）, *Feminist Epistemologies*（pp. 1-14）. Routledge.

Anderson, E. (2012). "Epistemic Justice as a Virtue of Social Institutions." *Social Epistemology*, 26(2), 163-173.（エリザベス・アンダーソン「社会制度がもつ徳としての認識的正義」飯塚理恵訳、木下頌子・渡辺一暁・飯塚理恵・小草泰編訳『分析フェミニズム基本論文集』慶應義塾大学出版会、二〇二二年）

Anderson, L. (2017). "Epistemic Injustice and the Philosophy of Race." In I. J. Kidd, J. Medina & G. Pohlhaus Jr. (Eds.), *The Routledge Handbook of Epistemic Injustice* (pp. 167-174). Routledge.

Antony, L. (2001). "Quine as Feminist: The Radical Import of Naturalized Epistemology." In L. M. Antony & C. Witt (Eds.), *A Mind of One's Own: Feminist Essays on Reason & Objectivity* (pp. 167-174). Westview Press.

Begby, E. (2021). *Prejudice: A Study in Non-Ideal Epistemology*. Oxford University Press.

Coady, D. (2010). "Two Concepts of Epistemic Injustice." *Episteme*, 7, 101-113.

Collins, P. H. (1986). "Learning from the Outsider Within: The Sociological Significance of Black Feminist Thought." *Social Problems*, 33, 14-32.

Craig, E. (1990). *Knowledge and the State of Nature*. Clarendon Press.

Davis, E. (2021). "A Tale of Two Injustices." In J. Lackey (Eds.), *Applied Epistemology* (pp. 215-250). Oxford University Press.

Dotson, K. (2012). "A Cautionary Tale: On Limiting Epistemic Oppression." *Frontiers: A Journal of Women Studies*, 33(1), 24-47.

デュボイス、W. E. B. (1992)『黒人のたましい』木島始・鮫島重俊・黄寅秀訳、岩波書店

Fricker, M. (2010). "Can There Be Institutional Virtues?" In T. S. Gendler & J. Hawthorne (Eds.), *Oxford Studies in Epistemology* (pp. 235-252). Oxford University Press.

——. (2012). "Institutional Prejudice." In S. L. Crasnow & A. M. Superson (Eds.), *Out from the Shadows: Analytical Feminist Contributions to Traditional Philosophy* (pp. 83-114). Oxford University Press.

——. (2013a). "Epistemic Justice as a Condition of Political Freedom." *Synthese* 190: 1317-1332.

——. (2013b). "How is Hermeneutical Injustice Related to 'White Ignorance'?" *Social Epistemology Review and Reply Collective* 2, 8, 49-53.

——. (2015). "Epistemic Contribution as a Central Human Capability." In G. Hull (Ed.), *The Equal Society: Essays on Equality in Theory and Practice* (pp. 73-90). Lexington Books.

——. (2021). "Institutional Epistemic Vices: The Case of Inferential Inertia." In I. J. Kidd, H. Battaly & Q. Cassam (Eds.), *Vice Epistemology* (pp. 89-107). Routledge.

フリッカー、M.（2023）『認識的不正義——権力は知ることの倫理にどのようにかかわるのか』佐藤邦政監訳、飯塚理恵訳、勁草書房
Furman, K. (2021). "What Use are Real-World Cases for Philosophers?" *Ergo*, 7(15), 441-456.
Grasswick, H. (2020). "Feminist Epistemology." In M. Fricker, P. J. Graham, D. Henderson & N. J. L. L. Pedersen (Eds.), *The Blackwell Guide to Social Epistemology* (pp. 295-303). Routledge.
Grasswick, H. & McHugh, N. A. (2021). "Introduction." In H. Grasswick & N. A. McHugh (Eds.), *Making the Case: Feminist and Critical Race Philosophers Engage Case Studies* (pp. 2-19). State University of New York Press.
濱島淑恵（2021）『子ども介護者——ヤングケアラーの現実と社会の壁』角川新書
Haslanger, S. (2012). *Resisting Reality: Social Construction and Social Critique*. Oxford University Press.
Kelp, C. (2011). "What's the Point of 'Knowledge' Anyway?" *Episteme*, 8(1), 53-66.
Kusch, M. & McKenna, R. (2020). "The Genealogical Method in Epistemology." *Synthese*, 197, 1057-1076.
Lackey, J. (2021). *The Epistemology of Groups*. Oxford University Press.
Longino, H. E. (1999). "Feminist Epistemology." In J. Greco & E. Sosa (Eds.), *The Blackwell Guide to Epistemology* (pp. 327-353). Blackwell.
McGrath, M. (2015). "Two Purposes of Knowledge Attribution and the Contextualism Debate." In D. Henderson & J. Greco (Eds.), *Epistemic Evaluation: Purposeful Epistemology* (pp. 138-157). Oxford University Press.
McKenna, R. (2023). *Non-Ideal Epistemology*. Oxford University Press.
Medina, J. (2013). *The Epistemology of Resistance: Gender and Racial Oppression, Epistemic Injustice, and Resistant Imaginations*. Oxford University Press.
——. (2021). "Capital Vices, Institutional Failures, and Epistemic Neglect in a County Jail." In I. J. Kidd, H. Battaly & Q. Cassam (Eds.), *Vice Epistemology* (pp. 108-125). Routledge.
Mills, C. W. (2005). "'Ideal Theory' as Ideology." *Hypatia*, 20(3), 165-84.
——. (2007). "White Ignorance." In S. Sullivan & N. Tuana (Eds.), *Race and Epistemologies of Ignorance* (pp. 13-38). State University of New York Press.
——. (2013). "White Ignorance and Hermeneutical Injustice: A Comment on Medina and Fricker." *Social Epistemology Review and Reply Collective* 3, 1, 38-43.
O'Neill, O. (1987). "Abstraction, Idealization and Ideology in Ethics." In J. D. G. Evans (Ed.), *Moral Philosophy and Contemporary Prob-*

lems: Royal Institute of Philosophy Lecture Series Supplement 22, 55–69.

Pitts, A. (2018). "Epistemic Injustice and Feminist Epistemology." In D. Coady & J. Chase (Eds.), *The Routledge Handbook of Applied Epistemology* (pp. 101–114). Routledge.

Queloz, M. (2021). *The Practical Origins of Ideas: Genealogy as Conceptual Reverse-Engineering.* Oxford University Press.

佐藤邦政（2024a）「ジェンダーをめぐる認識的不正義――マスメディアの企業風土と組織の証言的不正義」、神島裕子編『未来世界を哲学する』第5巻（四七～八八頁）、丸善出版

――（2024b）「「日本人」特権に起因する無知――日本人性に関する社会科学と無知の認識論の学際研究」、鶴田想人・塚原東吾編『無知学への招待』明石書店

Schwartzman, L. H. (2006). "Rawlsian Abstraction and the Social Position of Women." In her *Challenging Liberalism: Feminism as Political Critique* (pp. 55–73). Pennsylvania State University Press.

Tanesini, A. (1999). *An Introduction to Feminist Epistemologies.* Blackwell.

――. (2014). "Feminist Epistemology." In S. Bernecker & D. Pritchard (Eds.), *The Routledge Companion to Epistemology* (pp. 885–895). Routledge.

――. (2019). "Standpoint Then and Now." In M. Fricker, P. J. Graham, D. Henderson & N. J. L. L. Pedersen (Eds.), *The Blackwell Guide to Social Epistemology* (pp. 335–343). Routledge.

Tuana, N. (2017) "Feminist Epistemology: The Subject of Knowledge." In I. J. Kidd, J. Medina & G. Pohlhaus Jr. (Eds.), *The Routledge Handbook of Epistemic Injustice* (pp. 125–138). Routledge.

Valentini, L. (2012). "Ideal vs. Non-Ideal Theory: A Conceptual Map." *Philosophy Compass,* 7(9), 654–664.

Watson, L. & Hartley, C. (2018). *Equal Citizenship and Public Reason: A Feminist Political Liberalism.* Oxford University Press.

Williams, B. (2002). *Truth and Truthfulness: An Essay in Genealogy.* Princeton University Press.

Young, I. M. (1990). *Justice and the Politics of Difference.* Princeton University Press.

謝辞：編者同僚の榊原英輔さん、神島裕子さん、三木那由他さんに有益なご助言を頂きました。記して御礼申し上げます。本研究は科学研究費（23K00004）の助成を受けています。

第2章　認識的不正義の分類

榊原英輔

はじめに

認識的不正義（epistemic injustice）の概念は、社会認識論から発展してきたものである（Fricker 1998）。社会認識論（social epistemology）は、従来の認識論が知識を獲得しようとする個人に焦点を当てすぎていたことを反省し、人が知識を獲得するためには、五感を用いた個人的観察に加えて、他者との言語的やり取りが決定的に重要であると考える。知識の獲得や伝播に複数の人間が関わっているということが意味しているのは、認識論には倫理学と交差する領域が存在するということである。認識的不正義は、この認識論と倫理学が交じり合う領域を捉えるために生まれた概念の一つである。

フリッカーは、認識的不正義の概念を提唱するに際して、証言的不正義（testimonial injustice）と解釈的不正義（hermeneutical injustice）という、二つの現象の輪郭を描き出した（Fricker 2007）。認識的不正義の概念はその後大きな注目を集め、証言的不正義と解釈的不正義以外にも、多様な認識的不正義の類型があることが提唱されている。そこで本章では、認識的不正義に関するこれまでの研究の広がりを概観し、認識的不正義の名のもとに論じられてきた諸概念を整理していきたい(1)。

ある領域の現象を分類・整理する方法には、ディメンジョナルな方法と、カテゴリカルな方法がある。ディメンジョナルな方法とは、個々の現象を、複数の特性の次元の組み合わせに分解して記述する方法である。これに対してカテゴリカルな方法とは、領域を多数の類型に切り分け、個々の現象をそのいずれかに包摂していく方法である。色を例にとると、さまざまな色を、赤／青／緑の光の強さの組み合わせで表現するのはディメンジョナルな方法であり、赤、青、紫、黄色、茶色などに呼び分けるのはカテゴリカルな方法である。

両者には、一長一短がある。ディメンジョナルな方法は、現象の全領域を適切に表現できる特性の組み合わせが見つかれば、多様な現象を少数の概念で記述できるようになるが、その記述から具体的な現象をイメージするのが難しく、適切な特性の次元を定められない場合も少なくない。逆に、カテゴリカルな方法は、それぞれの類型に分類された現象の具体的特徴を思い描きやすいという利点があるが、それらが相互にどのような位置関係にあるのかを把握しにくいという欠点がある。

本章では、ディメンジョナルな方法とカテゴリカルな方法を組み合わせた、折衷的な分類方法を採用したい。すなわち、認識的不正義の領域を、二つの特徴の次元を組み合わせで四象限に大別したうえで、個々の象限に位置づけられる認識的不正義の類型を列挙していくことにする。これにより、さまざまな種類の認識的不正義の具体的特徴を思い描きやすくなると同時に、それらの相互の位置関係を把握しやすくなることが期待できるだろう。

1　認識的不正義の四象限

フリッカーは、認識的不正義は、認識の主体（epistemic subject）としての能力を不当に貶めるものであると述べている(2)(Fricker 2017)。フリッカーが認識的不正義の中核的なケースだと位置づけた証言的不正義は、社会のなかで劣位に置かれた人々が、その社会的アイデンティティに対する偏見のために、信用性を過小評価され、聞き手にその発言を信じてもらえないという現象である。フリッカーは当初、証言的不正義の一次的害(primary harm)は、それが話し手の知識の主体(knower)として、あるいは知識の提供者(giver of knowledge)としての能力を不当に貶める点にあると述べていた(Fricker 2007, p. 7, 邦訳一〇頁)。後年において「知識の提供者」が「認識の主体」に改められたが、これは、社会的な認識的活動は知識や情報の提供に限定されるものではないということを明確にするためである。話し手は、知識だけでなく、アイデアや問いを提供することもあるだろう。さらに、知識やアイデアを受け取ることも、社会的な認識的活動の不可欠の要素なのである。

解釈的不正義は、社会的に劣位に置かれた人々が、これまで認識的活動に参加して概念を発展させる機会を奪われてきたために、自らの経験を理解してそれを言語化するために必要な集合的な解釈資源(collective hermeneutical resource)(3)が乏しい状態に取り残されてしまうことを指す概念である(Fricker 2007, p. 1, 邦訳二頁)。証言的不正義は、特定の対人交流のなかで生じる不正義であるのに対し、解釈的不正義は、それが生じている特定の交流の場面というものは定まっておらず、対人交流が生じていないときにも、社会のなかに常時存在するものである。これに関連して、証言的不正義には加害者が存在するが、解釈的不正義には特定の加害者は存在しないという違いもある。アンダーソンは、証言的不正義と解釈的不正義の間に見られるこのような違いを、交流的(transactional)な不正義と、構造的(structural)な不正義の対比として特徴づけた(4)(Anderson 2012)。

本章では、これまでに提唱されてきたさまざまな認識的不正義の類型を整理するために、それが(知識、アイデア、問いなどの)発信者としての認識主体に対する不正義なのか、受信者としての認識主体に対する不正義なのかという対比を縦軸とし、交流的な不正義なのか、構造的な不正義なのかという対比を横軸とすることで、認識的不正義を図2－1のように四象限に大別することを提案したい。ただし、この四象限の分類は、認識的不正義の分類として完全

<table>
<tr><td>対象／生じる場面</td><td>交流的
具体的な交流場面の中で生じる</td><td>構造的
特定の交流場面とは独立に生じる</td></tr>
<tr><td>受信者としての
認識主体に対する</td><td>参加的不正義</td><td>分配的な認識的不正義</td></tr>
<tr><td rowspan="2">発信者としての
認識主体に対する</td><td colspan="2">先制的証言的不正義</td></tr>
<tr><td>発語的沈黙化／証言抑制／予期的不正義
発語内的沈黙化／談話的不正義
証言的不正義／会話的不正義
発話解釈的不正義／推意的不正義</td><td>解釈的不正義
貢献的不正義／故意の解釈的無知</td></tr>
</table>

図2－1　認識的不正義の四象限に基づく分類

なものではないことを、あらかじめ述べておきたい。なぜなら、知識やアイデアの発信と受信だけでは、社会認識論に関わるすべての現象を網羅していないからである。以下では、受信者としての認識主体に対する構造的な不正義（第2節）、発信者としての認識主体に対する交流的な不正義（第3節）、発信者としての認識主体に対する構造的な不正義（第4節）、受信者としての認識主体に対する交流的な不正義（第5節）の順に、これまでに提唱されてきた認識的不正義の類型を紹介し、最後にこの四象限の図式に収まらない認識的不正義の例を紹介することにしたい（第6節）。

2　受信者としての認識主体に対する構造的な不正義

コーディは、フリッカーが提唱した認識的不正義は差別的（discriminatory）な認識的不正義であるのに対し、それとは別に、分配的（distributive）な認識的不正義というものがあると論じた(5)（Coady 2010）。フリッカーも、のちにコーディの指摘を追認している（Fricker 2017）。コーディの言う分配的な認識的不正義とは、社会的に劣位に置かれた人々が、相対的に無知な状態に置かれてしまうことを指している。過去に、女性や民族的マイノリティに属する人々が高等教育から排除されてきたことは、分配的な認識的不正義の典型例である。分配的な認識的不正義は、知識の不公正な分配を問題にしており、教育に関する社会政策の文脈で論じられてきた問題であるため、受信者としての認識主体に対する構造的な不正義のなかに位置づけることができるだろう。

分配的な認識的不正義は、フリッカーが証言的不正義と解釈的不正義の概念を提唱する以前は、社会正義を論じるなかで、最も精力的に取り上げられてきた認識的不正義の類型であった。『正義論』を著したロールズは、公的教育制度の拡充が、公正としての正義を実現し、リベラルな社会を成立させるための前提であると論じている（Rawls 1999）。また、社会のなかで長年劣位に置かれてきた人々の状況をより積極的に是正するために、民族性によって大学の合格基準を変えるなどのアファーマティブ・アクションを行うことの是非が論じられてきた（Rubenfeld 1997）。

コーディは、分配的な認識的不正義は、差別的な認識的不正義の概念を補完するだけでなく、後者が存在しているときには前者は存在しない、少なくとも存在しにくい、という相互排他的な関係にあると論じている（Coady 2010）。なぜなら、良質の教育を受けられないという分配的な認識的不正義に見舞われた人は、その結果として認識的な能力が低いままに留まってしまうため、他者から「信用性が低い」と判断されたとしても、それはその時点での事実を反映していることになり、信用性を低く評価することが差別的な認識的不正義であるとは言えなくなるからである。

フリッカーの功績は、議論が積み重ねられ、政策への実装も進められてきた分配的な認識的不正義とは異なるタイプの認識的不正義が存在するということを、明確に描き出した点にあると言えるだろう。そこで次節では、四象限のなかで分配的な認識的不正義とは対角線の位置にある、発信に関わる交流的な不正義について論じていくことにしたい。

3　発信者としての認識主体に対する交流的な不正義

フリッカーは、理想状態としての正義ではなく、日常にありふれている不正義や対人関係の機能不全に着目する（Fricker 2017）。抽象的な理想ではなく、日常的で具体的な問題に着目するという姿勢こそが、フリッカーの認識的不正義論の真骨頂である。この意味で、具体的な対人交流の場面に定位して、これまであまり着目されてこなかった発信者としての認識主体が経験する不正義を扱う本象限は、認識的不正義の四象限のなかでも最も新規性に富む領域であると言える。この象限に含まれる認識的不正義は、具体的な言語的交流のなかで、話し手が経験する不正義を取り扱っている。このため、話し手が聞き手に成功裏にメッセージを伝えられるまでのステップを考えながら、個々のステップを妨げる認識的不正義の類型を、順を追って紹介していくことにしたい。

交流的な先制的証言的不正義

フリッカーは、社会的属性に対する偏見のために、ある人が発言する機会を与えられないことを、先制的な証言的不正義（pre-emptive testimonial injustice）と呼んだ（Fricker 2007, p. 130, 邦訳一六九頁）。「先制的」という言葉は、偏見の影響力が、証言を聞いた後の評価の段階ではなく、そもそも証言の機会を与えないという形で、証言をする以前から作用していることに由来している。

アンダーソンは、先制的な証言的不正義には、交流的な不正義と構造的な不正義の両方がありうることを指摘した（Anderson 2012）。前者は、証言をする機会が与えられるべき具体的な交流の場面が存在し、その交流の場面に誰を呼ぶかを決定する人がいるのだが、決定を行う人が抱く偏見のために、本来は声をかけるべき人に声がかからないケースである。アンダーソンは、ある政治家の補佐官が、公聴会で意見を求めるために声をかける人のリストを作成する際に、出席を打診するべき人がいるのに、民族的な偏見のためにリストに挙げ損ねることを、交流的な先制的証言的不正義の例として挙げている。これに対して、公聴会に招聘する専門家のリストが古くから存在し、そのリストの作成時に存在した民族的な偏見のためにリストの人選には偏りが含まれているが、その点を誰もあまり深く考えずに古いリストに基づいて機械的に専門家を招聘している場合は、構造的な先制的証言的不正義の事例だと言えるだろう。

発語的沈黙化／証言抑制／予期的不正義

先制的な証言的不正義が存在せず、ある人が対人交流の場に居合わせることができたとしても、社会的に劣位に置かれた人は、自由な発言を控えざるをえないことがある。ドットソンは、話し手が、聞き手に自分の話を適切に理解できる能力がなく、言いたいことをそのまま発言するのは危険だと察知したときに、発言を控えてしまったり、相手が受け入れやすいような内容に発言を切り詰めてしまったりする現象の存在を指摘し、証言抑制（testimonial smothering）と命名した（Dotson 2011）。この概念は、ラングトンの発語的沈黙化（locutionary silencing）に類縁の概念である[6]（Langton 1993）。

ドットソンは証言抑制を、聞き手の側に故意の無知（willful ignorance）が実際に存在し、さらに話し手が証言を抑制するよう強制される現象であると捉えている[7]。これに対し、ジーヨン・リーは、聞き手にそのような無知が実際にはなかったとしても、話し手が自分の発言が聞き手に受け入れられないと予期することに合理性があるならば、証言を抑制することが話し手の随意的選択であったとしても認識的不正義の条件を満たすと考え、ドットソンの概念を拡張する形で、予期的不正義（anticipatory injustice）という概念を提唱した（J. Y. Lee 2021）。リーは、ある同性愛者が、社会のなかに同性愛に対する偏見があることを予期し、聞き手が実際には同性愛に対する偏見を持っていなかったとしても、同性愛であることをカミングアウトするのを控えることを、予期的不正義の例に挙げている。リーの指摘は、実際に劣位に置かれた話し手が発言を抑制してしまう心理的プロセスに踏み込んだものとして評価できるが、聞き手の側に実際には無知が存在しない場合に、それを不正義と見なしうるかどうかは、議論を呼ぶところかもしれない。

発語内的沈黙化／談話的不正義

話し手が、対人交流の場に居合わせて声を発することはできたとしても、聞き手がその発話を、話し手が意図したような発語内行為として受け止めないことがある。このようなケースの極端なものは、ホーンズビーとラングトンによって、発語内的沈黙化（illocutionary silencing）あるいは発語内的無効化（illocutionary disablement）と名づけられた（Langton 1993; Hornsby & Langton 1998）。これは、話し手の発話を聞き手が受け入れる（uptake）ことに失敗し、発語内行為が不発に終わってしまう現象である。ホーンズビーとラングトンは、女性が「嫌です！」と声を発し、拒絶のそぶりを見せながら性行為に快感を覚えているような描写を含むポルノグラフィが社会に流布することで、現実の男女関係において、男性から性交渉を求められた女性が「嫌です！」と声を発したにもかかわらず、男性はこの「嫌です！」を拒絶の発語内行為とは受け止めなくなってしまうケースを、発語内的沈黙化の例に挙げている。

上記の例ほど極端でなくても、ある言語行為の発語内の力が、(8) 話し手の意図していたものよりも弱められてしまうことがありうる。ククラは、発語内的沈黙化をその極限として含みつつ、話し手の社会的属性に対する偏見によって、言語行為の発語内の力が弱められてしまう場合も含むようなより広い概念として、談話的不正義（discursive injustice）という概念を提唱した（Kukla 2014）。ククラは談話的不正義の例として、会社で女性の上司が男性の部下に業務上の命令を下したにもかかわらず、女性に対する偏見のために、部下の男性がそれを依頼としか受け止めない、という事例を挙げている。

証言的不正義／会話的不正義

証言的不正義は、話し手の社会的属性に対する偏見などによって、話し手の信用性が不当に過小評価され、その人の証言が棄却されてしまう現象である。フリッカーが挙げた証言的不正義の代表的な例は、ピュリッツァー賞を受賞したハーパー・リーの小説『アラバマ物語』における、トム・ロビンソンの物語である（H. Lee 1960）。時は一九三〇年代のアメリカ南部、黒人の農夫トムは、貧しい白人女性のメイエラに対する婦女暴行の容疑で起訴され、陪審員はすべて白人という状況下で、裁判にかけられることになった。事件の日、トムがメイエラの家に行ったのは事実であった。しかしそれは、彼女が力仕事を口実にトムを呼び込み、性的に誘惑したからであった。トムは、「メイエラを憐れに思い、家に上がったが、彼女を傷つけるようなことはしていない」と証言したが、陪審員たちはこれを一笑に付し、トムは有罪判決を受け、後に牢屋から逃走したように見せかけられて殺害されてしまった。

フリッカーは証言的不正義を、報告や証言などの、主張的な言語行為において生じるものと捉えている。これに対しスペワックは、話し手の信用性の過小評価は、命令・約束・謝罪などの、主張以外の言語行為を行った際にも聞き手がそれを受け入れることを妨げることを指摘し、これらを包括するものとして会話的不正義（conversational injustice）の概念を提唱した（Spewak 2021）。たとえば、臨床経験の豊富な女性医師が男性看護師に指示を出したが、男性看護師が女性に対する偏見を持っていたがゆえに、「その指示は本当にベストな対応なんですか？」と突き返されるケースや、労働者階級に属する人が、上流階級出身の人に対して失礼な行いがあったとしてそれを謝罪した際に、「あなたが自分のやったことを本当にわかっているとは思えないので、謝罪は受け入れられない」と拒否されてしまうケースが、主張以外の言語行為における会話的不正義の例である。

会話的不正義は前項の談話的不正義に類似しているが、談話的不正義において生じているのは、発語内行為がそもそも成立しなくなってしまうという言語的害（linguistic harm）であるのに対し、会話的不正義で生じているのは、発語内行為は一応成立しているが、話し手がその言語行為を適切に行うための知識や判断力を有していないと見なされてしまうという認識的害（epistemic harm）であるという点で、両者は異なっているとスペワックは論じている。

発話解釈的不正義／推意的不正義

ピートは、話し手の社会的属性に対する偏見のために、聞き手が話し手の発言の意味を誤解してしまう現象を、発話解釈的不正義（interpretive injustice）[9]と名づけた（Peet 2017）。ピートは、発話解釈的不正義の例として、レストランの女性マネージャーのアマイアが、「男性が必要です」が発言した際に、アマイアは、単にホールスタッフとして男性を雇う必要があるという意味で言ったのに、女性に対する偏見を持つシェフが、「女性にはレストランの経営能力がないので、アマイアは、強いリーダーシップのある男性による経営面でのサポートを必要としている」という意味に誤解するという例を挙げている。

発話解釈的不正義は、話し手が明示的に話したこと以上に、聞き手があらぬ意味を読み込んでしまうケースを指している。榊原は逆に、話し手が明示的に話したことしか聞き手が受け止めず、その発言に含まれる推意を聞き手が系統的に拾い損ねることで、効果的な意思疎通が阻まれてしまうことがあることを指摘し、推意的不正義（implicational injustice）の概念を提唱した（Sakakibara 2023）。推意とは、話し手が明示的に述べてはいないが、言葉に暗に込めている意味のことである。たとえば「飲み物を買える場所はありますか？」という質問に対して「坂の下に売店がありますよ」と答えた場合、明示的には語られていないとしても「坂の下の売店は開店しており、飲み物が購入できる」ということが推意として含まれている。推意は明示的に語られないため、推意の見落としは認識的不正義の有無とは独立に頻繁に生じる現象である。しかし、聞き手が、話し手の社会的属性に対する偏見や軽蔑のゆえに話し手の関連性の感覚を過小評価したり、話し手に関して押さえておくべき基本的な事情に無知であったりすると、推意の見落としはより頻繁に生じることになる。そのような場合、推意を見落としているのは聞き手の責任であるにもかかわらず、聞き手は話し手に対して、「つまらないことを言う人だ」という誤認を一層深めていくことになるのである。

参加的不正義

フックウェイは、話し手の信用性が適切に評価され、発言内容の真実性が疑われることはなかったとしても、話し手が認識的活動への参加を拒まれることがあると論じた（Hookway 2010）。フックウェイが挙げたのは、哲学的な主題について話し合う教師と生徒の例である。生徒は主題となっている哲学的問題に一石を投じるような鋭い質問をしているのだが、教師は、生徒がよもや哲学的問いに関連性のある質問ができるとは思わず、その質問を単なる事実確認だと誤認し、表面的な回答をするばかりである。このような場合、生徒は、教師と情報交換はできていても、哲学的な議論の参加者であるとは認められていないことになるだろう。

フックウェイは、認識的交流は情報の交換には限定されないことを指摘し、主張や証言だけでなく、質問する、提案をする、反例を出すといった言語行為も、認識的活動のなかでは不可欠な役割を担っていることを強調した。そして、後者の言語行為を適切に行えなくなってしまうことも認識的不正義に当たると主張し、前述した生徒は、証言的不正義を経験しているわけではないとしても、参加的不正義（participatory injustice）を経験しているのだと述べた(10)。

参加という概念は、認識的な交流のほぼ全域を表す広範な概念である。このため、フックウェイは、証言的不正義は参加的不正義の一種と見なしたほうがよいかもしれないと示唆した。シュミットは、この示唆をさらに推し進め、参加的不正義、あるいは認識的活動への参加が不当に阻害されるという現象は、認識的不正義の類型の一つというよりは、交流的な認識的不正義を統一的に説明することのできる理論的枠組みであると論じている（Schmidt 2019）。

4　発信者としての認識主体に対する構造的な不正義

構造的な先制的証言的不正義

前節で述べたように、先制的な証言的不正義のなかには、構造的な不正義も存在している。その最たる例は、かつては女性や黒人に参政権が認められてこなかったことであろう。また近年では、疾患の当事者、すなわち患者やその家族が、医学研究や、疾患分類のためのマニュアルの作成、医療政策を決定する場面において発言する機会を与えられてこなかったことが、先制的な証言的不正義という観点から論じられるようになっている。今日では、研究における患者・市民参画（patient and public involvement）が重視されるようになり、患者が医学研究の対象（object）として研究に関わるだけでなく、優先的に研究するべきテーマの選択や、研究のデザインに関して意見を述べ、研究者とともに研究の主体（subject）として医学研究に関わることが重視されるようになってきた（Brett et al. 2014）。逆に言えば、これまで患者の意見が医学研究の計画や立案の段階で排除されてきたことは、構造的な先制的証言的不正義であったと言えることになるだろう。これに関連してブーターは、精神疾患の診断マニュアルを改定する際に、従来は精神疾患の当事者が発言する機会が設けられてこなかったことを取り上げ、先制的な証言的不正義にあたると論じている（Bueter 2019）。

解釈的不正義

第1節で述べたように、解釈的不正義とは、社会のなかで劣位に置かれた人々が、自身の経験に意味を与え、声を上げるための解釈資源に乏しい状態に取り残されてしまう状況を指す概念である。フリッカーは解釈的不正義の事例として、研究所の秘書をしていたカーミタという女性が、教授から胸を触られる、キスされるなどの行為をされ、体調を崩して辞めざるをえなかったケースを挙げている（Fricker 2007, p. 149f., 邦訳一九三頁以降）。当時は「セクシュアル・ハラスメント」という概念は存在していなかったため、彼女は自分が受けた被害をうまく説明できず、職を辞した理由も「自己都合」とせざるをえず、失業手当を受給することができなかった。「セクシュアル・ハラスメント」という語が誕生したのは、彼女がフェミニストの弁護士とともに裁判を起こし、その被害を法廷で訴えていく過程においてである。

解釈的不正義を発信者としての認識主体に対する構造的な不正義に含めたのは、自分の経験を語るための解釈資源が不足していると、さまざまな場面で情報を発信することが難しくなるからである。しかしながら、解釈的不正義が悪影響を与えるのは、情報の発信のみには止まらない。なぜなら、解釈資源が不足していると、自分の経験を他人に伝えられないだけでなく、自らの体験を自己理解することも難しくなってしまうからである。自己理解が阻害されると、その人が認識的能力を発展させていくポテンシャルが狭められてしまう。これは、発信者／受信者という枠組みでは捉えられない認識的不正義であり、解釈的不正義には、後述する形成的な認識的不正義（formative epistemic injustice）の側面が含まれることを意味している。

ある概念が存在しないために、特定の人々が不利益を被るというだけでは、認識的不正義には当たらない。たとえば、壊血病の概念がなかった時代には、壊血病に罹患した人は困難な状況に置かれていたであろう。だがそれは、その時代・地域の医学の発展が不十分であったという認識的不運（epistemic bad luck）の結果にすぎず、認識的不正義とは言えない（ibid., p. 152, 邦訳一九七頁）。概念の不足が解釈的不正義となるのは、その概念の不足が、社会的に劣位に置かれた人々が認識的活動から長年排除されてきた結果として生じている場合に限られるのである。

フリッカーが挙げたセクシュアル・ハラスメントの事例は解釈的不正義の印象的な一例だが、これは過去に存在していた解釈的不正義を振り返って指し示したものであることに注意する必要がある。一般に、現在生じている解釈的不正義の存在を、同時代的に立証することは不可能である。なぜなら、「必要な概念が不足している」と主張できるようになるのは、不足していた概念が確立した後になってからのことだからである。

貢献的不正義／故意の解釈的無知

ドットソンは、フリッカーの解釈的不正義の概念は社会のなかで劣位に置かれた人々が直面している典型的な苦境を捉え損ねていると論じ、貢献的不正義（contributory injustice）という概念を提唱した（Dotson 2012）。フリッカーは、社会のなかのすべての人が同じ一つの集合的な解釈資源を共有していると考えていたのに対し、ドットソンは、社会は複数のグループに分断されており、それぞれのグループが異なる解釈資源を有しており、相互理解が難しくなっていると指摘する。解釈的不正義では、劣位に置かれた人々が必要としている解釈資源が、世の中にまだ存在していないことが想定されていた。これに対し貢献的不正義では、必要な解釈資源はすでに存在しており、劣位に置かれた人々は、自分たちの間ではそれらを日常的に用いていると考える。しかしながら、社会のなかで優位に立つ人々がその解釈資源のことを学ぼうとしないため、劣位に置かれた人々は、社会のなかで声を上げるために、自分たちの解釈資源を利用することができなくなっているのである。

ドットソンは、社会のなかで優位に立つ人々が、劣位に置かれた人々の解釈資源について無知であるのは偶然ではなく、ポールハウスの言う故意の解釈的無知（willful hermeneutical ignorance）の結果であると論じている（Pohlhaus 2012）。このような無知は、優位に立つ人々の持つ、自分たちにとって不都合なことには目を背けたいという願望が無知の維持に関与しているという意味で、「故意」の無知なのである。

故意の解釈的無知の場合、問題となっている解釈資源は劣位に置かれた人々のコミュニティーのなかには存在しているため、解釈的不正義よりはその存在を立証しやすいように見えるかもしれない。だが、故意の解釈的無知が生じている最中は、定義上、その解釈資源はまだ社会一般に広く通用するものではないので、それが社会一般に広く受け入れられるべきものであるという点を同時代的に証明することにはやはり困難が伴う。このため、貢献的不正義と故意の解釈的無知の具体的な事例は、解釈的不正義の場合と同様に、問題となっている解釈資源が広く社会全体で受け入れられるようになった後に、過去形で指し示すことしかできないように思われる。

5　受信者としての認識主体に対する交流的な不正義

認識的不正義の四象限のなかでも、この象限に含まれる認識的不正義には固有の名前が与えられてこなかった。その理由は、フリッカーとフリッカー以降の認識的不正義の論者は発信者としての認識主体に関わる認識的不正義に関心を寄せており、またフリッカー以前から論じられてきた受信者としての認識主体に対する認識的不正義の議論は、教育制度などの構造的な問題のみに関心を寄せてきたからである。

しかしながら、受信者としての認識主体に対する交流的な認識的不正義は、確実に存在している。たとえばある人が、社会的属性に対する偏見のゆえに、グループや組織のなかで情報共有の輪から仲間外れにされたり、十分な情報を共有してもらえなかったりする場合がそれにあたるだろう。ブリーズらは、医療のなかにこのような認識的不正義の好例が存在することを指摘している（Blease et al. 2021）。患者が自分の電子カルテ情報に自由にオンラインでアクセスできるようになることに対しては、医師からの根強い反対が存在する。医師は、患者は複雑な医学情報を活用できず、自分のカルテを見ても、かえって不安や混乱を強めてしまうだけであると考える傾向があるのである。しかし、実際にオンラインアクセスを可能にすることを義務化している国では、医師が予想したような混乱は生じておらず、むしろ治療プロセスへのコントロール感が増し、多くの患者が満足していることが判明している。このためブリーズは、カルテ情報へのアクセスを制限するのは、患者に対する認識的不正義にあたる可能性があると指摘している。

先に第3節で言及したように、フックウェイが提唱した参加的不正義は広い射程を有しており、受信に関する交流的不正義をも包含するような概念である。なぜなら認識的活動に参加していると言えるためには、他の参加者に対して情報発信ができるだけでなく、他の参加者から情報を受信できなければならないからである。フックウェイが参加的不正義の例として挙げた生徒も、発信と受信の両側面において、不正義を被っていたと言える。なぜならこの生徒は、自らの問いを哲学的問題に関わる本質的な問いとして受け止めてもらえなかっただけでなく、教師から事実確認の表面的な回答しか得られなかったからである。

具体的な対人交流のなかで、適切に情報を共有してもらえない人は、結果的に適切な発信を行うこともできなくなってしまう可能性が高くなる。これは、第2節で紹介したコーディが指摘した、差別的な認識的不正義と分配的な認識的不正義の間の相互排他的な関係に類比的である。過去に適切な情報に触れることができなかった人を、話し手として信用性が低いと評価するのは、その部分だけを横断的に切り取れば妥当な判断であり、認識的不正義には該当しない可能性がある。しかしながら、発信と受信の双方に関わる認識的活動への参加という縦断的観点に立つならば、その人は紛れもなく認識的不正義の被害を被っているのである。

6　四象限に収まらない認識的不正義の例――形成的な認識的不正義

最後に、四象限に収まらない認識的不正義の例として、形成的な認識的不正義（formative epistemic injustice）を紹介したい。

トンプソンは、教育が目指すべき理念としての形成的正義（formative justice）は、子供の成長のポテンシャルをなるべく保存し、子供がさまざまな人になりうる可能性を狭めないようにすることだという「保存としての正義（justice as preservation）」を提唱した（Thompson 2016）。この形成的正義の概念を下敷きとして、ニコライディスは、保存としての正義が損なわれ、子供の成長のポテンシャルが不当に制限されてしまう現象を形成不全（malformation）と呼び、認識的不正義が形成不全を引き起こす現象を、形成的な認識的不正義と呼んだ（Nikolaidis 2021）。たとえば、社会のなかで劣位に置かれた人々が、成長の過程で、自分たちは高等教育を受けるのに不適格な存在であるというスティグマを内面化し、高い希望を持つことをあきらめ、キャリア選択の幅を早期から狭めてしまうというのが、形成的な認識的不正義の一例である。

ニコライディスは、形成的な認識的不正義は、差別的な認識的不正義でも分配的な認識的不正義でもない、第三の認識的不正義の概念であると主張した。形成的な認識的不正義は、証言的不正義などと並置される認識的不正義の一種というよりは、これまで論じられてこなかった認識的不正義の不正さの一側面と言うべきものである。すなわち、普段から認識的不正義を経験している人は、そのことによって自分の成長のポテンシャルを制限され、形成不全が生じてしまうことが多いということである。

おわりに

本章では、これまでに論じられてきた認識的不正義のさまざまな類型を概観した。認識的不正義に関する文献は急速に増加しており、本章では取り上げられなかった認識的不正義の概念も多く存在している。また、認識的不正義と大きな重なりを持つが、少し異なる視点から認識と社会的正義の問題を扱っている、認識的抑圧（epistemic oppression）や認識的搾取（epistemic exploitation）などの概念については、まったく触れることができなかった（Dotson 2012; Berenstain 2016）。ポールハウスは、認識的不正義の外延を拙速に定義しようと試みることは、認識的不正義という概念を提唱する趣旨にそぐわない態度であると指摘する（Pohlhaus 2017）。なぜなら、認識的不正義の概念を限定してしまうと、そこから漏れてしまった、まだ言語化されていない不正を被る人たちに、光を当てることができなくなってしまうからである。それゆえ、本章における認識的不正義の分類は、認識的不正義という広大な問題領域の一部を描いた、未完の地図にすぎないということには、注意を促しておきたい。

注

（1）認識的不正義に関するこれまでの研究をレビューしたものとしては、キッドらの論文が参考になる（Kidd et al. 2022）。

（2）バイスコフが指摘したように、認識的不正義は、社会的正義を論じるための概念である、という目的論的な特徴を帯びている（Byskov 2021）。この点は、フリッカーも認識的不正義の系統性（systematicity）という論点に関連づけて論じてきたことであった（Fricker 2007, p. 27f. 邦訳三五頁以降）。たとえば、哲学者が科学の学会に参加した際に偏見の目を向けられる場合のように、普段は認識的不正義の被害に遭うことのない人が限られた環境でのみ認識的不正義を経験するとしても、それは偶発的（incidental）な認識的不正義であり、社会正義の問題として論じる意義は乏しいだろう。これに対し、ある人が民族的なマイノリティに属しており、社会のなかで一貫して偏見の対象となっている場合、その人は系統的（systematic）な認識的不正義を経験することになる。フリッカーは、この系統的な認識的不正義こそ、認識的不正義の議論のなかで中心的に論じるべきケースであると論じている。

（3）解釈資源の代表は概念であるが、解釈的不正義や故意の解釈的無知を論じる文脈では、概念以外にも、世界観、イメージ、典型的なストーリーなどの、ある人が対象を理解するために用いる認識的な道具立ての総体が解釈資源と呼ばれているように見受けられる。

（4）この対比は、フリッカーが用いる「行為者的（agential）」と「構造的」の対比に似ているが、行為者的／構造的という対比は、認識的不正義の原因を分析する際に用いられることの多い概念である（Fricker 2007, p. 10, 邦訳一三頁）。

（5）コーディは当初、差別的な認識的不正義と分配的な認識的不正義を認識的不正義の異なる種類だと考えていたが、後に、フリッカーが差別的な認識的不正義だと位置づける証言的不正義も、信用性に関する分配的な不正義の問題だと主張するようになった（Coady 2017）。ただし、本章では後年のコーディの立場は採用しない。なぜなら、フリッカーが述べているように、信用性は貨幣や教育の機会とは異なり、⑴ある人に高い信用性を賦与するためには別の人に賦与する信用性を減らさなければならないという競合性（rivalness）を有する財ではなく、また、⑵高い信用性を賦与されている人から信用性を「徴収」し、低い信用性しか有さない人に再分配することも不可能だからである（Fricker 2007, p. 19, 邦訳二五頁）。

（6）発語行為（locutionary act）／発語内行為（illocutionary act）／発語媒介行為（perlocutionary act）というのは、言語行為論の嚆矢となったオースティンが提唱した言語行為の三分類である（Austin 1962）。発語行為とは、ある言語の文法に従って、単語を一定の順番に発声する行為を指す。たとえば、「シオヲトッテ」という声を発するのが発語行為である。発語内行為とは、発語行為に一定の言語的慣習が加わることで、話し手が行ったと見なされるようになる社会的な行為である。先ほどの例では、話者は塩を取るように聞き手に〈依頼する〉という発語内行為を行っている。最後に、発語媒介行為は、発語行為によって因果的に引き起こされた結果を含む行為である。たとえば「シオヲトッテ」と太郎に話し、太郎に塩を持ってきてもらったときは、〈太郎に塩を取ってきてもらう〉という発語媒介行為を行ったことになる。「発語的沈黙化」というのは、発語行為のレベルで生じている沈黙化のことであり、文字通り言葉を声に出すことができなくなることを指している。

（7）故意の無知（willful ignorance）とは、もともとは、責任を問われうる事実に気づかないようにすることで、不法行為に対する責任を回避しようとすることを指す法律用語であり、故意の盲目（willful blindness）とも呼ばれている。

（8）発語内の力（illocutionary force）とは、ある言語行為の発語内行為としての効力のことである。たとえば「魚が焼けている」という発話は〈主張〉、「魚が焼けていますか?」という発話は〈質問〉、「魚を焼いてください」という発話は〈依頼〉という発語内の力を有した発語内行為のために通常は用いられる。

（9）「解釈的不正義」は“hermeneutical injustice”の訳語として定着しているため、“interpretive injustice”を、ここでは便宜的に「発話解釈的不正義」と訳すことにした。

(10) フックウェイは“participant injustice”という語を用いたが、後にメディナらが用いた“pariticipatory injustice”のほうが英語として適切であると思われるため、本章では後者の表現を採用することにした（Medina 2020）。シュミットも同様に、認識的不正義に関する参加的理論（participatory account）という表現を用いている（Schmidt 2019）。

参考文献

Anderson, E. (2012). “Epistemic Justice as a Virtue of Social Institutions.” *Social Epistemology*, 26(2), 163–173.（エリザベス・アンダーソン「社会制度がもつ徳としての認識的正義」飯塚理恵訳、木下頌子・渡辺一暁・飯塚理恵・小草泰編訳『分析フェミニズム基本論文集』慶應義塾大学出版会、二〇二二年）

Austin, J. L. (1962). *How to Do Things with Words*. Oxford University Press.（J・L・オースティン『言語と行為――いかにして言葉でものごとを行うか』飯野勝己訳、講談社学術文庫、二〇一九年）

Berenstain, N. (2016). “Epistemic Exploitation.” *Ergo, an Open Access Journal of Philosophy*, 3, 569–590.

Blease, C., Salmi, L., Rexhepi, H., Hägglund, M. & DesRoches, C. M. (2021). “Patients, Clinicians and Open Notes: Information Blocking as a Case of Epistemic Injustice.” *Journal of Medical Ethics*, 48(10), 785–793.

Brett, J., Staniszewska, S., Mockford, C., Herron-Marx, S., Hughes, J., Tysall, C. & Suleman, R. (2014). “Mapping the Impact of Patient and Public Involvement on Health and Social Care Research: A Systematic Rreview.” *Health Expectations*, 17(5), 637–650.

Bueter, A. (2019). “Epistemic Injustice and Psychiatric Classification.” *Philosophy of Science*, 86(5), 1064–1074.

Byskov, M. F. (2021). “What Makes Epistemic Injustice an “Injustice”? ” *Journal of Social Philosophy*, 52(1), 114–131.

Coady, D. (2010). “Two Concepts of Epistemic Injustice.” *Episteme*, 7(2), 101–113.

―― (2017). “Epistemic Injustice as Distributive Injustice.” In I. J. Kidd, J. Medina & G. Pohlhaus Jr. (Eds.), *The Routledge Handbook of Epistemic Injustice* (pp. 61–68). Routledge.

Dotson, K. (2011). “Tracking Epistemic Violence, Tracking Practices of Silencing.” *Hypatia*, 26(2), 236–257.（クリスティ・ドットソン「認識的暴力を突き止め、声を封殺する実践を突き止める」小草泰・木下頌子・飯塚理恵訳、木下頌子・渡辺一暁・飯塚理恵・小草泰編訳『分析フェミニズム基本論文集』慶應義塾大学出版会、二〇二二年）

―― (2012). “A Cautionary Tale: On Limiting Epietemic Oppression.” *Frontiers: A Journal of Women Studies*, 33(1), 24–47.

Fricker, M. (1998). “Rational Authority and Social Power: Towards a Truly Social Epistemology.” *Proceedings of the Aristotelian So-*

ciety, 98, 159–177.

—— (2007). *Epistemic Injustice: Power and the Ethics of Knowing*. Oxford University Press.（ミランダ・フリッカー『認識的不正義——権力は知ることの倫理にどのようにかかわるのか』佐藤邦政監訳、飯塚理恵訳、勁草書房、二〇二三年）

—— (2017). “Evolving Concepts of Epistemic Injustice.” In I. J. Kidd, J. Medina & G. Pohlhaus Jr. (Eds.), *The Routledge Handbook of Epistemic Injustice* (pp. 53–60). Routledge.

Hookway, C. (2010). “Some Varieties of Epistemic Injustice: Reflections on Fricker.” *Episteme*, 7(2), 151–163.

Hornsby, J. & Langton, R. (1998). “Free Speech and Illocution.” *Legal Theory*, 4(1), 21–37.

Kidd, I. J., Spencer, L. & Carel, H. (2022). “Epistemic Injustice in Psychiatric Research and Practice.” *Philosophical Psychology*, Online ahead of print, 1–29.

Kukla, R. (2014). “Performative Force, Convention, and Discursive Injustice.” *Hypatia*, 29(2), 440–457.

Langton, R. (1993). “Speech Acts and Unspeakable Acts.” *Philosophy & Public Affairs*, 22(4), 293–330.

Lee, H. (1960). *To Kill a Mockingbird*. Grand Central Publishing.（ハーパー・リー『アラバマ物語』菊池重三郎訳、暮しの手帖社、一九六四年）

Lee, J. Y. (2021). “Anticipatory Epistemic Injustice.” *Social Epistemology*, 35(6), 564–576.

Medina, J. (2020). “Trust and Epistemic Injustice.” In J. Simon (Ed.), *The Routledge Handbook of Trust and Philosophy*. Routledge.

Nikolaidis, A. C. (2021). “A Third Conception of Epistemic Injustice.” *Studies in Philosophy and Education*, 40(4), 381–398.

Peet, A. (2017). “Epistemic Injustice in Utterance Interpretation”. *Synthese*, 194(9), 3421–3443.

Pohlhaus Jr., G. (2012). “Relational Knowing and Epistemic Injustice: Toward a Theory of Willful Hermeneutical Ignorance.” *Hypatia*, 27(4), 715–735.

—— (2017). “Varieties of Epistemic Injusitce.” In I. J. Kidd, J. Medina & G. Pohlhaus Jr. (Eds.), *The Routledge Handbook of Epistemic Injustice* (pp. 13–26). Routledge.

Rawls, J. (1999). *A Theory of Justice* (revised ed.). Belknap Press of Harvard University Press.（ジョン・ロールズ『正義論 改訂版』川本隆史・福間聡・神島裕子訳、紀伊國屋書店、二〇一〇年）

Rubenfeld, J. (1997). “Affirmative Action.” *Yale Law Journal*, 107(2), 427–472.

Sakakibara, E. (2023). “The Oversight of Implicature and Implicational Injustice in Doctor-Patient Communication.” *Jxiv*, 1–22.

Schmidt, K. C. S. (2019). “Epistemic Justice and Epistemic Participation.” *Doctoral Dissertation*, Washington University in St Louis.

Spewak, D. C. (2021). "Conversational Epistemic Injustice: Extending the Insight from Testimonial Injustice to Speech Acts beyond Assertion." *Social Epistemology*, 35(6), 593-607.

Thompson, W. C. (2016). "Rethinking Discussions of Justice in Educational Research: Formative Justice, Educational Liberalism, and Beyond." *Teachers College Record: The Voice of Scholarship in Education*, 118(10), 1-16.

第3章　認識的不正義の害

吉川千晴

はじめに

認識的不正義は、話し手だけでなく、聞き手や社会に対しても害をもたらしうる。たとえば、証言を十分に聞き入れないことによって、社会のなかで知識が共有される機会や情報が修正される機会が奪われるという害が、社会に対して生じる。あるいは、聞き手は情報を受け取れず、知識を獲得したり考えを修正したりすることを妨げられる。しかし本章では、話し手に対する害について述べる。というのも、話し手が受ける害は、知識形成という結果に関わるのみでなく、話し手の人格にも関わる害であるからだ。

フリッカーは、認識的不正義を一次的害と二次的害とに区別している（Fricker 2007, p. 44: 邦訳五九頁）。一次的害は、知識の主体の能力が貶められる点で、認識的不正義がもたらす害のなかでも本質的な害を指す。証言的不正義の場合、一次的害は、話し手のアイデンティティに対して聞き手が持つ偏見のせいで、知識を伝える主体としての能力や誠実さが疑われ、その主体の人格の尊厳が傷つけられることにある。

さらに、証言的不正義の一次的害は、アイデンティティの形成を妨げる害でもある。私たちは信頼し合う他者との会話のなかで自分の信念や価値観を表明し、それに合わせた人物となっていく。しかし、証言を十分に信じてもらえず、他者との会話から排除されると、どのような人物になっていけばよいかわからなくなり、アイデンティティの発達を妨げられることになりかねない。また、対話者が持つステレオタイプに則った発言のみが受け入れられ、ステレオタイプから外れた発言は受け入れられないということが続くと、その話し手はステレオタイプに合うような人間になるというリスクがある。本章の第1節では、この証言的不正義の一次的害について詳述する。

一方、二次的害は認識的不正義に伴って引き起こされうる副次的な不利益を指す。二次的害は、実践上のものと認識上のものに大きく分けられる。証言的不正義の実践上の二次的害としては、証言が十分に信じられないことによって、仕事、社会保障、裁判などで不利な立場に追いやられたり、不利益を被りやすかったりすることが挙げられる。そうした制度上の不利益に加えて、認識的不正義を被った個人が、説明のやり取りのためなどに時間を取られること、感情が傷つけられること、体調を崩すことも二次的害に分類されるだろう。認識上の二次的害としては、話し手自身が自分の信じている内容やその根拠を疑うようになることによって、知識を持てなくなることが挙げられる。これは長期的には、話し手が自分の知的能力に対して自信を失い、成長や発達が妨げられるという事態を引き起こしうる。さらに、こうした認識上の二次的害の一つとして認識的悪徳の形成も挙げられる。第2節では、社会的立場の弱い人が身につける傾向がある認識的悪徳について述べる。

証言的不正義に伴って生じうる害については、フリッカー以後も研究がなされ、議論が発展している。第3節では、自己理解に必要な自尊心が傷つけられる誤承認について概説し、第4節では、証言的不正義の一形態である認識的裏切りがもたらす心理的な害について説明する。

解釈的不正義についても一次的害と二次的害がある。解釈的不正義の一次的害とは、概念が特定の社会集団に不利益を与えるような不平等な形でしか存在しないため、話し手が重大な経験について相手に伝えて理解してもらうことができないことである。この一次的害の結果として、ある人にとって自分のアイデンティティを理解するための概念が欠落していたり偏っていたりする場合、この人はアイデンティティの形成を妨げられることがある。解釈的不正義にも実践上の二次的害と認識上の二次的害がある。実践上の二次的害には、自分の経験を理解したり自分の経験を伝えたりすることが著しく難しくなるため、仕事、社会保障、裁判などで不利になることが含まれる。認識上の二次的害としては、世界について理解する自分の能力に自信を失うことが挙げられる。しかし本章では、特に議論が発展している証言的不正義の害について論点を絞ることにする。

1 証言的不正義の一次的害

認識的モノ化

フリッカーによれば、証言的不正義の一次的害は、話し手の主体性が貶められることである。証言的不正義の一次的害の特徴を捉えるために、フリッカーは、ヌスバウムの「性的モノ化」に倣い、「認識的モノ化」という概念を提唱する（Fricker 2007; Nussbaum 1995）。

認識的モノ化とは、主体性を備えた「情報提供者」ではなく、情報を担ったモノとしての「単なる情報源」として話し手を扱うことである（本書第6章参照）。情報提供者は人格であり、主体である。話し手が情報提供者として扱われる場合とは、たとえば聞き手が何かを知りたがっているから、その知りたい内容をすすんで伝えるといったように、話し手が能動的な行為として情報の受け渡しをしていると捉えられる場合である。一方、客が濡れた格好で店に入ってきて傘の水切りをしているという事実から、外で雨が降っていると推測される場合のように、人は情報を引き出すための受動的な情報源とも見なされることがある。単なる情報源は事態であり、客体、対象である。[1] フリッカーによれば、証言的不正義を被るとき、話し手は人格を貶められ、情報提供者から単なる情報源へと格下げされる。話し手は、他者から単なる情報源以上のものではない存在として利用されることで、知識の対象にすぎないものとなり、知識の主体ではないように扱われる。

ただし、人を情報源として扱うことは必ずしも悪いことではない。情報提供者としての主体性を尊重しつつ、その一方で情報源としても扱うということは、特に問題なく行われている。たとえば、郵便配達員を自分の手紙を送る手段として利用することに問題があるわけではないように、雨で濡れた客を情報源という手段として扱うこともそれ自体が悪いわけではない。倫理的に問題となるのは、人が人格ある主体であることを否定されて、単なる手段である情報源としてのみ利用される場合である。証言的不正義では、話し手のアイデンティティに対して聞き手が偏見的態度を持つことのうちに話し手の認識的主体性を貶める要素があるのであり、それは倫理的に問題のある認識的モノ化だと言える（Fricker 2007, p. 135, 邦訳一七五頁）。

切り詰められた主体性

以上のフリッカーの議論に対して、ポールハウスは、証言的不正義の一次的害が認識的モノ化にあるとするのは不正確だとして批判する（Pohlhaus 2014）。まず、証言的不正義において聞き手は話し手の証言を意図的に信じないのではなく、信じるべきときに信じることができていない――信じることに失敗している――のだと論じる。信じるべきときに信じることに失敗するということは、話し手が情報提供者と見なされていようと、情報源と見なされていようと、いずれにせよ生じうる。たとえば、濡れた格好で店に入ってきた人を見たのに外で雨が降っていると思わなかったとしたら、その人は推論や短期記憶において失敗している。この場合、失敗の原因は見られている側ではなく見ている側にあり、見ている側が単純な推論や短期記憶すらできていないため、非理性的であると問題視されることになるだろう。一般的に、情報源から正しく情報を得られないとすれば、それは情報を受け取るはずの側の失敗であり、情報を受け取るはずの側が非理性的であるということにすぎない。しかし、証言的不正義が起きているときには、聞き手が信じるべきことを信じなかったとしても、それでもって聞き手が非理性的だと周りから問題視されることはない（ibid., p. 103）。これは、情報源から情報を得るのに失敗する人の場合とは異なる。

次にポールハウスは、証言的不正義を被っている話し手が、フリッカーが主張するような、単なるモノとして扱われていることを否定する（ibid., p. 104）。聞き手が話し手を信頼できない人物と知覚する際、話し手は、誤った情報に騙されて誤った信念を持ったり嘘をついたりするという能力を持つ人物――その意味で、認識的に信頼性が低いと見なされているとはいえ、あくまで主体であるもの――と見なされている。それに対して、話し手が単なるモノとして扱われている場合には、そもそも誤った信念を持ったり嘘をついたりする存在とは見なされないはずだ。よって、聞き手が自分が非理性的であると見られるリスクなしに話し手の証言を信じないことが可能であるのは、聞き手が話し手をモノとしてではなく、認識的に信頼できない主体であると見なすからなのである。

ポールハウスは認識的モノ化の代替案として、証言的不正義の一次的害を「切り詰められた主体性（truncated subjectivity）」というモデルに基づいて説明する。切り詰められた主体性とは、聞き手の世界観を支えるような範囲のみに切り詰められた、制限された話し手の主体性のことを指す（ibid., p. 107）。切り詰められた主体としての話し手の証言は、聞き手からすべて聞き入れられないというわけではない。聞き手の世界観に合う証言のみが受け入れられ、それに合わないものやそれを超えているものは拒否される。話し手は独自の世界観を持つことを許されない。このような形で、話し手の主体性が完全には認められず、制限されるのである。ポールハウスによれば、証言的不正義の一次的害は、自分の主体としての能力の範囲が、他の主体の能力の派生にすぎないかのように扱われ、他の主体を承認するという認識的他者[2]の役割に追いやられることなのだ。

同一の状況における同一の話題について、同一人物が証言する場合でも、聞き手に信じてもらえる内容と信じてもらえない内容がある。たとえば、『認識的不正義』で取り上げられている『アラバマ物語』でも、裁判での起訴内容について、無実の黒人の被告トム・ロビンソンの証言には、白人の陪審員から信じてもらえるものとそうでないものがあった（Lee 1960）。トムが、被害者とされる白人女性メイエラ・ユーエルの家に日々通っていたという内容については白人の陪審員たちに信じてもらえる一方、トムがメイエラの家に通っていた理由がメイエラのことを可哀想に思い、雑用を手伝うためだという内容については信じてもらえない。人種差別的な世界観の下では、黒人が白人を可哀想に思うことはタブーであり、当時の社会通念では許されることではなかった。そのため、白人の陪審員たちは自分たちの世界観に反するトムの証言を信じることができなかった。この事例が示すように、同一の状況における、同一の話題についての同一人物による証言に関しても、信じられる内容と信じられない内容があることになり、その区別の基準は、その証言内容が聞き手の世界観に合うかどうかにある。「切り詰められた主体性」というポールハウスのモデルは、このことをうまく説明することができる。

2 認識的悪徳

認識的不正義の二次的害のうち、認識上の二次的害の一つとして認識的悪徳の形成が挙げられる。タネシニは傲慢さや虚栄心など社会的に強い立場にある人が身につけがちな認識的悪徳だけではなく、社会的に弱い立場にある人が身につける傾向のある認識的悪徳についても論じている（Tanesini 2021）。認識的悪徳とは、自分や他者の知識の獲得・保持・共有を妨げるような性格特性・態度・考え方のことである（Cassam 2019）。不正を被る側も悪徳を身につけるというタネシニの主張は一見、理解しづらいかもしれない。しかし、認識的悪徳とは人々の知識形成を妨げるという意味での悪い習慣を指すことを考えると、被害者もそのような習慣を身につけさせられてしまうことがあるのだ。それによって、今後知識を獲得したり形成したりする可能性が狭められてしまうのである。

タネシニは自己評価が本来あるべき評価より低くなる自信の低下と、認識的悪徳の獲得とを結びつける。そのような自信の低下の背景には、社会的に低い立場にあって周りから正しく評価されなかったり、認識的不正義によって不当に貶められたりする経験をしてきたことがあるだろう（Tanesini 2021, pp. 111-112）。よって、社会的に弱い立場にある人がこうした傾向に沿って認識的悪徳を獲得する場合、それは認識的不正義の認識上の二次的害として生じている場合がある。ただし、社会的に弱い立場の人や認識的不正義を受けた人が認識的悪徳を必ず身につけるわけではないし、このようにして認識的悪徳を身につけるのが社会的に弱い立場にある人だけであるとも限らない。

タネシニは、社会的に弱い立場にあるグループに属する人々が身につけやすい認識的悪徳の具体例として、卑屈さ（servility）や臆病さ（timidity）を挙げている。卑屈な人は、他者、特に権力のある人の意見に従いがちであるせいで、自分が正しい知識を持っていても、それを手放して他者の意見を聞き入れてしまうことがある。そのような人は、社会から受け入れられることを望み、自分の能力を他者より低いと思っている。

臆病な人は、周りから知的に劣っていると思われるのを恐れるあまり、自分の意見を言わないようにしてしまう。あるいは、より良くなるためのリスクを取る動機が欠けているため、知的交流を避けてしまう。そうして自分の意見を言わないことや知的交流を避けることによって、知識の共有が妨げられたり、知識をより確実にする機会を失ったりする。周囲からからかわれたり、先生に自分の言ったことを無視されたりした過去の経験から、自分では答えがわかっていると思っているのに手を挙げない生徒の事例を、タネシニは挙げている（ibid., p. 131）。生徒がこのような行動を続けていると、答えを言わずに沈黙している自分の行動と、答えがわかっていると思う自己理解との間で生じる認知的不協和を和らげようとするために、本当に答えがわからないと思うようになることもある。これは、フリッカーが指摘していた害、すなわち、ステレオタイプの通りになってしまうというアイデンティティの形成を妨げる証言的不正義の一次的害にも似ていると考えられる。

認識的不正義の被害者は、このような認識的悪徳を身につけてしまうことで、適切な仕方で知的な自己信頼を持つことができなくなりがちである。タネシニによると、知的な自己信頼を持つためには、自分の能力に依拠すること、自分の意志に自信を持つこと、少なくとも時々は自分の信じていることが確実だという感覚を持つことが必要である

(ibid., p. 152)。卑屈さや臆病さを身につけた人は、自分の能力や意志に自信を持てなくなり、自分の信じている内容が確実かどうか不安に思うようになり、そのせいで、知識を獲得したり保持したりするのに適切な自己信頼を持てなくなりやすいのである。

3　誤承認

コングドンは、証言的不正義に伴いうる害についての研究を発展させて、誤承認（misrecognition）について論じている（Congdon 2017）。ここで「承認」とは、個人や団体が誰かの価値を認めていることを表現するような行為を指す。承認を通じて自尊心が発達し、適切な自尊心を伴った自己理解が成立するので、自己理解の仕方は他者との関係に依存している。証言的不正義を被ることは、知識の主体であることを否定する行為を受けることであり、知識の主体であることを否定されることは、その主体の能力や能力を通じて発揮される価値を自分が持っていないと見なされることに等しい。証言的不正義においては、話し手が聞き手からそのような否定を受けることで、自尊心が傷つけられ、自己理解が阻害される。そういった事態が証言的不正義における誤承認である。

コングドンは、良い承認の形式として、愛、尊重、尊敬を挙げる。愛とは、支援や養育の対象となる人への配慮のことである。尊重（respect）とは、普遍的・平等主義的な意味で、道徳的な価値を付与することである。尊敬（esteem）とは、顕著な功績や、性格、社会に対する貢献に基づく価値の付与である。

コングドンは、一般に道徳的な種類と見なされる、以上三つの承認を認識的な領域に広げる。すなわち、認識的愛、認識的尊重、認識的尊敬である。認識的愛とは、成長中の知識の主体の認識的自信を支えるような配慮のことである。[3] 認識的尊重とは、専門的知識や経験の有無に関わらず、誰もが持つ最低限の能力を認めていることを表現する行為のことである。推論能力や内省する能力などの誰もが持つ能力を、その人も持っていると認めることが挙げられる。認識的尊敬とは、必ずしも他の人に共有されない、特殊な認識的達成を承認することである。つまり、その人ならではの専門的知識、特別な正直さ、社会的に状況づけられた認識的強みなどから生じる認識的達成を認めることである。

コングドンによると、証言的不正義が生じている状況では、認識的尊重と認識的尊敬のうち少なくとも一方が欠けている。認識的尊重と認識的尊敬がいずれも欠けている事例を考えてみよう。たとえば女性の教授が、学期末の授業アンケートで、彼女の講義のスタイルが「感情を吐き出すようだ」などの性差別的なコメントを受けているとする(ibid., p. 250)。仮に教授が自分の専門知識に関する内容について正確に講義しているのにもかかわらず、学生がこのようなコメントをしたのだとしたら、それは性差別的バイアスによる不当な評価だと考えられる。このとき、学生は認識的尊敬を欠いている。なぜなら、教授の授業について判断する学生という立場の聞き手として、教授が今まで苦労して独自に獲得してきた専門的知識を正しく評価していないからだ。さらに、この学生は認識的尊重も欠いている。というのも、話し手が専門家であろうがなかろうが、知識の主体のジェンダーを非理性的に感情を吐き出すことと結びつけることは、知識の主体が誰でも認められるべき能力を認めていないことを意味するからだ。

4 認識的裏切り

ワンダアーは、証言的不正義における話し手の自己理解を害するのは、特に親しい間柄における認識的裏切り(epistemic betrayal)のケースだと指摘している(Wanderer 2017)。ワンダアーは、フリッカーを参照しながら話し手を情報源ではなく情報提供者として扱う仕方に以下の二通りの場合があることを提示し、「信頼の二人称的態度」と「信頼の三人称的態度」を区別している(Wanderer 2017; Fricker 2012)。

第一に、聞き手が話し手を信頼していることを聞き手も話し手も相互に意識しており、その信頼に基づいて行動しているとする。このとき聞き手は、話し手が自分に何かを伝えていて、それが信用できると判断しており、それを通して聞き手は話し手を信頼していることになる。これを「信頼の二人称的態度」と呼ぶ。たとえば、話し手が美術好きな友人で、美術館で聞き手が話し手から展示作品について聞く場合、聞き手は話し手を美術について信頼しており、話し手も聞き手から信頼されていることを意識しているので、信頼の二人称的態度が成り立っている。

第二に、聞き手が話し手を信頼している一方で、話し手が正確に正直に話そうとしている理由が、聞き手から信頼されていることとは関係がないとする。このとき聞き手は、話し手が自分以外の人に何かを伝えていて、その文脈においてその内容が信用できると判断するということを通して、話し手を信頼していることになる。これを、「信頼の三人称的態度」と呼ぶ。たとえば、ある美術館の学芸員が来館者に向かって美術館の展示作品について説明しているときに、その話がたまたま私にも聞こえてきたとしよう。学芸員は展示作品について専門知識を有しているので、その説明に関しては信頼に値する人物であるが、その人の話を勝手に聞いている私のことを意識しているわけではないことから、ここでは学芸員と私の間に信頼の三人称的態度が成り立っている。

さらに、ワンダアーは、証言者に対しては以上の二種類の信頼の態度のほかに、その人物の証言への単なる依拠という態度があると説明している（Wanderer 2017, p. 36; Fricker 2012, p. 255）。単なる依拠とは、たとえば、話し手が独り言を言っているときに、聞き手がその情報が欲しいために情報だけを聞き取るなど、聞き手が話し手を受動的な情報源として扱う態度である。信頼の二人称的態度および信頼の三人称的態度の場合、聞き手は話し手を能動的な情報提供者として信頼しているのに対して、単なる依拠の場合、聞き手は話し手を情報提供者として信頼しているのではない。

信頼の二人称的態度、信頼の三人称的態度、単なる依拠という三種類の態度は、その態度が信頼すべきでない人に向けられた場合に違いが明確になる（Wanderer 2017, p. 36; Fricker 2012, p. 257）。フリッカーによると、信頼すべきでない人を信頼してしまった場合、信頼の二人称的態度は裏切りを受け、信頼の三人称的態度は倫理的に落胆させられることにつながる。これらは倫理的態度に関わる一方で、単なる依拠の場合の落胆は倫理的なことと関係がない

（Fricker 2012）。ここでフリッカーが念頭に置いているのは、聞き手が話し手に対して抱く態度だと考えられる。たとえば、自分に対して言った約束を話し手が守らないと、聞き手は裏切られたと感じるといったことである。一方、ワンダアーは、信頼の二人称的態度が話し手と聞き手の双方に共有される相互的なものである（「私はあなたに伝えている」という場合と「私はあなたから伝えられている」という場合の両方がある）ことに着目し、友人、家族、同僚や知り合いなどの親しい間柄における証言的不正義において、話し手が感じる裏切りの問題へと議論を進める。親しい間柄では、お互いがどのような人かを認め合ったうえで、それに基づいて話したり聞いたりする関係性が成立している。信頼の二人称的態度においては、聞き手が裏切られるリスクだけでなく、話し手が裏切られるリスクもある。つまり、信頼の二人称的態度は相互的なものなので、裏切りのリスクも双方にあるのである。

　ワンダアーによると、親しい間柄では双方がお互いの賛同を得ようとするが、そのとき、「あなたは私の言うことを信じてくれるよね」などとはっきりと明らかな形で賛同を求める必要はない。なぜなら、親しい間柄だからこそ、話し手はそのようなことを言わなくても、聞き手が自分の意見を真剣に受け止めてくれるだろうと予想できるからだ。一般に証言のやり取りの場面では、話し手は誰かに何かを伝えていることを意識しており、聞き手は誰かから何かを伝えられていることを意識している。そもそも証言のやり取りが成立するためには、そのような相互の意識が必要である。ただし、これはやり取りの継続の条件ではなく開始の条件なので、一旦やり取りが始まると、一方の側がそのような意識を捨て、賛同してくれるだろうという相手からの期待を無視することができるようになる。しかし、親しい間柄での証言のやり取りでは、そのような期待をあえて無視することは、求められている同意を拒絶していることを含意しうる。親しい間柄の聞き手に同意を期待していた話し手は、単に自分のことを承認してほしいという要求が満たされないというだけでなく、その承認の要求を拒絶されるという意味での裏切りに遭うのだ。

　このような裏切りによって、話し手は孤独な立場に追い込まれ、無力感に苛まれることになるかもしれない。たとえば、この人なら理解してくれるだろうと思った友人に自分の悩み事を思い切って告白したにもかかわらず、その友人から「考えすぎだ」といった思いも寄らない言葉をかけられ、軽く扱われたとする。この場合、話し手は自分の悩み事を真剣に受け止めてくれるだろうという期待を聞き手から拒絶されたように感じ、自分の存在が認められていないと傷つくだろう。このように、信頼していた聞き手からの裏切りは、話し手の自己理解を傷つけることがあるのだ。

おわりに

本章では、証言的不正義において話し手が受ける害について述べてきた。証言的不正義の一次的害については、「認識的モノ化」モデルでは話し手は情報提供者ではなく単なる情報源として扱われると捉えられるのに対し、「切り詰められた主体」モデルでは話し手は主体ではあるが制限された主体として扱われると捉えられる。そうした違いはあるものの、証言的不正義において話し手が完全な主体として扱われず、知る主体としての能力が貶められていることには変わりがない。

認識的不正義によって不当に貶められてきた人は、知的自信が低下し、卑屈さや臆病さといった認識的悪徳を身につけてしまう可能性もある。これは、今後その人が知識を得たり知的交流をしたりする可能性を狭めるため、認識的不正義の認識上の二次的害と言える。

証言的不正義が生じている状況では、誤承認が生じており、認識的尊重と認識的尊敬のうち少なくとも一方が欠けている。認識的尊重や認識的尊敬は自己理解に必要なので、これらが欠けていると自分がどのような知る主体なのかについて正しい自己像を持てなくなる。

親しい間柄における証言的不正義においては、話し手は認識的裏切りを受けることがある。話し手は、聞き手が自分の話を真剣に受け止めてくれるだろうと期待していたのに、聞き手が話を真剣に受け止めないと、期待を拒絶されたように感じる。そのため、親しい間柄での証言的不正義においては、自分の存在が認められていないと傷つくといった深刻な心理的な害も生じうる。

注

（1）情報提供者と情報源の間にはグラデーションがある。たとえば、話し手が自分以外の誰かに話しかけていて、しかも自分は話し手のことをよく知らず、内容が信頼できるかわからないとき、話し手は情報提供者と情報源の中間的位置にあると言えるかもしれない。

（2）「認識的他者」という語は、ボーヴォワールの「他者」の概念を踏まえている（Beauvoir 1949）。ボーヴォワールは「他者」を、自由な主体性を持った男性（マジョリティ）の側に対して、男性の主体性を承認する限りでしか主体性が認められない女性（マイノリティ）の側を指す言葉として用いている。

（3）認識的愛に対応する誤承認は「認識的ネグレクト（epistemic neglect）」と名づけられている。認識的ネグレクトは、十分な思いやりを持った配慮がなく、幼児期に学習環境が良くなかったり存在しなかったりした結果、知識の主体の共同体から排除されることを指す。

参考文献

Beauvoir, S.（1949）. *Le Deuxième Sexe*. Éditions Gallimard.（シモーヌ・ド・ボーヴォワール『決定版 第二の性』Ⅰ・Ⅱ上・Ⅱ下、『第二の性』を原文で読み直す会訳、河出文庫、二〇二三年）

Cassam, Q.（2019）. *Vices of the Mind: From the Intellectual to the Political*. Oxford University Press.

Congdon, M.（2017）. “What's Wrong with Epistemic Injustice? Harm, Vice, Objectification, Misrecognition.” In I. J. Kidd, J. Medina & G. Pohlhaus Jr.（Eds.）, *The Routledge Handbook to Epistemic Injustice*（pp. 243-253）. Routledge.

Fricker, M.（2007）. *Epistemic Injustice: Power and the Ethics of Knowing*. Oxford University Press.（ミランダ・フリッカー『認識的不正義――権力は知ることの倫理にどのようにかかわるのか』佐藤邦政監訳、飯塚理恵訳、勁草書房、二〇二三年）

――（2012）. “Group Testimony? The Making of a Collective Good Informant.” *Philosophy and Phenomenological Research*, 84(2), 249-276.

Lee, H.（1960）. *To Kill a Mockingbird*. William Heinemann.（ハーパー・リー『アラバマ物語』菊池重三郎訳、暮らしの手帖社、一九

六四年)
Nussbaum, M. C. (1995). "Objectification." *Philosophy & Public Affairs*, 24(4), 249–291.
Pohlhaus Jr., G. (2014). "Discerning the Primary Epistemic Harm in Cases of Testimonial Injustice." *Social Epistemology*, 28(2), 99–114.
Tanesini, A. (2021). *The Mismeasure of the Self: A Study in Vice Epistemology*. Oxford University Press.
Wanderer, J. (2017). "Varieties of Testimonial Injustice." In I. J. Kidd, J. Medina & G. Pohlhaus Jr. (Eds.), *The Routledge Handbook to Epistemic Injustice* (pp. 27–40). Routledge.

第4章　認識的不正義の是正

飯塚理恵

はじめに

本章では、認識的不正義を私たちがどう乗り越えていくことができるのかという問題を検討する。第1節では、フリッカーの提案した徳論的なアプローチについて概観する。第2節では、潜在的バイアスと認識的不正義の関係性について見ていく。第3節では、潜在的バイアス研究に基づく徳論的なアプローチへの批判とそれに対する応答を概観し、制度的なアプローチとの関係性について考える。第4節では、集団の徳の実現という新たなアプローチについて検討する。

1　徳論的な是正策

二〇〇七年のミランダ・フリッカーの『認識的不正義』（Fricker 2007, 邦訳二〇二三年）の出版以降、認識的不正義についての研究が盛んになされてきた。認識的不正義の是正について扱う本章では、認識的不正義の定義や説明については簡潔に述べるにとどめる（本書第2章参照）。知識の主体として私たちが持つ能力に対する不正について、フリッカーが是正方法として提案しているのは、責任ある聞き手になること、つまり、偏見に抵抗する傾向性を身につけることだった。こうしたアプローチは徳論的な是正策と見なすことができる。本節では徳論的な是正策がどのようなものなのかを概観する。

証言的感受性とその調整

証言的不正義の中心事例は、アイデンティティについての偏見が原因となって話し手の信用性が不当に割り引かれてしまうというものである。フリッカーは『認識的不正義』の第4章で証言的正義の徳について詳細に説いている。フリッカーは証言について行う自動的かつ批判的な判断のあり方を、「証言的感受性（testimonial sensibility）」と呼んでいる。証言的感受性は、良い方向にも悪い方向にも訓練されうるため、証言的な感受性に偏見が入り込むとき、聞き手は有徳であることに失敗していることを意味する。証言的感受性は初期の段階では、その人の生まれ落ちた社会から受動的に受け継がれるという性格を持つ。しかし、それぞれの個人的な経験も証言的感受性に影響を与える。実際の証言のやり取りのなかで、受動的に獲得された証言的感受性の発揮と信念との間に不協和を感じるケースが生じてくると、そうした摩擦に対して、自身の証言的感受性のほうを調整する必要が生じるのである。

たとえば、「女性は政治に向いていない」というステレオタイプが存在する社会を想像しよう。このステレオタイプは、人々の持つ信念に影響を与えることもあれば、知覚に直接影響を与えることもある。次に、このステレオタイプの影響が証言的感受性には未だ残っているせいで、人々が女性政治家を信用できないと知覚してしまうのだが、信念のレベルではそうした考えを拒否している場合を考えてみよう。そのような人々は自分の感受性を発揮することで知覚される事柄と、自分が明示的に抱く信念の間に不協和を感知して、感受性の側をアップデートすべきだろう。自分の信用性判断にアイデンティティの力が及ぼす影響を理解するためには、聞き手としてだけでなく、話し手としての自分の社会的アイデンティティがその信用性判断に与える影響にも注意を向ける必要がある。そうした影響を考慮したうえで、私たちは最終的な信用性判断をする必要があるのだ。

信用性判断に偏見が影響を与えているとき、私たちは、偏見がなかったら信用されていたはずの程度まで話し手の信用性を補填しなければならない。たとえば、補填の仕方は相手をもっと信用するということだけでなく、証拠をさらに集めること、判断を一時的なものにすること、判断自体を保留にすることなど、いろいろな形態を取りうるだろう。そうした対応のいずれが適切なのかを決めるルールは存在しないが、有徳な聞き手は、「あれやこれやの仕方で自分の信用性判断における偏見の影響を中和する」(Fricker 2007, p. 92, 邦訳一一九頁、傍点原文）のだとされる。以上が、証言的正義の徳の機能の仕方である。

解釈資源のギャップに注意を向ける

フリッカーは、もう一つの認識的不正義である解釈的不正義についても徳論的な是正策を提案する。解釈的不正義の中心事例は、社会的に権力を持たない者が、アイデンティティに対する構造的な偏見のせいで意味を作り上げる実践から排除されてしまい、その人々自身にとって重要な社会的な経験の理解が妨げられるというものである。解釈的不正義を是正するためには、話し手が伝えたいことが理解できない場合、それは話し手の問題ではなく、社会に流通している解釈資源のギャップのせいでコミュニケーション上の困難が生じている可能性に注意を向ける必要が出てくる。その際、私たちはより包摂的な解釈資源のある社会で当該の解釈が行われる場合に話し手の言おうとしていることが理解できる程度にまで、自分たちの信用性判断を補填しなければならない。ここでも補填の仕方は、傾聴すること、証拠をさらに集めること、判断を保留することなど、いろいろな形態を取りうる。やはり証言的正義の徳の場合と同様、そうした対応のいずれが適切なのかを決めるルールは存在しないが、有徳な聞き手は、「聞き手の信用性判断に及ぼす、アイデンティティに対する構造的偏見の影響を中和する」(Fricker 2007, p. 173, 邦訳二二八頁、傍点原文)とされる。以上が、解釈的正義の徳の機能である。

証言的正義の徳と解釈的正義の徳には特筆すべき次の共通点がある。認識的不正義の原因として、個人や社会構造のなかに存在する偏見が個人の判断にもたらす影響をいかに自分自身で修正するかということが課題の中心となっているのだ。次節では、こうした偏見の実態を理解するうえで重要となる、潜在的バイアスについて考えよう。

2 潜在的バイアスと認識的不正義

認識的不正義研究の早い段階から、徳論的なアプローチには批判が上がっていた。その際に問題となるのが、潜在的バイアスの存在である。本節ではまず潜在的バイアスの本性について理解し、潜在的バイアスと認識的不正義の関係性を整理する。

潜在的バイアスとは何か

まず、潜在的バイアス(unconscious / implicit bias)とは何かについて考えよう。潜在的バイアスとは、「大部分が意識や制御の外にある、社会的グループについての評価」を指す[1](Brownstein & Saul 2016, p. 2)。有名な潜在的バイアス研究としては、以下のようなものがある。同質の履歴書でも、白人に多い名前の候補者のほうが、黒人に多い名前の候補よりも面接に呼ばれやすいことが報告されている(Bertrand & Mullainathan 2004)。また、アメリカの交響楽団のオーディションでは、候補者のアイデンティティをわからなくすることで女性の候補者が選ばれる率が高まったという報告がある(Goldin & Rouse 2000)。前者は「有能さ」と「白人」を結びつけ、後者は「良い演奏家」と「男性」を結びつけるような潜在的バイアスが当該の社会で広く抱かれていたことを示唆している。

図4－1　ジェンダーについての潜在的バイアスを測定するIATの例

私たちの認知的資源には限りがあり、特に相手の情報が少ないときに、ステレオタイプを用いることは避けられないと考えられている（池田 et al. 2019）。潜在的バイアスが、本質的にはある集団とある特性の連合を含むなら、それはステレオタイプという便利なツールを用いているにすぎないようにも思われる。つまり、ステレオタイプを使用することには適応的な側面もあり、それ自体が悪いものとは言い難い。しかし、潜在的バイアスが問題なのは、その社会で不当な扱いを受けている集団にネガティブなステレオタイプが向けられがちであり、さらに、そうしたステレオタイプが意図せずに人々の行為に影響を与えることが示唆されているためである。

現代の科学的成果から、私たちが皆多かれ少なかれ潜在的バイアスを抱いていることは共通認識となっているが、私たちの意識に上ってこないバイアスをどのようにして特定することができたのだろうか。そうした潜在的バイアスの存在を示す研究手法の代表として‘Implicit Association Test（IAT）がある（Brownstein 2019）。

IATは単語や画像を分類する課題である。被験者は、単語や画像を特定のカテゴリーに素早く関連づけるよう求められ、その関連づけを行う速度と正確さが測定される。たとえば、ジェンダーというカテゴリーのIATテストでは、被験者は男性と女性のカテゴリーに単語（例：娘、息子）を分類する課題をこなした後、人文学に当てはまる分野（例：文芸）と科学（例：工学）に当てはまる分野を分類し、最後に、両者を混ぜて配置して、表示される単語をカテゴリー化する課題のスピードと正確性を測るように求められる。被験者が科学と男性を結びつけ、女性と人文学を結びつける潜在的バイアスを抱いている場合、男性と科学が同じ側に表示されている場合のほうが、男性と人文学が同じ側に表示されているときよりも、単語の分類（例：工学→科学）を速く正確に行うことができるのだ（図4－1）。潜在的バイアスについての心理学的研究は、こうしたツールを用いて発展し、さまざまな種類の潜在的バイアスが広く人間一般に抱かれていることを明らかにした。

潜在的バイアスと認識的不正義の関係

次に、潜在的バイアスと認識的不正義の関係性を考えよう。潜在的バイアスと認識的不正義との間に関係があるのは一見明白なように見えて、実は前者は後者にとって必要条件でも十分条件でもない。フリッカーの偏見の記述に幅があることが、その要因となっているように思われる。フリッカーは、認識的不正義の原因を人や社会構造に存在する偏見であるとしたうえで、そうした偏見を「主体の感情的傾倒（affective investment）のせいで、反例となる証拠へのいくらかの（通常、認識的に非難されるべき）抵抗を示し、かつ、ポジティブな感情価をもつこともあれば、ネガティブな感情価をもつこともあるような判断」（Fricker 2007, p. 35, 邦訳四七頁）と定義している。ここで認識的不正義の原因として挙げられている偏見は、単なるステレオタイプとは異なる特徴を持っている。前者には好き嫌いや恐怖、不安などの情動的な側面が含まれており、そうした情動のせいで証拠を示されても変化に抵抗するという点が偏見の特徴として挙げられるのに対して、ステレオタイプはあくまでも集団と役割の一般化という認知的な連関であると考えられている（池田 et al. 2019）。

また、偏見の抱かれ方にもいくつかの特徴があり、そのなかには、主体が明示的かつ意識的な仕方で抱くケースがありうる。証言的不正義の代表例である、『アラバマ物語』の登場人物トムが苦しむ証言的不正義はまさにそうしたケースになっている。トムの証言的不正義の原因である黒人に対する偏見は、黒人は「嘘つきである」とか「信用ならない」など、白人の陪審員たちが明示的に信念として抱いているものだ(2)。これに対してフリッカーは、信念の形態をした偏見にばかり注目しないよう警鐘を鳴らしている。偏見は意識的に維持される信念の形態ばかりとは限らない。証言的不正義の多くのケースで、偏見はある人についてのイメージという形で判断に影響を与える。そして、イメージは信念の媒介なしに社会的知覚に直接影響を与えることができる。潜在的バイアスは当然、こうした偏見のうち、後者のようなケースの認識的不正義を生み出す原因になるだろう。

証言的不正義と潜在的バイアスの関係についてさらに見ていこう。潜在的バイアスは証言的不正義の原因になりうるが、二者は同じものではない。証言的不正義は、誰かに対してなされることであるが、潜在的バイアスはそうではないからだ。ソールによれば、潜在的バイアスは明示されずとも抱かれ続ける可能性がある（Saul 2017）。たとえば、白人ばかりが暮らしている村の住民が黒人に差別的であったとしても、黒人に対して証言的不正義を犯してはいない。しかし、彼らは黒人に対するネガティブなバイアスを暗黙のうちに抱き続けているかもしれない。ソールの提示したケースからわかるように、潜在的バイアスは個人の心の状態に関わるのに対して、証言的不正義は、話し手、聞き手、不正がなされる機会という三つの要素を必要とする、対人関係についての概念（interactive notion）である。また、ソールは潜在的バイアスが証言的不正義より射程の広い概念である二つの理由を挙げている。第一に、潜在的バイアスは（証言的不正義とは異なり）信用性判断のみに関わる概念ではない。第二に、潜在的バイアスにはネガティブな種類だけでなく、ポジティブな種類も存在する(3)。

今度は解釈的不正義と潜在的バイアスの関係についてのソールの分析を見てみよう。まず、潜在的バイアスは解釈的周縁化——権力を持たない集団が解釈実践から排除されてしまうこと——を引き起こす背景的な原因となりうる。また、潜在的バイアスのせいで解釈的正義の徳が獲得しにくくなると指摘されている。なぜなら、解釈的不正義への解決方法としてフリッカーが提案したように偏見を中和するための徳を獲得するためには、話し手個人ではなく社会に流通している解釈資源のせいでコミュニケーションが上手くいかない可能性に聞き手が適切に注意を向ける必要があるからである。しかし、社会で周縁化されている集団に対してネガティブな潜在的バイアスを持っている主体には、そのような行為は困難となるだろう。

このように、潜在的バイアスは認識的不正義と概念的には区別されるが、認識的不正義の原因となる個人の偏見と社会構造上の偏見の一部を生み出しうるため、認識的不正義の是正策を検討するうえでも重要な概念となるのである。

次節では、潜在的バイアス研究を根拠として、フリッカーの徳論的な是正策がどのように批判されてきたのかを見ていこう。

3　徳論的な是正策と制度的な是正策

本節では、潜在的バイアス研究が認識的不正義の徳論的な是正策にとってどのような影響を持つのかを検討する。その際、制度的な是正策も提案されてきたのを踏まえて、二つの策の関係性についても考察する。

徳論的な自己反省の限界と潜在的バイアス研究が示唆すること

アルコフは、「アイデンティティに対する偏見が社会的イメージを介して、関連するイメージや無意識下の結びつきを通じて作用するのであれば、［そうした問題への］良い解毒剤が完全に意識的な実践だけでうまくいくだろうか」(Alcoff 2010, p. 132.［　］内は引用者による。以下同様) と問題提起したうえで、徳論的な是正策を批判している。その際、アルコフは、私たちの偏見が無意識下で働くことを示す根拠として先述のＩＡＴの研究を挙げたうえで、徳論的な是正では、このような無意識下で働く偏見に起因する認識的不正義に対して非常に限定的な対処法しか提供できないと批判する。そして、信用性を補正する別のメカニズムを探求する必要があると説き、そのメカニズムの例として、広範な教育の改革、アファーマティブ・アクションの取り組み、そして誤った歴史的ナラティブから構築されたアイデンティティに対する偏見を修正するのに役立つカリキュラムを用いる命令などを提案している。

フリッカーは以上の批判に対して、偏見を自分で制御するための効果的手段としての批判的自己反省は、モンティースらの実証研究 (Monteith 1993; Monteith et al. 2002) において支持されると応答する (Fricker 2010a)。モンティースらの研究によれば、人は自分自身が承認している基準を下回った行動を自分がしてしまったことに気づくと（たとえば、自分が特定の集団に対する差別に反対しつつも、自分が差別的な反応を示していることに気がつくような場合）、罪の意識に代表される自己に向けられたネガティブな感情が生じ、それがコントロールのための合図（cues for control）として学習され、類似の状況に置かれると、偏見に基づく自動的な判断を抑制することができるようになる（Burns et al. 2017; Noland & Monteith 2024）。これは、認知的不協和が生じるところで証言的感受性による判断を保留したり変更したりすべきというフリッカーの提案する方策を実証する考えであると言えるだろう。

しかし、こうしたフリッカーの応答に対して、アンダーソンはさらに次のような批判を行った（Anderson 2012）。仮に人々が自らの信用性判断が偏見の影響を受けているかもしれないと疑い、そうした偏見のネガティブな影響を阻止しようと動機づけられたとしても、自分の話し手の信用性に対する判断がいつ偏見の影響を受けるか、どれだけ自分が偏見を抱いているのかは自分ではわからないため、バイアスの修正も困難になる。たしかに、信念と知覚の間に不一致がある場合は、フリッカーの想定するように、徳の実践の契機があるかもしれない。しかし、無意識のステレオタイプと、自分で自覚しうる信念は互いにそれぞれ独立して作動するので、認知的不協和が存在しても本人には感じられないことがあるだろう。

アンダーソンはこの指摘の際に心理学的な知見に言及していないものの、フリッカー（Fricker 2010a）が依拠したモンティースたちが行った実験でも、この懸念は認識されている。実験では、たとえば、黒人に対して差別的な信念を明示的には持っていない人たちに対して、嘘の課題を通じて自分が差別的な応答をしていると気づかせることが試みられている。コントロールのための合図が形成されるように、自分が偏見に満ちた応答をしたと被験者が明らかに理解できるように実験をデザインすることで、モンティースたちは、操作的に認知的不協和を生じさせているのである。そのため、モンティースたちは、「現実世界では、そうした繰り返される明らかなフィードバックは起こりにくいだろう」（Monteith et al. 2002, p. 1046）と認めており、実社会で生活しているだけでは同様にコントロールのための合図が形成される保証はないかもしれない。しかし、バイアスを抑制するための訓練を想定すれば、コントロールのための合図をデザインすることは有効であるだろう。

ソールは、潜在的バイアスの是正をめぐる近年の研究はより複雑化していると指摘する（Saul 2017）。モンティースたちの研究が示唆するように、潜在的バイアスの自己制御はある程度可能であることが示される一方、バイアスをコントロールしようとする努力が適切な形でなされなければ、逆効果ともなりうることがわかっている（これは「リバウンド効果」と呼ばれる）。バイアスの自己制御は、限られた正しい仕方で行われる必要がある。[4] 現状、潜在的バイアスの自己制御は難しいが部分的には可能であるというのが共通見解のようである（Brownstein 2019）。潜在的バイアスは認識的不正義の原因となる個人や社会構造内のネガティブなアイデンティティについての偏見を生み出すことがあるため、潜在的バイアスが自己制御で是正できないものであることが示されれば、認識的不正義の是正策にも影響を及ぼすだろう。しかし、潜在的バイアスの是正についての研究はまだ歴史が浅いため、今後も注意深く見守る必要がある。このように、徳論的な是正策の有効性は、潜在的バイアスの自己制御についての経験的研究の結果に委ねられている側面がある。

しかし、徳論的な是正策は、偏見を中和することを目的としたものに限られない点にも注意したい。たとえば、証言的不正義の是正策を考慮する際に、自分のなかの偏見に気づき目の前の他者の持つ認識的なニーズに応えるケアの態度を持つという諸個人の責任の重要性を指摘し、そうした責任を不協和の徳と呼ぶ佐藤の指摘は、証言的不正義への新しい徳論的アプローチの一つと言えるだろう（佐藤 2023; Sato 2023）。

二つの是正策の関係をどう考えるか

次に、徳論的な是正策と制度的な是正策を検討する際の特筆すべき点として、制度的な是正策を支持するなどの研究者も、徳論的な認識的不正義の是正案を完全に拒否しているわけではないことに留意しよう。一方フリッカーも、批判者たちの提案するような制度的代替案を拒絶しているわけではない。むしろフリッカー自身、匿名化やダブルブラインドレビューの重要性に言及し、雇用や昇進の決定に関わる人たちが偏見に抵抗するプライミング戦術（anti-prejudicial priming techniques）に参加することを推奨している（Fricker 2010a）。認識的不正義を是正するために、「できることはなんでもすべき」（Fricker 2010b, p. 166）という点は、いずれの立場の論者も認めるところなのである（Anderson, 2012）。このように、是正策をめぐる議論は個人の徳の涵養か、制度の改善かの二者択一ではないことに注意しよう。

今後さらに検討すべき点として、徳論的なアプローチと制度的なアプローチは果たして区別できるのかという問題もある。アルコフの批判には以下のような前提があった。フリッカーが推奨する信用性の判断における偏見の影響の中和――すなわち、徳の涵養――は「すべて意志に基づく実践であり、また、意識的に涵養したり実践したりする必要がある」（Alcoff 2010, p. 132）という前提である。しかし、こうした前提には、徳を意識的動機づけと結びつけすぎているという問題がある。徳には動機づけだけでなく、スキルという要素もあり、信用性判断における偏見の影響を確実に中和することに成功するためのパフォーマンスやスキルを向上させるということも、認識的正義の徳を発揮するうえで重要である。この点から見ると、認識的不正義を犯さないようにしようと動機づけられている人のパフォーマンスやスキルを向上させる無意識的なメカニズムに関して、その改善に向けて介入することが、間接的に徳の発揮を助ける側面もあると言えそうである。批判者は徳論的な是正策を、個人が自分の意思の力のみで悪い行為を変えていく手法と捉えている傾向があるが、これは徳の理解として正しくないばかりか、歪曲されている。フリッカーも、「徳が作用するとき、それが自発的で意識的な領域に限定される必要はない［…］。動機に基づく徳にも信頼性条件が含まれており（良い動機の目的を達成する信頼性）、この信頼性が単なる習慣や他の無意識的なメカニズムを通じて達成されないと考えるべき理由はない」と論じている（Fricker 2010b, p. 166）。

第1節で確認したフリッカーの徳論的な是正策によれば、社会から受動的に受け継がれた証言的感受性が個人の経験と衝突し、認知的不協和が生じることで、感受性の変化の契機が生じるのだった。このことを踏まえると、偏見に満ちた証言的感受性と衝突するような経験をあえて個人がするように介入することは、徳論的な是正策の一部であると言えるのではないだろうか。たとえば、潜在的バイアスの是正策の一つとして、社会的地位の異なる社会グループのメンバー同士が相互作用すること（たとえば、友人関係になること）が部分的に効果的であるとされている（Brownstein 2019）。そうした相互作用を自ら求めることは称賛に値することかもしれないが、自分から求めなければ認識的正義の徳を発揮したことにならないとまで言う必要はないだろう。アンダーソンも、以下のように類似の点を指摘している。

> 私たちは証言的不正義への構造的な対策を、徳ベースの対策と対立するものとして考えるべきではない。〔第一に〕構造的な対策の多くは、個別の徳が働くためのよい条件を整えるよう設定される。たとえば、就業の文脈で、雇用差別を防止するための構造的対策には、以下のような様々な制度的要件が含まれる。たとえば、採用、解雇、昇進の決定は主観的な判断ではなく、明示的で客観的な尺度に基づくべきである。〔…〕こういった工夫は、認知バイアスが生じることを防止し、公平な評価のために認知バイアスを中和する傾向性の意識的な実践を促すよう設計される。（Anderson 2012, p. 168, 邦訳一九八頁。〔 〕内は邦訳による。以下同様）

アンダーソンの指摘でも、制度的な是正策をとることが、同時に徳論的な是正策にもなりうることが示唆されている。また、教育のように制度を通じて個人を変えることを目指す是正策は、二つのアプローチの中間に位置していると見なすこともできる。私たちの証言的感受性に差別的な潜在的バイアスが含まれていても、直接的・間接的に認知的不協和を生じさせるよう誘導し、感受性をアップデートすることは可能かもしれない。それは、たとえば、明示的に差別に抵抗するような信念を抱かせることを通じてなされるのかもしれない。ある人の証言的感受性が、女性は政治に向いていないと知覚するケースを考えよう。この人に対して、政治はすべての人の問題であり、政治家に必要な資質にジェンダーは関係ないという明示的な信念を持つよう広く働きかける、というようなことが考えられる。この事例が示唆するように、制度と徳という二つの是正策は二者択一ではなく、大幅にオーバーラップしている可能性があるだろう。

以上のように、フリッカーの説いた徳論的な是正策には批判があり、たしかに徳の発揮は難しい課題なのだが、そうした批判がどれだけ説得的なのかは、潜在的バイアスの是正という課題に自己制御がどれだけ有効であるかに依存していることがわかってきた。しかし、これは概ね未解決の経験的な問いであるため、徳論的な是正策の評価もオープンであり続けている。また、フリッカーとはやや異なる切り口で徳論的な是正策を展開することも可能であろう。さらに、徳論的な是正策に対する批判者が、徳論的な是正策を個人の動機づけに基づく偏見の自己制御の取り組みと捉えている点については、フリッカーの証言的感受性のダイナミクスを矮小化した解釈であることを指摘した。往々にして制度的な是正策は、徳論的な是正策の一部となりうるため、実際には二者は対立しているのではなく多くの点でオーバーラップしうるのである。

4　集団・制度の徳

第1節から第3節まで、認識的不正義の克服という課題に対して、個人による徳の発揮を軸としたアプローチとそれへの批判を検討してきた。こうしたアプローチの有効性は認められているものの、その困難さもまた皆が認めるところである。しかし近年、徳という考えを個人ではなく制度や集団に適用することで、新たな視座が開けると考える立場が現れてきている。制度とはここでは組織の行動のためのルールや手続きとして理解され、集団とは複数の人からなる行為者として理解される。また、制度は集団によって実行され、運用されるものでもあるだろう。本節では、集団的行為者の徳という考えが、認識的不正義の是正を考える際にどのように役立つかを検討する。その際、制度的な是正策と集団の徳論的な是正策がどのように異なるのかという点に注目したい。

制度や集団的行為者が持ちうる認識的な徳

前節で見てきたように、アンダーソンは徳論的な認識的不正義の是正策の有効性に懐疑的で、その代わりに構造的なアプローチを支持したのだった（Anderson 2012）。しかしその際に、徳という考え方が棄却されたわけではなかった。アンダーソンは、「認識的不正義に対する構造的な対策とは、大規模な探求のシステムが〔全体で〕徳を持つこと」（Anderson 2012, p. 171, 邦訳二〇三頁）であると考えた。つまり、認識的不正義の是正には構造的な対策が主要なものとして重要になるのだが、それは知識を探求する制度全体の徳を発揮するものとして理解しうる、というわけだ。アンダーソンは、探求者たちの集団が分断されている社会では、偏見を含まず一見問題がないように見える私たちの振る舞い（たとえば、学識のような信用性の指標を用いたり、自分と同じ集団に属する人を集団外の人より信用したりすること）が、構造的な仕方で認識的不正義を引き起こしうることを指摘した。そうした分断を放置してはならず、探求者たちの集団を統合することが制度の徳であるのだと論じている。

フリッカー自身も近年、集団の持つ認識的な徳や悪徳に注目している。フリッカー（Fricker 2010a; 2013; 2020）は集団的行為者について、ギルバートの共同コミットメント説（Gilbert 2000）の立場を採用し、行為者たちが集団的行為者を構成するのは、人々が共同の目標を達成するために協力する意思を他のメンバーに対して明示的に示すときだと考える。その際フリッカーは、集団的行為者の持つ徳について理解するためにエートスという概念を導入している。これは個人のケースにおける動機づけと同じ機能を果たすもので、集団の徳を語る際に必要な、集団が持つ価値への持続的なコミットメントを指す。集団が徳を発揮すると言えるためには、組織が単に良いパフォーマンスをするだけでは十分ではない。そのパフォーマンスが組織のエートスによってなされる、つまり、その良いパフォーマンスが主に集団のエートスの影響で行われる――良い行動が正しい理由で行われる――必要があるのだ。

フリッカーは認識的正義の徳を、集団的行為者・制度の持ちうる徳として重要視している（Fricker 2013）。フリッカーは、政治における自由（political freedom）の実現のためには、制度のレベルでの認識的正義の徳が必要だと考える。政治的な自由が実現するためには、人々が人生における重要な局面で異議を申し立てることができる（contestation）よう保証されることが必要条件である。たとえば、黒人の青年が白人二人に殺された事件において、黒人に対する偏見のせいで被害者の友人である黒人の目撃者の証言が警察に聞き入れられなかったことについて、フリッカーはこの事件を調査したマクファーソン報告書に基づきつつ、ロンドン市警が制度的に差別に加担しているせいだとしてロンドン市警の集団的悪徳を非難している（Fricker 2013; 2020）。つまり、市民が重要な異議申し立てを行う可能性のある制度機関（たとえば法廷や警察）は、認識的正義の制度的徳を育む必要があると指摘しているのである。

集団の徳と制度的な是正策の補完関係

集団の徳としての認識的正義という考え方を導入することで、前節までで論じてきた制度的な是正策との関係もいっそう明瞭になる。たとえば、アファーマティブ・アクションやブラインドレビューという認識的不正義の是正策は、集団が適切なエートスを持たずにそうした制度を導入する場合、たとえばそうしなければ予算が削られるという外的なプレッシャーのもとで仕方なしに導入するならば、それは単なる制度的是正に留まるだろう。しかし、当該集団が認識的不正義を許容しないというエートスを持ち、その価値観に沿ったルールを設けようとしてそうした制度を導入する場合には、同じ制度的なアプローチが集団の徳の一部を構成することになるだろう。

以上のように、制度的な是正策と集団の徳論的な是正策の関係性は排他的なものではなく、異なる仕方で解釈されることで相互に補完し合うものとなる余地があるだろう。集団・制度の徳という考えは企業や社会全体が社会問題に取り組むという姿勢にも通じるところがあり、私たちにとっても馴染み深い考えだろう。しかし、そこで単なるパフォーマンスの評価を超えた徳という概念をあえて持ち出す必要があるのかという点については、今後より詳細に検討する必要があるだろう。

おわりに

本章では、認識的不正義の是正についての研究をまとめた。フリッカーが『認識的不正義』で説いた徳論的な是正策に対しては早い段階からその困難さが指摘されてきたが、その有効性については今も可能性が開かれており、その判断にはさらなる経験的研究の蓄積が待たれる。一方で、徳論的な是正策と対置されがちな制度的な是正策が、実際には徳論的な是正策と補完し合う可能性も無視してはならないことを見てきた。そして、集団の徳という考え方が認識的不正義の是正のための第三の道となる可能性に触れた。認識的不正義の是正策については、経験的知見の蓄積とともにより多くのアプローチが考案されるよう、今後の研究の発展に期待したい。

注

(1) 本節ではこうした定義を用いるが、潜在的バイアスについては厳密な定義が困難であると指摘されている点にも注意してほしい(Holroyd et al. 2017)。

(2) ソールは、信念の形で偏見を抱く人が潜在的バイアスも同時に抱いているケースは多いと指摘している(Saul 2017)。しかし、そうした行為者の行う証言的不正義は信念が原因で生じている可能性があるため、本文で後述するような明示的な偏見を持っていないのに証言的不正義が生じるケースとは概念的に区別されうるだろう。

(3) この比較は、フリッカーが信用性の超過(偏見のせいで、話し手が本来受け取っていたであろう信用性よりも高い度合いの信用性を受け取ること)があるケースは証言的不正義のケースではないと特徴づけた点を踏まえているが、信用性の超過があるケースについても不正と言える可能性も指摘されている(Medina 2011; Saul 2017)。

(4) ブラウンスタインによれば、潜在的バイアスへの介入には二つの方策がある(Brownstein 2019)。まず、「変化に基づく」戦略は、個々の自動的な関連づけそのものを減少させることを目指す。次に、「制御に基づく」戦略は、その関連づけが私たちの行動に影響を与えるのを防ぐことを目指す。モンティースらのコントロールのための合図を形成する戦略は、後者のアプローチの一つである。

参考文献

Alcoff, L. M. (2010). "Epistemic Identities." *Episteme*, 7(2), 128–137.

Anderson, E. (2012). "Epistemic Justice as a Virtue of Social Institutions." *Social Epistemology*, 26(2), 163–173.（エリザベス・アンダーソン「社会制度がもつ徳としての認識的正義」飯塚理恵訳、木下頌子・渡辺一暁・飯塚理恵・小草泰編訳『分析フェミニズム基本論文集』慶應義塾大学出版会、二〇二二年）

Bertrand, M. & Mullainathan, S. (2004). "Are Emily and Greg More Employable Than Lakisha and Jamal? A Field Experiment on Labor Market Discrimination." *American Economic Review*, 94(4), 991–1013.

Brownstein, M. (2019). "Implicit Bias." In E. N. Zalta (Ed.), *The Stanford Encyclopedia of Philosophy* (Fall 2019 Edition).

Brownstein, M. & Saul, J. (2016). *Implicit Bias and Philosophy, Volume 1: Metaphysics and Epistemology*. Oxford University Press.

Burns, M. D., Monteith, M. J. & Parker, L. R. (2017). "Training away Bias: The Differential Effects of Counterstereotype Training and Self-Regulation on Stereotype Activation and Application." *Journal of Experimental Social Psychology*, 73, 97–110.

Fricker, M. (2007). *Epistemic Injustice: Power and the Ethics of Knowing*. Oxford University Press.（ミランダ・フリッカー『認識的不正義――権力は知ることの倫理にどのようにかかわるのか』佐藤邦政監訳、飯塚理恵訳、勁草書房、二〇二三年）

—— (2010a). "10. Can There Be Institutional Virtues." In T. S. Gendler & J. Hawthorne (Eds.), *Oxford Studies in Epistemology Volume 3* (pp. 235–252). Oxford University Press.

—— (2010b). "Replies to Alcoff, Goldberg, and Hookway on Epistemic Injustice." *Episteme*, 7(2), 164–178.

—— (2013). "Epistemic Justice as a Condition of Political Freedom?" *Synthese*, 190(7), 1317–1332.

—— (2020). "Institutional Epistemic Vices: The Case of Inferential Inertia." In I. J. Kidd, H. Battaly & Q. Cassam (Eds.), *Vice Epistemology* (pp. 89–107). Routledge.

Gilbert, M. (2000). *Sociality and Responsibility: New Essays in Plural Subject Theory*. Rowman & Littlefield Publishers.

Goldin, C. & Rouse, C. (2000). "Orchestrating Impartiality: The Impact of "Blind" Auditions on Female Musicians." *American Economic Review*, 90(4), 715–741.

Holroyd, J., Scaife, R. & Stafford, T. (2017). "What is Implicit Bias?" *Philosophy Compass*, 12(10).

池田謙一・唐沢穣・工藤恵理子・村本由紀子（2019）『社会心理学 補訂版』有斐閣
Medina, J. (2011). "The Relevance of Credibility Excess in a Proportional View of Epistemic Injustice: Differential Epistemic Authority and the Social Imaginary." *Social Epistemology*, 25(1), 15–35.
Monteith, M. J. (1993). "Self-Regulation of Prejudiced Responses: Implications for Progress in Prejudice-Reduction Efforts." *Journal of Personality and Social Psychology*, 65(3), 469–485.
Monteith, M. J., Ashburn-Nardo, L., Voils, C. I. & Czopp, A. M. (2002). "Putting the Brakes on Prejudice: On the Development and Operation of Cues for Control." *Journal of Personality and Social Psychology*, 83(5), 1029–1050.
Noland, E. S. & Monteith, M. J. (2024). "Understanding the Influence of Single Bias Reduction Strategies on Personal and Systemic Bias Outcomes." *Group Processes & Intergroup Relations*.
佐藤邦政（2023）「証言的不正義、認識的不運、変容的責任——不協和の徳としての認識的責任」『社会と倫理』三八号、南山大学社会倫理研究所、一一一〜一二五頁
Sato, K. (2023). "A Non-Ideal Aim of Redressing Epistemic Injustices in Corruptive Educational Environments: Toward Restorative Epistemic Justice." *Theory and Research in Education*, 21(3), 320–336.
Saul, J. (2017). "Implicit Bias, Stereotype Threat, and Epistemic Injustice." In *The Routledge Handbook of Epistemic Injustice* (pp. 235–242). Routledge.

Ⅱ　認識的不正義と哲学分野

第5章　認識的不正義と認識論

笠木雅史

はじめに

ミランダ・フリッカー（Miranda Fricker）の著書『認識的不正義』（Fricker 2007）は、分析認識論、社会認識論、フェミニスト認識論、応用認識論のすべてに（部分的に）属するだけでなく、それら各々を発展・拡張させる大きな要因となった。[1] しかしながら同時に、フリッカーがその研究を認識論と倫理学の両方に属すると述べていることには、改めて注意する必要がある。このようにフリッカーが述べる際に念頭に置いていたのは、分析認識論であることは間違いない（『認識的不正義』で用いられる認識論的な道具立ての大部分は、分析認識論のなかで発達したものである）。分析認識論の問題圏の中核は倫理学のそれとほとんど重ならず、分析認識論と分析倫理学は相互にほとんど独立に発展してきた。この分断には、分析哲学の歴史や制度が関わっている。しかし、それだけではなく、これらの分野においては、その中核にある問題圏を対比し、それらを明確に切り分ける傾向が過去から現在に至るまで存在している。

認識的不正義という現象は認識的次元と倫理的次元を併せ持っているとフリッカーは考えており、同時に彼女がその是正に向けて提案する認識的正義の徳（正確には、証言的正義の徳と解釈的正義の徳それぞれ）も、認識的（知的）徳と倫理的徳のハイブリッドだとされている。フリッカーの考える認識的不正義は、個人をその認識主体としての能力という点で不当に扱うという不正義である。認識主体の能力はもちろん分析認識論の問題圏に属する。しかし、本章が問題にする認識的不正義の認識的次元とは、認識的不正義の内部構造に属する、認識的規範性に関わる次元である。分析認識論と分析倫理学を峻別する傾向は理由なしに存続してきたわけではなく、両者が異なるタイプの規範性に関わる問題圏を扱うからだという強力な理由が存在する。そうだとすれば、認識的不正義に関わる問題圏は認識的次元と倫理的次元の両方を含むというフリッカーの見解は、どの程度維持可能なのだろうか。

本章の目的は、認識的不正義に関わる認識的規範性と倫理的規範性の関係についてのフリッカーの見解を検討することである（ただし、紙幅の都合上、証言的不正義のみを扱うことにする）。第1節では、認識的規範と倫理的規範、実利的規範を対比することで、特に認識的規範性と倫理的規範性がどのように異なるのかを解説する。第2節では、フリッカー自身が証言的不正義に含まれる認識的・倫理的規範の一致をどのように理解しているのかを分析しつつ、証言的不正義が起こる事例でそれら二つの規範が一致ではなく、衝突することもありうるという議論を紹介する。第3節では、このような規範の衝突にどのように応答するのかという点に関係する、近年の分析認識論内で提示された三つの見解を素描する。これらの見解は、従来の分析認識論の主流の見解とはかなり異なるものであり、今後さらに検討される必要がある。本章の試みによって、従来の認識論の関心と認識的不正義への関心がどの点では一致し、どの点では異なるのかが確認できるはずである。

1　認識的規範性と倫理的規範性

分析認識論の中心にあるのは、倫理的規範性、実利的規範性と対比される、認識的規範性という特定のタイプの規範性への関心である。この場合の規範性とは、「ある行為を行うべきだ・べきではない」、「ある心的状態にあるべきだ・べきではない」という形で「べき」という語で表される、ある行為や心的状態を要求したり、禁止したりするある種の強制力のことである（また、「ある行為を行うべきではないというわけではない」、「ある心的状態にあるべきではないというわけではない」というこれらの双対は、「その行為を行うことは許容可能である」、「その心的状態にあることは許容可能である」を意味するため、「許容可能」で表される寛容性も、規範性と呼ばれることがある）。

異なるタイプの規範性は、どのような条件がその強制力（ないし寛容性）の成立に関わるのかによって区別される。まず、強制力を持つ倫理的規範性と実利的規範性は、以下のような異なる規範に従うこととして定式化され、区別される（なお、以下の定式化は、この区別の要点を表すために、粗雑に簡略化したものである）。

倫理的規範：Aすることが倫理的理想（より多くの人の幸福、人権の尊重、正義の（公正な）社会など）の実現を促進するならば（かつ、A以上に倫理的理想を促進する行為・心的状態が存在せず、Aが他の行為・心的状態以上に倫理的理想の実現を阻害しないならば）、Aを（倫理的に）行うべきである。

実利的規範：Aすることが自分の福利の実現を促進するならば（かつ、A以上に自分の福利の実現を促進する行為・心的状態が存在せず、Aが他の行為・心的状態以上に自分の福利の実現を阻害しないならば）、Aを（実利的に）行うべきである。(2)

倫理的規範と実利的規範が異なる行為・不作為を強制し、それらを同時に行うことができないならば、これら二つの規範は衝突することになる（以下、議論の簡略化のために、これらの各種規範の定式化の前件に含まれる条件が一つでも満たされないならば、Aを行うべきではないという不作為の要求が成立すると想定する）。そのような衝突が実際に起こる事例は、仮想的なものだけでなく、現実的なものとしても多数存在する。たとえば、違法だとされず、自分の政治的立場に影響がないという状況下であれば、政治家がパーティの余剰金をキックバックとして個人的に受け取ることは、その政治家の福利に大きく貢献し、ほとんど本人への害もないために、実利的規範に従えば行うべきことであるかもしれない。しかし、正義に関する倫理的規範に抵触するため、倫理的には行うべきではない。

認識的規範が正確にどのようなものなのかを解明することは分析認識論の中心的課題であり、さまざまな立場が存在する。ここでは倫理的規範、実利的規範との対比を明確にすることだけが目的であるため、以下のように粗雑に簡略化した定式化を用いることにする。(3)

認識的規範：Ｐと信じることが真理の獲得を促進するならば（かつ、Ｐと信じること以上に真理の獲得を促進する心的状態が存在せず、Ｆと信じることがＰと信じないこと以上に真理の獲得を阻害しないならば）、Ｐと（認識的に）信じるべきである。

分析認識論内での伝統的な理解に従えば、認識的規範は、倫理的規範、実利的規範といくつかの点で異なっている。第一に、認識的規範は、行為ではなく、信念ないし信念と同種の心的状態（判断、不信、信念保留、確信、推測など）にのみ適用される。他方、倫理的規範と実利的規範は、行為と心的状態の両方に適用される（ただし、これらが信念という特定のタイプの心的状態に適用されることを認めない者もいる）。第二に、上記のそれぞれの定式化から明らかなように、倫理的規範、実利的規範、認識的規範は、倫理的理想、実利的理想（自分の福利の実現）、認識的理想（真理獲得）という三つの異なる種類の理想の促進から生じる。これらの規範の内実についてさまざまな立場が存在する理由の一つは、これらの理想がどのようなものなのか、促進するとはどのようなことなのかについて、さまざまな考え方が可能だからである。

認識的規範は真理獲得という認識的理想から生じるが、この認識的理想も、Ｐという真理の獲得なのか、Ｐに関連する他の多くの真理の獲得なのかという点で、異なる考え方が可能である。また、促進するということについてもさまざまな考え方が可能である。たとえば、真理獲得をPという真理に限定し、その獲得の促進とは、自分の持つ証拠がPの真理をある程度の基準値以上の確率（少なくとも、＞0.5）で支持することだと想定することができる。このように想定するならば、上の抽象的な認識的規範は、分析認識論で「証拠主義」と呼ばれる立場が採用する認識的規範として具体化される。

認識的規範（証拠主義）：自分の持つ証拠がPの真理をある程度の確率（少なくとも、＞0.5）で支持するならば、Pと信じるべきである。

上記の抽象的な認識的規範は、証拠主義が採用する以外の想定と組み合わせるならば、異なる形の具体的な認識的規範を生み出す。たとえば、Pだけでなく多くの真理の獲得が認識的理想だとすると、そのような多くの真理を追求し、獲得する見込みの高い人が、認識的に理想的な人物であることになる。そして、真理獲得の促進とは、そのような理想的な人物が、自分の立場にいたならば行うように振る舞うことだと想定することができる。さらに、このような認識的に理想的な人物とは、認識的徳（多くの真理獲得に適した傾向性）を有する人物だと想定するならば、上記の抽象的な認識的規範は、分析認識論で「徳認識論」と呼ばれる立場と整合的な認識的規範として具体化される。(4)

認識的規範（徳認識論）：認識的徳を有する人が、自分のいる状況下にいたとしてPと信じるならば、Pと信じるべきである。

具体的な認識的規範がどのようなものであるにせよ、認識的規範、倫理的規範、実利的規範という三種類の規範は、異なるタイプの理想の促進から生じるものであるため、それらがすべてある特定の信念を持つように要求する事例があるとしても、それらが衝突する事例も多数存在するという事実には変わりがない。認識的規範と倫理的規範の衝突を示すものとして認識論でしばしば挙げられる事例には、以下のようなものがある。なお、この事例は、大統領自由勲章というアメリカ最高位の文化勲章を受賞した黒人歴史学者ジョン・ホープ・フランクリン（John Hope Franklin）が自伝（Franklin 2005）のなかで、自分の体験として記しているものである。(5)

コスモスクラブ：大統領自由勲章の前夜、フランクリンはワシントンDCのコスモスクラブという自分が会員であるクラブの社交場で、友人たちを招いて祝賀パーティを主催した。クラブ内のフランクリン以外の黒人は全員、制服を着た従業員だった。会場をフランクリンが歩いているとき、ある女性が彼を呼び止め、コート預り証を見せて、自分のコートを持ってくるように言った。

この女性は、他のクラブ内の黒人は従業員であることから、黒人であるフランクリンも従業員であるということを支持する統計的な証拠を持っており、その証拠に基づいてフランクリンは従業員だと信じた。フランクリンは従業員ではないため、この信念は偽である。しかし、この女性は、自分の証拠が支持する通りのことを信じているため、認識的規範（証拠主義）には従っていることになる。また、この女性の立場に認識的徳を持つ人がいたとしても、自分の持つ証拠が何を支持するかを把握し、それに合致した信念を形成することになるかもしれない。これが正しいならば、この女性は認識的規範（徳認識論）にも従っていることになるかもしれない。(6)他方で、この女性は倫理的規範に従っているとは言えない。この女性の信念は、黒人たちが社会階級の高い人々のパーティからは排除され、賃金の低い非知的労働に従事せざるをえなかったという人種に関わる差別の環境と歴史を反映したものである。さらに、このような人種に関わる社会的特徴を反映した信念を多くの認識主体が持つならば、それは差別を存続させる要因にもなる。こうした理由から、この信念を持つことは、正義の社会の実現という倫理的理想を促進するものではなく、それを遠ざけるものであるために、倫理的規範に違反するのである。このように、認識的規範と倫理的規範が衝突する事例は、現実にも数多く存在する。

2　認識的不正義における規範の衝突

本節では、フリッカーの考える証言的不正義の内部構造を分析し、証言的不正義が起こる場合には、聞き手が認識的規範と倫理的規範の両方に違反するとされていることを確認する。そのうえで、証言的不正義が起こる場合でも、これら二種類の規範が衝突する事例がありうるという議論を紹介する。

まず、フリッカーの証言的不正義についての考えの中核にあるのは、以下のような見解である。(7)

話し手が［…］証言的不正義を被るのは、聞き手がもつアイデンティティに対する偏見のせいで、その話し手が過小な信用性（credibility deficit）しか受けとらなくなる場合であり、かつ、その場合のみである。（Fricker 2007, p. 28, 邦訳三八頁）(8)

フリッカーの考えでは、証言的不正義は、聞き手の偏見により、聞き手が話し手の信用性を過小に判断する際に起こる。重要なのは、ここでの過小な信用性とは、どのような基準に相対的に過小なのかという点である。フリッカーはこの点についてあまり明確に述べていないが、聞き手が自分の持つ証拠が支持するよりも過小に話し手の証言が真である確率を判断することが、フリッカーの念頭に置く過小な信用性であると考えるのが解釈としては理にかなっている。(9)

フリッカーはさらに、話し手が「知識の主体としての能力という点で、不当に扱われる」(ibid., p. 17, 邦訳二二頁)という倫理的な不正義の一形態だと証言的不正義をみなし、話し手の信用性を過小に判断することがこの不正義(不当な扱い)を構成すると主張する。この主張の理解は、それほど簡単ではない。第一に、主体の持つ証拠が支持するよりも過小に他人の信用性を判断することは、なぜその人を不当に扱うことになるのだろうか。フリッカーは、「対話者に帰属させる信用性の度合いを、その相手が真理を述べているということを支持する証拠に合わせるべきである」(ibid., p. 19, 邦訳二五頁)という義務が聞き手に存在すると述べる。この義務に違反するために、聞き手が話し手の信用性を過小に判断することは、話し手を不当に扱うことになるのである。

第二に、フリッカーの述べるこの義務をこのように理解したとしても、それがどのようなタイプの義務なのかという点が、次に問題になる。もっとも単純に考えれば、この義務は、上記の認識的規範(証拠主義)が述べる義務の一バージョンである。話し手の信用性が特定の度合いであることを支持する証拠を聞き手が持つならば、聞き手はその証拠に合致した信念を形成すべきだと述べていると、理解できるからである。しかし、フリッカーの考えは、より複雑なものである。他人を不当に扱うということには、単に何らかの義務に違反するという以上の含意がある。フリッカーは、「倫理的非難に値しない誤りは、話し手を貶めるものであったり、貶めないにせよ話し手を不当に扱うものではあったりすることは、ありえない」(ibid., p. 22, 邦訳二九頁)と述べる。したがって、信用性を過小に判断することが話し手を不当に扱うことであるためには、それが倫理的非難に値するものでなければならない。

倫理的に非難に値するという事態についてのフリッカーの見解によれば、この事態は倫理的規範と認識的規範両方の違反を含むものである。まず、ある行為・不作為が倫理的非難に値するならば、それは何らかの倫理的規範に違反するものでなければならない。しかし、倫理的規範に違反するあらゆる行為・不作為が、倫理的非難に値するわけではない。そうした行為・不作為は同時に、いわゆる予見可能性を満たすものでなければならない。より正確に言えば、その行為・不作為が含む害についての証拠を持っているにもかかわらず、その証拠に合致した判断を行わなかったために、そうした行為・不作為が生じたのでなければならない。したがって、フリッカーの見解では、この意味での認識的非難に値することが、倫理的非難に値することの必要条件である[10]。そして、ある行為・不作為が認識的非難に値するには、それが認識的規範に違反するものでなければならない。

このように、フリッカーの考える証言的不正義の内的構造は、複雑なものである。ここまで述べてきたことを整理すると、以下のようになる。

聞き手が話し手に対する証言的不正義を犯すのは、

(a)聞き手が持つアイデンティティに対する偏見により、話し手の信用性を過少に判断するという点で、話し手を倫理的に不当に扱う場合であり、かつ、その場合のみである、

(a)が起こるのは、

(b)聞き手による話し手についての信用性判断が倫理的非難に値する場合のみである、

(b)が起こるのは、

(c1)その信用性判断が公正さに関する倫理的規範に違反し、かつ、

(c2)その信用性判断が認識的非難に値する場合のみである、

(c2)が起こるのは、

(d)その信用性判断が認識的規範に違反する場合のみである。

フリッカーの考えでは、聞き手が証言的不正義を犯すならば、聞き手は話し手を倫理的に不当に扱うことに対して倫理的な非難に値する。倫理的非難に値することの必要条件は倫理的規範と認識的規範に違反することである。これがフリッカーの考える認識的不正義が倫理的次元と認識的次元の両方を含むということの意味である。そして、フリ

ッカーが証言的不正義という問題の是正のために提示する証言的正義という徳も、両方の次元を含むものだと考えられている。

認識的目標と倫理的目標が一般に調和するという保証はない［…］。証言的正義がハイブリッドな徳であるという私の議論は、単に次の事実、すなわち、偏見を修正することは対話者の提供する真理を見逃さないために必要であると同時に、知識の主体としての対話者のもつ能力に対して不正義を犯さないためにも必要であることがわかる、という事実に依拠している。（ibid., p. 126, 邦訳一六二～一六三頁）

(1)聞き手が証言的不正義を侵す場合には常に、倫理的規範と認識的規範が違反されるという証言的不正義の必要条件と、(2)証言的不正義の是正には、認識的徳であり同時に倫理的徳である証言的正義の徳が必要であるという証言的不正義の是正方針は、独立ではなく関連している。アイデンティティに対する偏見ではなく、自分の持つ証拠と合致した形で信念を形成する傾向性が、証言的正義の徳だとフリッカーは考えるからである。

これらの(1)、(2)はどちらも疑わしいものである。以下、その議論を行うが、紙幅の都合により、(1)の見解のみを問題にすることにする（しかし、以下の議論は、微調整すれば、(2)にも適用可能である）。(1)が正しいとすれば、聞き手が話し手を倫理的に不当に扱う際には常に、自分の持つ証拠と合致しない信用性判断を聞き手は行っていることになる。しかし、そうではないことを示す事例は、いくつか提示されている。以下は、イシャーニ・マイトラ（Ishani Maitra）が提示した事例である。[11]

人種分断社会：サイモンとアーサーは、二人とも人種が極度に分断された社会で育ち、暮らしている。この社会では、黒人はほとんど教育を受けていない。黒人が学校に通うことができたとしても、その学校は白人が通う学校よりはるかに劣り、基本的な読解力と算数以上のことが教えられることはほとんどない。白人のサイモンは大きな会社を経営しており、経理の手伝いや他のことをしてくれる新しい従業員を雇おうとしていた。黒人のアーサーが経理に応募した。事実として、アーサーは独学で必要なスキルを身につけ、経理のポジションで求められることは十二分にこなせる。しかし、サイモンは、黒人は会計のような仕事に必要な計算能力を単純に持たないのだという内容の、（彼の社会では）信頼性が高く、偏見ではないステレオタイプに依拠しつつ、アーサーがその仕事をこなせるとは信じない。その結果、アーサーは仕事をえられず、その能力を発揮できるかもしれない試験さえも受けられなかった。（Maitra 2010, pp. 203-204）

この事例では、「自分には経理の仕事ができる」と証言するサイモンの信用性は低いとアーサーは判断し、そう信じている。この信念は、彼の社会では大多数の黒人は経理に必要なスキルを持たないという彼の持つ証拠に依拠している。そして、この証拠の内容自体は真であり、偏見を反映したものではない。そうだとしても、この事例において、サイモンという個人は系統的な偏見のために、知識の主体としての能力という点で、不当に扱われたのではないだろうか。少なくとも、フリッカーの挙げる証言的不正義の中心的事例と、この事例は類似性が高いとマイトラは述べる。この事例はまさに、倫理的規範と認識的規範が衝突し、認識的規範に従った信念形成が、倫理的規範に違反するという事例となっている。このような事例が、現実にであれ、仮想的にであれ存在するならば、証言的不正義が起こる場合には常に両方の規範が違反されるというフリッカーの見解(1)は、偽であることになる。

3　規範の衝突への応答

前節では、証言的不正義が起こる際には常に倫理的規範と認識的規範の両方が違反されるというフリッカーの考えに対する反論を紹介した。この反論によれば、認識的規範に従った信念であっても、倫理的規範に違反するために、証言的不正義が起こることがありうる。さらに、そのような事例では認識的規範と倫理的規範が衝突しており、どちらに従っても他方の規範に違反することになる。本節では、この反論に関連する分析認識論内の見解を紹介しつつ（これらの立場は、証言的不正義についての議論を部分的に参照することもあるが、大部分は独立の根拠から提示された）、この反論に対する可能な応答のいくつかを提示する（ここで提示する以外の応答も存在する）。

応答(1)：非難に値しない証言的不正義

第一の応答として、この規範の衝突を受け入れ、証言的不正義などの他人を倫理的に不当に扱うことには、倫理的規範の違反のみが必要であり、認識的規範の違反は必要ないと考えることができる。エンドラ・ベッグビィ（Endre Begby）は、上述の仮想事例だけでなく、現実世界でも、偏見がしばしば主体の経験を忠実に反映し、その社会内で共有されているという点で合理的なものであると論じる。そしてさらに、そのような合理的な偏見に基づいた行いでも他人を倫理的に不当に扱うことになるという見解は、多くの論者が反対するにせよ、それほどおかしなものではないと論じる（Begby 2021, Ch. 10）。フリッカーのような論者がこの見解に反対するのは、他人を倫理的に不当に扱うということが非難に値することを含意し、非難に値することは認識的規範の違反を含意すると考えるからである。

しかし、非難に値しないが他人を不当に扱うことがありうるという見解は、法学分野では受け入れられている。ベッグビィの参照する議論（J. Goldberg 2015）によれば、この点が、刑法と不法行為法の相違である。日本の法でも、刑法は刑事責任能力のある者に犯罪に対する刑罰を課すことを目的とするものであり、刑事責任能力の条件として予見可能性（その行為の帰結や是非を認識できる）という認識に関わる条件が含まれている。他方で、不法行為法は、各個人の権利を保護することを目的とする。過去には不法行為責任も予見可能性を前提とする結果回避義務違反が条件だとされていたが、現在ではそれを条件としない無過失責任が不法行為法（の一部）には取り入れられている。これにより、予見可能性が満たされない場合であっても、生じた過失に対して賠償責任を負うことが可能となった。ベッグビィは不法行為法を参照することで、行為者に対する非難ではなく、被害者の権利侵害に焦点を当てる形で他人を不当に扱うという事態を理解することを提案する。彼はこの議論を十分に展開していないが、こうした方向は、証言的不正義が生じるために認識的規範の違反を必要条件だと考える必要はないという立場に、ある程度の妥当性を与えるものである。

応答(2)：認識的次元への倫理による侵食

第二の応答として、認識的次元への「倫理による侵食（moral encroachment）」を認め、証言的不正義が起こるような場合には、倫理的規範に違反することで認識的規範の遵守・違反条件が変化すると考えることができる。認識的次元への倫理による侵食は、多くの論者によって異なる形で提案、擁護されているため、ここではその代表的なバージョンの発想を簡略にまとめることにする[12]。倫理による侵食の支持者の多くは、ある信念を持つことが倫理的規範に違反するか、そうした違反に特定の形で関係する場合、その信念を持つことに関する認識的規範の遵守・違反条件が、そうでない場合よりも厳格化されると述べる。これらの論者は、認識的規範（証拠主義）の何らかのバージョンを念頭に置いてこの立場を展開しているため、この認識的規範を例に説明することにする。

認識的規範（証拠主義）によれば、認識主体は自分の持つ証拠がある基準値以上にPを支持するならば、Pを信じるべきである。通常の場合、証拠の基準値は、＞0.5と比較的低く設定されているため、認識的規範（証拠主義）に従うためには、自分の持つ証拠が～PよりもPを支持するならば、それを信じるというだけでよい。しかし、Pと信じることが、先に述べたような倫理的規範の違反を犯したり、それと関連したりする場合は、この基準値がさらに上に設定される。このため、通常ならば認識的規範（証拠主義）を満たす証拠であっても、そうした場合にはそれを満たさないという事態が生じる。この認識的次元への倫理による侵食を採用するならば、証言的不正義が起こる場合は、話し手による信用性判断が倫理的規範を犯すか、それに関係するため、基準値が通常以上の値に設定されると考えることができる。このように考えるならば、証言的不正義が起こる場合に、認識的規範と倫理的規範が衝突するということにはならない。倫理的規範の違反は通常よりも厳格な認識的規範に従うように要求し、それに違反することになるため、これらの規範は衝突しないのである。

応答⑶：認識的規範の拡張

第三の応答として、従来提示されてきたような認識的規範ではなく、証言的不正義が起こる場合に違反することになるような新しい種類の認識的規範を提示し、擁護することができる。[13] この立場を展開しているのが、ジェニファー・ラッキー（Jennifer Lackey）である。[14] ラッキーは、マイトラなどの論者に同意し、話し手の信用性についての判断を聞き手が証拠と合致した形で行ったとしても、証言的不正義は起こりうると考える（彼女がこう考える独自の根拠については、注11を参照のこと）（Lackey 2018; 2023, Ch. 1）。ラッキーによれば、そのような認識的不正義の事例において違反される認識的規範は、聞き手が自分の持つ証拠に合致した形で信念を形成すべきという規範ではなく、聞き手が話し手の証言に関してより多くの証拠を集めるべきという規範である。たとえば、人種分断社会事例では、アーサーは経理スキルを持つ黒人を見たことがなく、その存在についてほとんど聞いたこともない。そのような社会で彼がこれまで獲得した証拠がサイモンの信用性が低いということを支持するのだとしても、この証拠は、個々の黒人の能力をテストなどで正確に測った結果を含んではいない。差別的な偏見やそれから派生する黒人たち全般への不当な扱いを是正するべきであるならば、アーサーは自分の手持ちの証拠だけを信用性判断の際に用いるのではなく、テストを実施するなどしてより正確な証拠を収集すべきである。そして、テストが実施されたとすれば、サイモンが会計業務に必要なスキルを持つということを支持する証拠がえられるはずである。アーサーの信用性判断の問題は、それが彼の持つべき証拠に合致したものでないことである。このように考えるならば、以下のような認識的規範に違反することが、証言的不正義が起こるための必要条件となる。

認識的規範（ハイブリッド）：自分が（倫理的に）持つべき証拠がPの真理をある程度の確率（少なくとも、＞0.5）で支持するならば、Pと（認識的に）信じるべきである。

証言的不正義が起こる場合には、ある証拠を持つべきという条件に現れる「べき」は、倫理的規範性を表している（他の場合には、倫理的規範性だけでなく、実利的規範性や他のタイプの規範性を表すように拡張することも可能である）。しかし、ラッキーによれば、その証拠に合致した形で信じるべきという要求に現れる「べき」は、依然として認識的規範性を表している。このように考えるならば、証言的不正義が起こるのは、倫理的規範に従った形で証拠収集を行わなかったために、持つべきではない証拠によって信念を形成するという形で認識的規範に違反する場合であり、倫理的規範と認識的規範の衝突は起こらないことになる[15]。

本節で紹介した⑴非難に値しない形での他人の不当な扱いを認める、⑵倫理による侵食を認める、⑶認識的規範に倫理的規範を組み込む、という三つの方向性は、分析認識論の内部で近年提案されたものである。これらはどれもが新しい見解であり、従来の分析認識論の主流の見解とはまったく異なるため、まだまだこれから検討されなければならない。フリッカー自身が認識的不正義という現象を分析するためにそれまでの分析認識論の道具立てを用いたように、より精緻に認識的不正義という現象を分析するために、これらの新しい立場が提示する道具立ては有益なものだろう。しかし、⑴は証言的不正義には倫理的規範の違反だけが必要であるとする見解であるため、認識論と倫理学の分離を従来以上に徹底するという方向であることに注意する必要がある。つまり、認識的不正義は認識的次元と倫理的次元の両方を含むというフリッカーの考えが維持可能かどうかは、⑵、⑶のような、認識的不正義に認識的規範と倫理的規範両方の違反が関与するという見解が維持可能かどうかに依存している。この点で、認識的不正義をめぐる認識論と倫理学の関係は、融和の可能性を残しつつも、緊張関係を孕んでいるのである。

注

（1）『認識的不正義』の哲学内での位置づけについては、近年刊行された各分野のハンドブックや概説でそれがどのように扱われているかを見ることで理解することができる。たとえば、Grasswick（2021）はフェミニスト認識論の概説であり、「フェミニスト認識論における近年のトレンド」という節で『認識的不正義』に言及している。O'Connor, Goldberg & Goldman（2023）は社会認識論の概説であり、同書の内容をある程度詳しく解説している。Pitts（2018）は、応用認識論のハンドブックに掲載された認識的不正義研究とフェミニスト認識論の概説である。

（2）倫理的規範と実利的規範のこれらの定式化は、倫理的理想が複数存在するという可能性や福利の実現に貢献する同程度の重要性を持つ異なる実利的関心が存在するという可能性を排除していない。

（3）「知識からのアプローチ（knowledge-first approach）」と呼ばれるWilliamson（2000）に由来する立場では、認識的規範を真理獲得の促進ではなく、知識の促進に関わるものとして理解する。しかし、ここではフリッカーが念頭に置いているより伝統的な認識的規範を用いている。また、実のところ、「信じるべきではない」という消極的な認識的規範は認めるが、「信じるべきだ」という積極的な認識的規範の存在を認めない認識論者は多数存在する。積極的な認識的規範の存在を立証しようとする近年の試みとして、Ichikawa（2022）、Simion（2024）がある（両者とも知識からのアプローチを採用するが、積極的な認識的義務の存在を立証する彼らの議論は、このアプローチからほぼ独立している）。

（4）分析認識論における徳認識論は、個々の信念に関する認識的規範性を論じない傾向にある（彼らの関心は、認識的規範性よりも認識的価値にあり、価値を含む広い意味で「規範性」という語を用いることが多い）。ここで定式化したのは、徳認識論が認識的規範性を定式化するとすれば、このようになるという推測である（ただし、Lasonen-Aarnio（2010）、Williamson（Forthcoming）は、認識的規範（証拠主義）、認識的規範（徳認識論）と同様の規範が、より単純な認識的規範から導出可能であることを示している）。徳倫理学では、Hursthouse（1999）がこの定式化と類比的な仕方で、倫理的規範性を実際に定式化している。

（5）Gendler（2011）がこの事例を取り上げ、論じたことで、この事例は認識論において広く知られるようになった。

（6）多くの論者は、証言的不正義の事例において違反されるものとしてフリッカーが想定しているのは認識的規範（証拠主義）だと解釈している。しかし、フリッカーは、認識的規範の違反の例として、認識的注意散漫さという悪徳によって信念を形成することに言及している（Fricker 2007, p. 21, 邦訳二八頁）。このため、フリッカーは認識的規範（徳認識論）を想定しているのかもしれない。

（7）フリッカーは以下の双条件を述べる際に、系統的なアイデンティティに対する偏見を念頭に置いているが、非系統的なアイデンティティに対する偏見から生じる証言的不正義にも以下の双条件は当てはまる。

（8）以下すべてのFricker（2007）の引用は邦訳に合わせたが、部分的に拙訳を使用している。

（9）Marušić & White（2018）は、聞き手が持つ証拠に相対的な過小評価という点を中心に、フリッカーの証言的不正義についての見解の整合性を疑問視している。また事実として、多くの論者がフリッカーの見解をこのように解釈している。

（10）フリッカーが「倫理的に非難に値する」と呼んでいる事態は、一般に「（倫理的に問題のある行為に対して）倫理的責任を負う」と呼ばれる事態である。そして、倫理的責任を負うには予見可能性などのある種の認識的条件を満たす必要があるという考えは、広く承認されている。ここで問題になるのは、フリッカーは『認識的不正義』第四章で、非難に値しない証言的不正義の存在を例外的な状況では認めていることである。しかし、この箇所はフリッカーの他の箇所での発言の多くと整合しないため、解釈上の問題を引き起こす。第四章の議論はおそらく、証言的不正義を犯すことではなく、証言的正義の徳を持たないことが非難に値しないことがありうるという議論として読むべきなのかもしれない。あるいは、そこで議論される例外的状況は、以下で論じるような認識的規範と倫理的規範が衝突する事例であるのかもしれない。他の解釈の方向やその含意については、Riggs（2012a）とその後の議論であるCoady（2012a; 2012b）、Riggs（2012b）が参考になる。また、この点についてのフリッカーの最近の見解は、Fricker（2016）で素描されている。

（11）S. Goldberg（2021）は、以下の人種分断社会とほぼ同主旨の事例を提示する。Lackey（2018）は、聞き手が話し手の信用性を証拠と合致する形で判断しても、その証言に反対する自分の信用性を過大に判断するために、聞き手が証言を信じない事例を提示する。Luzzi（2024）は、聞き手が話し手に対する偏見を複数持っているが、それらが相殺し合うため、結果として証拠に合致する信用性判断を行う事例を提示する。さらに、Hawley（2017）は、聞き手が話し手の信用性についての証拠を持たないために信用性についての判断を行わず、その結果として証言的不正義が生じる事例を提示する。このうち、S. Goldberg（2021）は、自分の提示する事例が認識的規範と倫理的規範が衝突する事例であると明示的に述べたうえで、なぜフリッカーが証言的不正義の事例では両者が一致すると考えたのかの理由を分析している。

（12）倫理による侵食のさまざまなバージョンについての整理として、Bolinger（2020）が参考になる。また、倫理による侵食の中核にある認識的基準の変動という考えを文脈主義に組み込んだうえで、証言的不正義の理解に応用するIchikawa（2020）も、本章では紹介しないが、認識的規範と倫理的規範の衝突に対する応答とみなすことができる。

（13）第三の応答として以下で紹介する立場も、倫理による侵食の一バージョンと見なされることがある。しかし、倫理による侵食の多くのバージョンは、信念そのものの倫理的重要性が認識的基準に影響するという点を共有するが、以下の立場は、信念そのものではなく証拠収集過程に関わり、その認識的基準ではなく倫理的基準に焦点を当てるものであるため、別の立場として分類する。

(14) S. Goldberg (2021; 2022) も、Lackey (2018; 2023, Ch. 1) と同様の方向を示唆している。この方向は、彼らが過去の研究 (S. Goldberg 2015; Lackey 2008, App. A2) で展開した規範的阻却要因 (normative defeater) についての見解を応用したものである。

(15) Fricker (2012) では、フリッカーは、彼女が「先制的な証言的不正義」(Fricker 2007, pp. 130–131, 邦訳一六九〜一七〇頁) と呼んでいたタイプの証言的不正義を、このような証拠収集における過失を含むものだと考えているように思われる (この点については、Schraub & Sati (2024) も参照のこと)。そうだとすれば、この第三の応答が、フリッカー自身の志向する方向と最も近いものかもしれない。

参考文献

Begby, E. (2021). *Prejudice: A Study in Non-Ideal Epistemology*. Oxford University Press.

Bolinger, R. J. (2020). "Varieties of Moral Encroachment." *Philosophical Perspectives*, 34(1), 5–26.

Coady, D. (2012a). "Critical Reply to "Culpability for Epistemic Injustice: Deontic or Aretetic?" by Wayne Riggs." *Social Epistemology Review and Reply Collective*, 1(5), 3–6.

—— (2012b). "Decision-Making and Credibility." *Social Epistemology Review and Reply Collective*, 1(8), 13–15.

Franklin, J. H. (2005). *Mirror to America: The Autobiography of John Hope Franklin*. Macmillan.

Fricker, M. (2007). *Epistemic Injustice: Power and the Ethics of Knowing*. Oxford University Press. (ミランダ・フリッカー『認識的不正義——権力は知ることの倫理にどのようにかかわるのか』佐藤邦政監訳、飯塚理恵訳、勁草書房、二〇二三年)

—— (2012). "Silence and Institutional Prejudice." In S. L. Crasnow & A. M. Superson (Eds.), *Out from the Shadows: Analytical Feminist Contributions to Traditional Philosophy* (pp. 287–304). Oxford University Press.

—— (2016) "Fault and No-Fault Responsibility for Implicit Prejudice: A Space for Epistemic Agent-Regret." In M. Brady & M. Fricker (Eds.), *The Epistemic Life of Groups: Essays in the Epistemology of Collectives* (pp. 33–50). Oxford University Press.

Gendler, T. S. (2011). "On the Epistemic Costs of Implicit Bias." *Philosophical Studies*, 156(1), 33–63.

Goldberg, J. C. P. (2015). "Inexcusable Wrongs." *California Law Review*, 103(3), 467–512.

Goldberg, S. C. (2015). "Should Have Known." *Synthese*, 194(8), 2863–2894.

—— (2021). "Can the Demands of Justice Always Be Reconciled with the Demands of Epistemology? Testimonial Injustice and the

Prospects of a Normative Clash." *International Journal of Philosophical Studies*, 29(4), 537–558.

—— (2022). "What Is a Speaker Owed?" *Philosophy & Public Affairs*, 50(3), 375–407.

Grasswick, H. (2021). "Feminist Epistemology." In K. Q. Hall & Ásta (Eds.), *The Oxford Handbook of Feminist Philosophy* (pp. 198–212). Oxford University Press.

Hawley, K. (2017). "Trust, Distrust, and Epistemic Injustice." In I. J. Kidd, J. Medina, & G. Pohlhaus Jr. (Eds.) *The Routledge Companion to Epistemic Injustice* (pp. 69–78). Routledge.

Hursthouse, R. (1999). *On Virtue Ethics*. Oxford University Press.（ロザリンド・ハーストハウス『徳倫理学について』土橋茂樹訳、知泉書館、二〇一四年）

Ichikawa, J. J. (2020). "Contextual Injustice." *Kennedy Institute of Ethics Journal*, 30(1), 1–30.

——. (2022) "You Ought to Have Known: Positive Epistemic Norms in a Knowledge-First Framework." *Synthese*, 200, 400.

Lackey, J. (2008). *Learning from Words: Testimony as a Source of Knowledge*. Oxford University Press.

——. (2018). "Credibility and the Distribution of Epistemic Goods." In K. McCain (Ed.), *Believing in Accordance with the Evidence: New Essays on Evidentialism* (pp. 145–168). Springer.

——. (2023). *Criminal Testimonial Injustice*. Oxford University Press.

Lasonen-Aarnio, M. (2010) "Unreasonable Knowledge." *Philosophical Perspectives*, 24, 1–21.

Luzzi, F. (2024). "Testimonial Injustice from Countervailing Prejudices." *Social Epistemology*, 38(5), 607–618.

Maitra, I. (2010). "The Nature of Epistemic Injustice." *Philosophical Books*, 51(4), 195–211.

Marušić, B. & White, S. (2018). "How Can Beliefs Wrong?: A Strawsonian Epistemology." *Philosophical Topics*, 46(1), 97–114.

O'Connor, C., Goldberg, S. & Goldman, A. (2023). "Social Epistemology." *Stanford Encyclopedia of Philosophy*.

Pitts, A. (2018). "Epistemic Injustice and Feminist Epistemology." In D. Coady & J. Chase (Eds.), *The Routledge Handbook of Applied Epistemology* (pp. 101–114). Routledge.

Riggs, W. (2012a). "Culpability for Epistemic Injustice: Deontic or Aretetic?" *Social Epistemology*, 26(2), 149–162.

—— (2012b). "Response to David Coady." *Social Epistemology Review and Reply Collective*, 1(7), 17–20.

Schraub, D. & Sati, J. (2024) "Epistemic Injustice in Collecting and Appraising Evidence." In M. Lasonen-Aarnio & C. Littlejohn (Eds.), *The Routledge Handbook of the Philosophy of Evidence* (pp. 221–231). Routledge.

Simion, M. (2024). *Resistance to Evidence*. Cambridge University Press.

Williamson, T. (2000). *Knowledge and Its Limits*. Oxford University Press.
——. (Forthcoming). "Justifications, Excuses, and Skeptical Scenarios." In F. Dorsch & J. Dutant (Eds), *The New Evil Demon*. Oxford University Press.

謝辞：本章の研究は、ＪＳＰＳ科研費 23K00010 の助成を受けたものである。

第6章　認識的不正義と倫理学

小林知恵

はじめに

本章では認識的不正義研究の嚆矢であるM・フリッカーの認識的不正義論と倫理学の関係について論じる。フリッカーの研究は、フェミニスト哲学、認識論、倫理学、政治哲学といった多様な分野の知見を取り込みながら発展を遂げてきた（Dieleman 2012, p. 255）。その主著『認識的不正義』の主題の一つは私たちの認識的実践に関する倫理であり、これは従来の倫理学では等閑視されてきたトピックである（Fricker 2007, pp. 1-2, 邦訳二～三頁）。フリッカーの認識的不正義論において倫理学の知見がどのように援用されているのか、そして認識的不正義論が倫理学に対して、ひいては哲学・倫理学者が置かれている状況に対してどのような示唆を与えるのかを論じることで、フリッカーの認識的不正義論と倫理学との間に相補的な関係を見出すことができるだろう。本章ではこの相補的な関係について概説していく。

第1節ではフリッカーの認識的不正義論に規範倫理学理論の要素がどのように反映されているのかを、また第2節ではメタ倫理学の知見がどのように援用されているのかを、それぞれ検討する。第3節ではフリッカーの認識的不正義論が倫理学にもたらす示唆について考える。

1　フリッカーの認識的不正義論と規範倫理学

倫理学の一部門である規範倫理学は、われわれの行為指針となるべき規範について扱う。代表的な学説として帰結主義、カント主義、徳倫理学の三つがある。これらの規範倫理学理論の間では、ある行為について同じ倫理的評価を下したり、同じ規範を支持したりする場合でも、その理由は異なりうる。

M・コングドンによれば、フリッカーの認識的不正義論には、帰結主義、カント主義、徳倫理学の要素を統合しながら展開されている（Congdon 2017）。本節では、フリッカーの議論の道筋を跡づけることによって、認識的不正義という概念がどのように規範倫理学のなかに位置づけられるのかを示す。認識的不正義の不正について複数の説明を手にすることは、異なる規範倫理学上のコミットメントを持つ人々が、それぞれの立場から認識的不正義の問題を理解するうえで意義を持つだろう。[1]

帰結主義

帰結主義は、ある行為や規則が正しいか否かを、それによってもたらされる帰結（結果）の良し悪しのみによって評価する立場である。コングドンは、証言的不正義の不正について説明する文脈で、フリッカーが暗黙のうちに帰結主義的な仮定を用いていると主張する（Congdon 2017, p. 243）。

フリッカーは、証言的不正義の結果として生じうる不利益について、次のように二つに大別する。すなわち第一に、アイデンティティに対する偏見のせいで認識的不正義の被害者が被る不利益と、第二に、証言的不正義を犯している人自身や、ひいてはより幅広い人々が被る不利益とがある。前者の不利益は、証言的不正義の被害者個人やその集団が被る二次的な害——つまり、知識の主体としての能力が貶められることに付随して生じるさまざまな害——に該当する。たとえば、証言的不正義の被害者が就職・昇進などのキャリア発展の機会を逸したり、知識の主体としての自分の能力に対する自信を長期的に失ったりするといった、人生の広範囲にわたるネガティブな影響が挙げられる（本書第3章参照）。

第二の不利益は、不正義の被害者にとどまらずより広い対象に関わる。証言的不正義を犯す聞き手は、自らの偏見の矛先にいる人々から知識や情報を得る機会を逸することによって、不正義に加担しなければ享受できたはずの恩恵を取り逃がすことがあるだろう。さらに、本来伝達されるはずの知識を聞き手が受け取らないことによって、聞き手自身の不利益に加えて、「認識実践や認識システム全体が機能不全に陥っている状態」が生じる（Fricker 2007, p. 43. 邦訳五八頁）。つまり、個別の証言的不正義を起点とする累積的な無知が生み出された結果、局所的な不利益のみならず広範な人々にも不利益が生じうるのだ。このようにフリッカーは、証言的不正義の帰結として被害者以外の人々が被る害についても指摘することによって、証言的不正義の不正を提示する。

このような説明は、帰結主義の立場から見ても自身の主張と整合的なものとして是認できるだろう。なぜなら、「ある行為や規則が正しいか否かは、それによってもたらされる帰結（結果）の良し悪しにのみによって評価される」とする帰結主義の原則に照らして、「証言的不正義は、証言的不正義がなされない他の選択肢と比べて悪い帰結を生み出すため、不正である」と判断できるからだ。しかし、帰結の悪さに訴えて認識的不正義の不正を主張しているからといって、フリッカーの認識的不正義論が全面的に帰結主義に依拠する立場であるわけではないという点には留意が必要だろう。なぜなら、その不正が結果の良し悪しのみによって判定されているとは限らないからだ。次項以降で詳述するように、実際にフリッカーは帰結以外の観点からも認識的不正義の不正について議論を展開している。とはいえ、証言的不正義の不正の理由を帰結に求めている点で、帰結主義からの支持を得られやすい議論であることは認

められるだろう。(2)

カント主義／義務論

本節で取り上げる規範倫理学の第二の陣営は、カント主義／義務論である。カント主義／義務論は、帰結の良し悪しにかかわらず義務を守る行為が正しく、それに違反する行為は不正だとする。

前項の末尾で触れたように、フリッカーは、証言的不正義の不正を構成するものは、その帰結として生じる害だけに尽きないと考えている。どのような帰結がもたらされるのかとは独立に、証言者（話し手）の人格の尊厳に敬意を示しているかどうかによる不正があると考える点で、カント主義／義務論と親和的な議論を展開しているのである。その一例が、「認識的モノ化（epistemic objectification）」に関する議論である。カントの倫理学を援用して、認識的不正義における認識的モノ化の有害性を明るみに出すフリッカーの議論を見ていこう。

認識的モノ化は、聞き手が能動的な認識的行為者としての役割を話し手から剥奪するときに生じる（Fricker 2007, p. 132, 邦訳一七一～一七二頁）。このとき、話し手の地位は情報提供者から単なる情報源へと貶められており、これは主体が単なる手段へと格下げされていることを意味する。話し手が聞き手を情報提供者として認めることと、単なる情報源と見なすことにはどのような違いがあるのだろうか。フリッカーは、カントが『道徳形而上学の基礎づけ』で提示した、次の定式を援用して、両者の違いを浮かび上がらせる。

> 君は、君の人格の中にも他のどんな人の人格の中にもある人間性を、いつでも同時に目的として扱い、けっしてたんに手段として扱わないような、そのような行為をせよ。（Kant 1999, p. 429, 邦訳一〇四頁）

この定言命法の第二の定式（人間性の定式）は、私たち人間の人格を、相対的な価値しか持たない道具としてではなく、普遍的な目的として見なすことを命じている。もっとも、人間性を手段として扱うことそのものを禁じているのではない。あくまでも「同時に目的として扱い、けっしてたんに手段として扱わない」ことを要求しているのだ。たとえば、郵便局員に手紙を配達してもらう、体調を崩したときに誰かに仕事を代わってもらうといった仕方で他者を利用することは、私たちが社会生活を営むうえでは不可欠である。このように誰かの助けを受けるときに相手の同意を得る、相手に不必要な負担や苦痛を与えないなど、個別の文脈に合った条件を満たすならば、他者を手段として扱いつつも同時にその人を人格を備えた存在として尊重していると言えるだろう。

フリッカーは、カントの人間性の定式から「他者を手段としてのみ扱うこと」は道徳的に不正なモノ化であるという主張を導く（Fricker 2007, pp. 133-134, 邦訳一七三頁）。そして、この推論を認識実践の文脈に適用し、情報を得る手段として話し手を扱う際の二つの形態を区別する。第一の形態は、情報を伝える話し手が「情報提供者」として見なされる場合であり、話し手は有能かつ誠実な認識的主体として聞き手に承認されている。つまり、話し手の証言が、伝達された信念を聞き手が信じる理由として、あるいは少なくとも聞き手が真剣に受け止めるべきものとして受容されている。第二の形態は、話し手が「情報源」として扱われる場合であり、話し手は認識的主体ではなく、聞き手が「そこから情報を収集しようとする事態」として扱われる（ibid., p. 132, 邦訳一七一頁）。以上から次のような対比が浮かび上がるだろう。つまり、誰かを情報提供者として扱うことは、その人を認識的共同体における能動的な参加者として扱うことに相当する。これに対して、誰かを情報源として扱うことは、その人を受動的な観察対象として扱うことに相当する。

ここで注意すべきは、他者を情報源として利用する事例のすべてが道徳的に不正な認識的モノ化に該当するわけではないという点だ。たとえば、あなたが飲食店で食事をしている場面を想像してみよう。後から入店してきた客の衣服が濡れているのが目に入り、今しがた雨が降り出したと推測する。このときあなたは他者を情報源として利用している。このような認識実践は日常にありふれたものであって、すべてが不正な行いであるわけではない。フリッカーの考えでは、「他者への扱いや、より広い関係性と相手に対する自分の態度に、知識の主体としての他者の全体的な地位を貶めるものが一切存在しない」(ibid., p. 134, 邦訳一七四頁)ならば、他者を情報源として扱うことは必ずしも道徳的に不正ではない。たとえば、もし前述の衣服が濡れた客が「そこの曲がり角で打ち水をかけられちゃって。でも、天気予報では夕方まで晴れるようだから直に乾くよね」と語る場合に、あなたは適切に信用性判断を下したうえで「雨が降り出した」という信念を撤回する用意があるとしよう。この場合は、その人を能動的な情報提供者として受け入れる用意があるため、単なる情報源として扱ってはおらず、他者の知識の主体としての地位を貶めていないと言える。

問題となるのは、他者を単なる情報源として扱うケースだ。フリッカーはカントの人間性の定式から他者を手段としてのみ扱うことが道徳的に不正なモノ化に相当するという主張を導くのとパラレルに、認識的な実践において他者を単なる情報源として扱うことは不正な認識的モノ化であると主張する。両者に共通するのは、他者を合理的存在者ではない(少なくとも十全な合理的存在者でない)かのように扱う点だ。ここで想定される合理的存在者が持つ合理的能力は、人間の価値にとって必要不可欠なものであり(ibid., p. 136, 邦訳一七六頁)、他者を合理的存在者ではないかのように扱うことは、それが実践的な次元であれ認識的な次元であれ、他者を人間としての価値を欠いたものとして扱うことに等しい。このようなカントからの示唆に基づくならば、他者の知識の主体としての地位を貶める証言的不正義は他者を単なる情報源として見なすことに該当するため、道徳的に不正な認識的モノ化の一例であると結論づけられるだろう。(3)

以上で見たように、カントの倫理学に淵源を持つ認識的モノ化というアイデアは、たとえ誰に対する悪い帰結も伴わない場合であっても、なお認識的不正義を不正だと考える理由を与える。このように帰結から独立した要素を重視する点で、フリッカーの認識的不正義論はカント主義/義務論と中心的主張を共有する。他方で、認識的不正義の内在的害としての認識的モノ化という発想を個々のカント主義/義務論者が受け入れるかどうかは、彼らが考える義務との整合性や、カントの人格に関する議論の認識的文脈への応用の適否にかかっているだろう。

徳倫理学

二〇世紀中葉以降、帰結主義や義務論に対抗する第三の理論として、アリストテレスの倫理学を再構築することによって徳基底的なアプローチが提唱された。この徳倫理学は、一般的原理を否定する反‐理論（anti-theory）の側面を持ちながらも、道徳における徳の重要性や行為の正・不正に関する説明を提供するものとして精錬されてきた（e.g. Hursthouse 1999; Slote 2001; Swanton 2003）。本項では、認識的不正義の不正とその是正に関して、フリッカーが提示する徳に着目した議論を見ていく。

フリッカーは証言的不正義の不正について、その帰結や認識的モノ化だけでなく、証言的不正義を被る話し手の性格特性に与える影響に着目した分析を行っている。それによれば、証言的不正義は話し手の知的徳の発達を阻害する。具体的には、証言的不正義が繰り返されて話し手の認識的自信が低下することで、知的勇気の徳――自分が確信を持って信じていることは、他者の反論に直面しても簡単に撤回しないという徳――の発達が阻害される可能性が高いとされている(4)(5)（Fricker 2007, pp. 49–50, 邦訳六六頁）。

このように話し手の知的徳の発達を阻害する証言的不正義を是正するためには、何が必要だろうか。フリッカーの提案は、聞き手としての個人が証言的不正義を生み出す偏見に抵抗する徳（anti-prejudicial virtue）である「証言的正義の徳」を涵養するというものだ（ibid., p. 92, 邦訳一一九頁）。この証言的正義の徳は、偏見的ステレオタイプの中和を通じて、理解という認識的な目標と正義という道徳的な目標の達成を目指す。つまり、この徳は偏見的ステレオタイプを中和することを当座の目標とするが、その先にある最終的な目標は認識的な善である真理と道徳的な正義の両方である点でハイブリッドな徳だとされる（ibid., p. 122, 邦訳一五七頁）。また、フリッカーの理解によれば加害者不在とされる解釈的不正義についても、「解釈的正義の徳」を涵養することによって、その克服の途が開かれる。聞き手が解釈的正義の徳を発達させることで、ある話し手が自分の経験を理解したり、誰かに理解してもらおうとしたりする際に直面する困難が、話し手側の落ち度に由来するものではなく、集団的な解釈資源のギャップが原因である可能性に注意深く配慮して、適切に信用性判断を修正したり保留したりする傾向性を獲得することができるのだ（ibid., Section 7.4）。

証言的正義の徳と解釈的正義の徳は、どちらも社会的に位置づけられた文脈内での認識的行為をコントロールすることで、アイデンティティに対する偏見から認識実践を守ることを目指す性格特性である（ibid., p. 170, 邦訳二三三頁）。もしそうした偏見を修正することができなければ、私たちは真理を見逃し、知識の主体としての話し手が持つ能力や解釈資源の分配に関して、不正義を犯すことになる。

このようにフリッカーには、徳の観点から認識的不正義の不正を説明し、その是正策として徳の涵養に根ざした行為指針を提示している(6)。それは前項までで見た認識的不正義の帰結や認識的モノ化に関する議論と並行的に論じられているものの、徳を基底に置く徳倫理学と中心的な発想を共有していると言えるだろう。

本節では、フリッカーの認識的不正義論が、帰結主義、義務論／カント主義、徳倫理学といった規範倫理学理論の主張とどのように関係しているのかを概説した。フリッカーは認識的不正義の不正を説明する際に、帰結・認識的モノ化・徳に基づくアイデアといったそれぞれの議論を並行的に論じている。この点で、認識的不正義というアイデアは多様な規範倫理学上のコミットメントを有する論者に受け入れられうる土壌を持つ。一方で、ある事例の評価をめぐって複数の規範倫理学理論が対立するケース――たとえば、義務論の観点からは許容しがたいが帰結主義者にとっては許容できるような証言的不正義のケース――についてどのような評価を下し、どのようにしてその評価を正当化するのか、ということが問題になるだろう。こうした理論間の対立の解消は規範倫理学上の重要な課題である。

2　フリッカーの認識的不正義論とメタ倫理学

メタ倫理学は、規範倫理学の問いにおいては暗黙の前提となっている価値や義務そのものの性質のほか、規範的判断や関連する心的状態の本性を問う領域である。フリッカーは責任ある聞き手が持つ有徳な知覚能力を特徴づける際に、それを道徳的に有徳な知覚能力と対比させ、メタ倫理学の個別領域である道徳認識論や道徳心理学に関する議論に言及している（Fricker 2007, Section 3.3）。本節では、メタ倫理学上の知見の援用という観点から、話し手の信用性判断に関する分析と信用性判断が持つ動機づけの力に関するフリッカーの考察を辿ることにしたい。

信用性判断と知覚

フリッカーの考えでは、話し手の能力や誠実さに向けられる信用性判断は、知覚によって形成される非推論的なものである。このアイデアは、J・マクダウェルやM・ヌスバウムに代表される、アリストテレス主義的なフロネシスの概念を認識のモデルとする認知主義を淵源に持つ(7)。この立場によれば、有徳な行為者は、道徳に関する知覚的な判断能力を行使することによって、道徳的な事柄を理解する。一定の知覚を有する人にはトマトが赤色に見えるように、有徳な行為者が特定の道徳的特徴を持つ行為を目にすると、その特徴が道徳的に重要なものとしてせり出して（salient）知覚され、いかなる理論の適用も介さずに道徳判断が形成されるのだ（McDowell 1998; Nussbaum 1990）。

道徳的知覚に関する説明を証言のケースに適用すると、有徳な聞き手の持つ知覚能力は、状況や話し手の振る舞いに見られる認識的にせり出した特徴に対する感受性として理解できる。証言のケースにおける認識的にせり出した特徴とは、話し手の誠実さと能力に関係する兆候であり、こうした兆候に対する感受性は信頼に値する特性についての一連の背景的想定によって裏打ちされる（Fricker 2007, p. 72, 邦訳九三〜九四頁）。さらに、このような知覚や感受性に基礎づけられた有徳な聞き手の信用性判断は、その判断を下す際に彼らが感受する文脈があまりに複雑であるがゆえに決して一連の規則に還元できないとする点でも、フリッカーはアリストテレス主義的な認知主義の発想を引き継いでいると言えるだろう（ibid., p. 75, 邦訳九八頁）。

信用性判断に関わる知覚と動機づけ

次に信用性判断に関わる知覚が聞き手の心的状態に与える影響へと目を転じよう。フリッカーは前項で概説したアリストテレス主義的な認知主義に依拠した議論を展開している。それによれば、道徳的に有徳な行為者の道徳的知覚が動機づけの力を持つのとパラレルに、有徳な聞き手が「話し手の証言は信頼に値する」と知覚することは、聞き手にその証言を受容しようとする動機づけを与える（Fricker 2007, pp. 76-77, 邦訳九九〜一〇〇頁）。有徳な人物の道徳的知覚が動機づけの力を持つという考えは、「道徳判断や知覚といった認知的なものがそれ自体で動機づけの力を持つ」とする動機づけに関する「反ヒューム主義」と呼ばれる立場と親和的な主張だと捉えられるかもしれない。動機づけに関する「反ヒューム主義」は、その名称が示すように、動機づけに関するヒューム主義——行為者がある行為をするよう動機づけられるのは、行為者が適切な欲求と目的 - 手段に関する信念を持っている場合に限られる——に反対する立場である（Smith 1994）。

動機づけをめぐる論争に対するフリッカーの立場は、ヒューム主義が想定するような認知的なものと情動的なものの間の区別を退けるというものだ。道徳的に有徳な行為者にあっては、情動は道徳的知覚の固有の部分として位置づけられる。証言のケースにおいても同様に、有徳な聞き手が持つ知覚には不可分な形で情動が含まれていると考えられる。たとえば、有徳な聞き手が話し手の誠実さを知覚する場合、その知覚は当該の状況において認識的にせり出した特徴を感受することと、信頼という感情が生じることの両方によって構成される。このように、フリッカーは知覚の情動的側面を強調することによって、ヒューム主義を退け、有徳な聞き手の知覚が証言の受容に関する動機づけを生み出すという主張を擁護する（Fricker 2007, pp. 77-79, 邦訳一〇一～一〇二頁）。

本節で見てきたように、有徳な聞き手の信用性判断の特徴に関するフリッカーの議論は、メタ倫理学上のアリストテレス主義的な認知主義に裏打ちされている。認識的不正義の是正においてフリッカーが徳の涵養を強調している点を鑑みるならば、目標とすべき有徳な聞き手やそうした人物の判断が持つ特徴を詳細に分析することは、具体的な是正策を考案していくうえで有用な足場を提供するのではないかと考えられる。

3　認識的不正義研究が倫理学に与える示唆

本節では、フリッカーの認識的不正義論が倫理学にどのような示唆をもたらすのかを検討する。その議論は学問としての倫理学だけでなく、哲学の一分野としての倫理学研究に従事する人々の実践のあり方にもインパクトを与えている。

まず、規範倫理学上のインパクトについては、私たちの認識実践の正・不正について考えるための一つの理論的枠組みを提供したという点で、規範倫理学研究として推進すべきトピックを拡張したことが挙げられる。そして、本書第Ⅲ部の各章において、現実の認識的生活のうちで生じる倫理的問題が明るみに出されていることからもわかるように、これまで応用倫理学の領域で取り組まれてこなかった主題に注意を向ける契機をもたらしたとも言えるだろう。

メタ倫理学におけるインパクトについては、以下の三点を指摘することができる。第一に、証言に関するフリッカーの考察は、道徳認識論の主題である道徳的証言に関する議論に対して示唆を与えるものである。道徳認識論は「道徳的な事柄について知ること」を探究する領域である。この領域では、道徳的証言をめぐって、その信用性の判断基準に関する探究が行われてきたが、前節で概観した有徳な聞き手に関する分析は、この探究に新たな視座を与えるはずだ。

第二に、不運と道徳的相対主義をめぐる論争に対する示唆が挙げられる。フリッカーは歴史的状況がもたらす証言的不正義に対する適切な態度として、非難とは区別される道徳的憤り（moral resentment）という概念を導入している。特定の道徳文化圏に生きる人々にとってはその社会規範や制度に埋め込まれた偏見に気づくことが難しいという意味で、彼らは認識的不運を被っている[8]。では、認識的不運に覆われた異なる時代・共同体で生じる不正義に対して、第三者はいかなる道徳的反応も差し控えなければならないのだろうか。フリッカーは、こうした不運を無視した第三者の非難を傲慢とする一方で、人々が置かれた歴史的苦境を考慮に入れた道徳的憤り――失望という形の憤り――という感情が、歴史的・文化的隔たりを超えた適切な道徳的反応となりうると考える。こうしたきめ細やかな道徳的態度に裏打ちされた考察は、「道徳判断の真偽やその正当化は、普遍的なものではなく、個々の集団の実践に相対的なものである」とするメタ倫理学上の道徳的相対主義への一つの応答となりうるだろう[9]（Fricker 2007, Section 4.2）。

第三に、メタ倫理学の方法論や研究の指針に対する示唆が挙げられる。J・ホルロイドによれば、道徳的探究は、それに関与することを望む人々の間の権力関係や概念的資源の形成と伝達における偏りのせいで阻害されることがありうる（Holroyd 2013）。この指摘が正しいならば、従来のメタ倫理学研究に加えて、認識的不正義の観点からこれまで等閑視されてきたトピックや方法論に光を当てる研究や、多様な経験の理解を促進するような仕方で道徳的語彙を精錬・考案することが求められることになる。

最後に、倫理学に携わる人々を取り巻く状況への示唆も見逃してはならない。E・デイヴィスは、哲学に関する学術的活動の文脈で、証言の信憑性に関する偏見や話し手のアイデンティティに対する偏見による証言的不正義が生じていると指摘している（Davis 2021）。たとえば、あるテキストの解釈をめぐって同じ内容の主張をしていても、有色人種の人々の主張が他の人々のものに比して学術的な意義を認められなかったり、特定の社会的アイデンティティに関連する研究テーマが軽視されたりするといったことである。倫理学が哲学の一分野であることを踏まえるならば、この指摘は倫理学に携わる人々にとっても他人事ではない。認識的不正義論は、倫理学に携わる者が自らを取り巻く状況を批判的に吟味するための手がかりとなるだろう(10)。

おわりに

本章では、フリッカーの認識的不正義論と倫理学は相補的な関係にあるという見通しのもと、前者において規範倫理学やメタ倫理学の知見がどのように援用され、後者に対してどのような示唆を含むのかという点について論じてきた。倫理学研究の蓄積の厚みゆえ、本章で言及できなかった理論やトピックが数多く残されている。また、フリッカーの研究が多様な分野の知見を取り込みながら漸進的に発展を遂げてきたことを踏まえるならば、認識的不正義論と倫理学の新たな結節点が見出されることによって、双方のさらなる理論的発展が期待される。

注

（1）フリッカーの認識的不正義論に対しては他の学説――契約論・討議倫理学・フェミニスト倫理学など――からの影響も指摘されているが（Congdon 2017, pp. 243-244）、本章では紙幅の都合により上記の三つに限定して検討することにする。

（2）妥当な道徳理論の多くは帰結主義の一バージョンとして表現可能だと主張する論者もいる。たとえばドライアは、妥当な道徳的見解が措定する行為には、その義務的地位と一致する帰結主義的な対応物が存在すると主張する（Dreier 2011）。この見解が正しいならば、次項以降で論じるようにフリッカーの認識的不正義論がカント主義や徳倫理学の要素を含むとしても、やはり帰結主義に分類することが可能かもしれない。しかし、妥当な道徳理論がすべて帰結主義の変種にすぎないならば、ある道徳理論を帰結主義とラベリングする意義は失われるだろう。

（3）認識的不正義と認識的モノ化はあくまで独立の概念であり、両者が重なるケースは非常に限定的だとする指摘もある（Sakakibara 2023）。

（4）証言的不正義が招く認識的自信の低下を認識的悪徳と結びつける議論もある（本書第3章参照）。

（5）徳倫理学の主要な立場は、行為の影響を受ける者ではなく、行為者の徳や行為者の性格特性・動機の卓越性に根ざした判定基準を支持する。このため、知的徳の阻害と行為における不正との関係は必ずしも明らかではないと考える徳倫理学者もいるかもしれない。しかし、たとえばハーストハウスに代表される適格な行為者（qualified agent）説を念頭に置くならば、「他者の知的徳を阻害する行為は、有徳な人であればする行為だろうか」と問うことによって、徳倫理学に分類される個々の立場が支持する基準に照らして、認識的不正義の不正を主張できるかもしれない。徳倫理学における徳と行為の正しさをめぐる研究の蓄積についてはZyl（2013）に詳しい。

（6）認識的不正義の是正方法として、主に個人による徳の涵養を強調するフリッカーの提案に対しては、その有効性をめぐって複数の論者から疑問が投げかけられている（Langton 2010; Anderson 2012）。より見込みのあるアプローチとして提示された制度的是正や集団的徳の涵養に訴える議論については、本書第4章を参照してほしい。

（7）フリッカーの知覚論はマクダウェルの論文「徳と理性」を引用しながら展開されているものの、有徳者の知覚をめぐる両者の見解には相違点もある。詳細は本書第9章を参照されたい。

（8）フリッカーが依拠する歴史観には問題があるとの指摘もある。詳細は本書第9章を参照。

（9）認識的不運と免責に関する議論として、佐藤（2023）がある。

（10）フックウェイは、われわれの認識的活動を構成するのは主張や証言だけでなく、質問、提案、反例の提示といった言語行為も含まれることを指摘し、聞き手が話し手の主張の信用性を適切に評価している場合であっても、アイデンティティに対する偏見から、話し手が認識的活動に参加することが妨害されうると述べている（Hookway 2010）。フックウェイが「参加的不正義」と名づけたこのタイプの認識的不正義は、倫理学分野の学術的交流で生じうることにも注意を向ける必要があるだろう。参加的不正義については、本書第2章も参照されたい。

参考文献

Anderson, E. (2012). "Epistemic Justice as a Virtue of Social Institutions." *Social Epistemology*, 26(2), 163–173.（エリザベス・アンダーソン「社会制度がもつ徳としての認識的正義」飯塚理恵訳、木下頌子・渡辺一暁・飯塚理恵・小草泰編訳『分析フェミニズム基本論文集』慶應義塾大学出版会、二〇二二年）

Congdon, M. (2017). "What's Wrong with Epistemic Injustice?: Harm, Vice, Objectification, Misrecognition." In I. J. Kidd, J. Medina & G. Pohlhaus Jr. (Eds.), *The Routledge Handbook of Epistemic Injustice* (pp. 243–253). Routledge.

Davis, E. (2021). "A Tale of Two Injustices." In J. Lackey (Ed.), *Applied Epistemology* (pp. 215–250). Oxford University Press.

Dieleman, S. (2012) "An Interview with Miranda Fricker." *Social Epistemology*, 26(2), 253–261.

Dreier, J. (2011). "In Defense of Consequentializing". In M. Timmons (Ed.), *Oxford Studies in Normative Ethics*, (pp. 97-119). Oxford University Press.

Fricker, M. (2007). *Epistemic Injustice: Power and the Ethics of Knowing*. Oxford University Press. (ミランダ・フリッカー『認識的不正義――権力は知ることの倫理にどのようにかかわるのか』佐藤邦政監訳、飯塚理恵訳、勁草書房、二〇二三年)

Holroyd, J. (2013). "Feminist Metaethics." *International Encyclopedia of Ethics*.

Hookway, C. (2010). "Some Varieties of Epistemic Injustice: Reflections on Fricker." *Episteme*, 7(2), 151-163.

Hursthouse, R. (1999). *On Virtue Ethics*. Oxford University Press. (ロザリンド・ハーストハウス『徳倫理学について』土橋茂樹訳、知泉書館、二〇一四年).

Kant, I. (1999). *Grundlegung zur Metaphysik der Sitten*, (hrsg.) Bernd Kraft und Dieter Schönecker, Felix Meiner. (イマヌエル・カント『道徳形而上学の基礎づけ』御子柴善之訳、人文書院、二〇二二年ほか)

Langton, R. (2010). "Epistemic Injustice: Power and the Ethics of Knowing by Miranda Fricker." *Hypatia*, 25(2), 459-464.

McDowell, J. (1998). *Mind, Value, and Reality*. Harvard University Press. (抄訳：ジョン・マクダウェル『徳と理性――マクダウェル倫理学論文集』大庭健編・監訳、勁草書房、二〇一六年)

Nussbaum, M. (1990). "The Discernment of Perception: An Aristotelian Conception of Private and Public Rationality." In M. Nussbaum (Ed.), *Love's Knowledge: Essays on Philosophy and Literature*. Oxford University Press.

Sakakibara, E. (2023). "Epistemic Injustice in the Therapeutic Relationship in Psychiatry." *Theoretical Medicine and Bioethics*, 44(5), 477-502.

佐藤邦政(2023)「証言的不正義、認識的不運、変容的責任――不協和の徳としての責任」『社会と倫理』三八号、南山大学社会倫理研究所、一一一～一三五頁

Slote, M. (2001). *Morals from Motives*. Oxford University Press.

Smith, M. (1994) *The Moral Problem*. Blackwell. (マイケル・スミス『道徳の中心問題』樫則章監訳、ナカニシヤ出版、二〇〇六年)

Swanton, C. (2003) *Virtue Ethics: A Pluralistic View*. Oxford University Press.

Zyl, L. van. (2013). "Virtue Ethics and Right Action." In D. C. Russell (Ed.), *The Cambridge Companion to Virtue Ethics* (pp. 172-196). Cambridge University Press.

謝辞：本章の研究はＪＳＰＳ科研費 21K19947 の助成を受けたものである。

第7章　認識的不正義と言語哲学

三木那由他

はじめに

分析系の言語哲学では、二〇一〇年代ごろから「応用言語哲学」と呼ばれるような研究が盛り上がっており、罵倒語（slur）やヘイトスピーチ、いわゆる「犬笛（dogwhistle）」などといった言語現象の意味論的・語用論的な分析がなされたり、言語的なコミュニケーションのなかでいかなる抑圧がどのようなメカニズムで生じているか、またそれがどのように特定の集団の人々の沈黙化（silencing）をもたらしているかを明らかにしようとする研究が進められたりしている。(1) 認識的不正義はこの文脈で言語哲学上の議論においてしばしば言及される。

認識的不正義をめぐるミランダ・フリッカーの議論に触発されつつ言語哲学的なテーマに特に焦点を当てていると見なせる研究には、大きく二つのタイプがある。第一に、言語的な事象の分析に認識的不正義の枠組みを応用する試みがある。その一例はマンスプレイニングの言語哲学的分析だ。第二に、認識的不正義と類比的に論じられるような言語的コミュニケーション特有の不正義を探る試みがある。本章では第1節と第2節でこれらの領域における研究動向を簡単に概説し、そのうえで第3節でこうした一連の研究を統一的に理解するための鍵として、私自身の近年の研究をもとに「コミュニケーション的不正義（communicative injustice）」と呼べる現象を定式化し、本章で紹介した各研究をこの枠組みのなかで関連づけることを目指す。

1　マンスプレイニング

本節では言語哲学的なテーマに認識的不正義というアイデアを応用する研究動向のうち、マンスプレイニングという現象に焦点を絞って紹介する。

マンスプレイニングとは

男性が女性（と見なした相手）に頼まれてもいないアドバイスや説明をする行為は、現在「マンスプレイニング」と呼ばれている。こうした現象の存在は、レベッカ・ソルニットによるエッセイ（Solnit 2014）をきっかけに、女性やその他のマイノリティの人々の間で広く共有されるようになった。ソルニットも、自分の執筆している分野について初対面の男性がいきなり頼んでもいないアドバイスを始めて、よりにもよってソルニット自身の著書をそれと知らずに勧めてきたという体験談を紹介している。

マンスプレイニングとは実のところいかなる現象なのか、マンスプレイニングにおいてジェンダーがどのようにコミュニケーションに影響を与えているのか、そしてそれが害をもたらすとしたらいかなるものなのか。応用言語哲学において、これらはいずれも考察に値する問題となる。本節ではニコル・デュラーの業績を中心に、認識的不正義の概念を利用してマンスプレイニングを分析する試みについて紹介する。

マンスプレイニングと認識的不正義が関連している可能性は、デュラー以前にもフェデリコ・ルッチによって指摘されている（Luzzi 2016）。ルッチによれば、認識的不正義のサブカテゴリーである証言的不正義のなかには、フリッカーの言うような信用性の格下げを伴わないものがある。フリッカーが取り上げたのは、聞き手が話し手の社会的アイデンティティへの偏見を持っており、それゆえに聞き手が話し手に過度に低い信用性を付与する状況だった。だが、そうした偏見は必ずしも常に信用性の格下げを伴うわけではない。聞き手は話し手の信念がおおむね正しいことや、話し手が誠実に発話を行っていることは信じており、その意味では信用性を適切に付与しているが、ただ話し手が十分な根拠を持たないままその信念を保持し続けているものと見なしている、という場合もありうる。この状況では信用性の格下げ自体は生じていない。しかしルッチは、これも一種の証言的不正義になると論じる。

その一連の議論のなかで、ルッチはマンスプレイニングにも触れている。すなわち、マンスプレイナーは相手の女性の発言を真でないものと見なしているわけではなく、しかし女性への偏見ゆえに、相手の発言が十分な根拠を欠いていると認識しており、だからこそその根拠を補おうとして説明をするのだと考えるのである（ibid., p. 208）。ただし、ルッチはマンスプレイニングに関してこれ以上の議論は展開していない。

認識的役割の機能不全的転倒

マンスプレイニングと認識的不正義の関係をより詳しく論じているのがデュラーである。ルッチが指摘していたのはある種の認識的不正義がマンスプレイニングのきっかけとなる可能性であったが、デュラーはそれとは逆方向での影響関係に注目する（Dular 2021）。つまり、マンスプレイニングが独特な仕方で認識的不正義をもたらす、と論じるのである。

デュラーはマンスプレイニングの核を話し手と聞き手の役割の転倒に見出す。女性が話し手として知識を伝達しようとしているにもかかわらず、その女性に対してマンスプレイニングがなされたとき、女性は知識の伝達者としての話し手の役割を奪われ、知識を受け取る聞き手の役割を押しつけられることになる。デュラーはこの転倒を「（聞き手＝知識を受け取る者と話し手＝知識を与える者の）認識的役割の機能不全的転倒」（ibid., p. 12）と呼び、これが独自の認識的不正義を構成すると見なす。

認識的役割の機能不全的転倒は、証言ないしコミュニケーションの場面で生じる不正義であり、それゆえ証言的不正義の特殊事例にすぎなく見えるかもしれない。両者の違いは、ターゲットとなった対象の位置づけに見られる。フリッカーによれば、証言的不正義は認識的モノ化（epistemic objectification）をもたらし、話し手から情報提供者という主体としての役割を奪い、代わりに話し手を単に情報を担ったモノ、すなわち情報源へと押し込める（Fricker 2007, pp. 132–133, 邦訳一七二頁）。だが、マンスプレイニングにおいて、話し手である女性は単なるモノとしての情報源へと押し込められるわけではない。女性はあくまで認識の共同体に含まれたままでありながら、しかし聞き手の役割を押しつけられ、認識的な主体性を発揮できない機能不全に至るのである（Dular 2021, p. 14）。その結果として、認識の共同体に知識を提供するという能力そのものを損なわれることになる（ibid., pp. 15–16）。こうした議論をもとに、デュラーは認識的役割の機能不全的転倒が証言的不正義とは異なる独自の認識的不正義をなしていると結論する。マンスプレイニングは単に頼まれてもいないアドバイスや説明をする行為ではなく、この独特な認識的不正義をもたらすことで、女性が認識の共同体に主体的に貢献できなくする働きを持つのである。

マンスプレイニングに関してはまだ多くの研究がなされているわけではない。ともあれ、以上のようにマンスプレイニングの研究には認識的不正義の枠組みを言語哲学的テーマへ応用する試みが見て取れる。そこには、その他の言語現象における認識的不正義を捉えるうえでも参照できるアイデアが含まれているだろう。その一方で、言語現象のうちに認識的不正義を見出すのとは別の試みとして、認識的不正義とは区別される言語的コミュニケーション特有の不正義を探求する研究もある。次節ではそちらの概説を行う。

2　コミュニケーション特有の不正義の探求

沈黙化と談話的不正義

コミュニケーション特有の不正義を捉えようという試みは、認識的不正義という概念をフリッカーが提唱するより以前から見られる。なかでもレイ・ラングトンによるポルノグラフィによる沈黙化の分析（Langton 1993）は重要だ。ラングトンが注目するのは発語内行為への聞き手の「理解（uptake）」の関与だ。言語行為論の創始者であるジョン・L・オースティンは、主張や命令、質問、拒否といった発語内行為の遂行には、理解の獲得が必要だと論じる（Austin 1963, p. 117, 邦訳一七八～一七九頁）。ラングトンはこのアイデアをポルノグラフィの害の分析に結びつける（Langton 1993, pp. 323-324）。男性が性的交渉を求める場面で、女性が「いや（No）」と言うとき、女性は拒否という発語内行為のための発話を行っているはずだ。だがラングトンによれば、ポルノグラフィは女性の「いや」を性的な対象として描くことで、鑑賞者が女性の「いや」という発話を聞いても、それを拒否の意図からなされたものと理解しない傾向を育んでしまう。そして、発語内行為の遂行には聞き手の理解の獲得が必要なのだとすると、こうした無理解が一般化した環境においては、女性はそもそも性的な場面において拒否という発語内行為を実行することができなくなる。こうしてある種の発語内行為について、女性はそれを実行すること自体が封じられるのである(2)。このようにしてポルノグラフィは発語内的な沈黙化をもたらすのだ、というのがラングトンの議論の骨子である。

クィル・ククラは、ラングトンの議論を批判的に発展させ、さらに認識的不正義のアイデアと関連づけつつ、独自に「談話的不正義（discursive injustice）」という概念を提唱する(3)。

何らかの不利な立場にある集団のメンバーが、その社会的アイデンティティさえなければ産出できるはずの言語行為を構造的に産出不能になる事態に直面し、さらにとりわけ、そうした言語行為をなそうという試みの結果として、自分たちの社会的地位をさらに危うくし、問題化させるような別種の言語行為をしたことになってしまうとき、その人々は談話的不正義を被っていると言うことができる。(Kukla 2014, p. 441. 強調原文)

「別種の言語行為をしたことになってしまう」がククラの議論のポイントである。ククラは発語内行為には語用論的な「入力」と「出力」があるとする (ibid., p. 442)。発語内行為の入力とは、その遂行の権利を得るために満たさなければならない条件であり、たとえば結婚の宣言によって結婚するという発語内行為を遂行できるようになるためには、一定の手続きに従って適切な言葉を適切な場面で発し、……といった条件を満たさなければならない。一方で、発語内行為の出力とは、それによって制定される規範的な身分を指す。結婚が成立したなら、その発語内行為を行ったものは法制度上で新たな扱いをされることになる。このようにククラは、発語内行為を規範的な空間での話し手や聞き手の位置づけという観点から見る。それゆえ、ある人が発語内行為Aをしたのか発語内行為Bをしたのかというのは、その人のその後の規範的身分に、ひいてはその人のその後の実践に影響する。

ククラはさらに、発語内行為に関わる「理解」をラングトンとは異なる仕方で解釈する。ラングトンにとっては、発語内行為の理解とはその背後にある話し手の意図の認識を指す。だがククラは、話し手の意図の認識を発語内行為にとって本質的だとは見なさない。むしろククラの考える発語内行為の理解とは、「その発語内行為が社会空間にもたらす影響を、実際に行為をするという形で認知すること」(ibid., p. 444) なのである。そしてククラはこの意味での理解が発語内行為の構成要素の一部となっていると考える。それゆえ、話し手が発語内行為Aを行おうとしても、その発話を受け取った聞き手が別の発語内行為Bにとって適切となる振る舞いをし続けるならば、話し手は意に反して発語内行為Bをしたことになってしまう、というのがククラの眼目だ。

ククラは男性ばかりの職場における女性経営者の例を挙げる (ibid., pp. 445-448)。女性は部下に対し、さまざまな命令を行う。そしてその女性は経営者である以上、そのように命令する権利を持っている。しかし、経営者のジェンダーのゆえに、周囲の従業員はその発話を依頼であり、場合によっては断っても構わないものとして扱い、実際にそのように行動するとする。このとき、経営者は意に反して依頼の発語内行為をしたことになってしまう。依頼、すなわちお願いは断ることができ、そして（善意によって）叶えてあげたときには感謝を受けるに値するものである。一方で、命令は確たる理由なしに断ることは基本的にできず、命令したことを実行されたときに感謝をあまりに示すのも不自然となる。経営者は命令をしたつもりなので、部下はそれを当然実行するものと見なしており、また実行されたときにはそれほど感謝を示しはしないだろう。だが部下たちの理解のもとにおいて、経営者は命令ではなく依頼を行っていることになっていたのであった。依頼した事柄を相手が遂行して当然だと見なしたり、相手がそれを遂行したときにしっかりお礼を言わなかったりといった振る舞いは、依頼という発語内行為にとっては適切な振る舞いではない。こうして経営者は、依頼をしておきながら不適切に偉そうな態度を取っているというネガティブな評価にさらされ、そのことがさらに女性への偏見に結びつき、その環境における女性の地位をより脆弱なものとしてしまう。このように、発語内行為が聞き手にいわば乗っ取られ、結果的に話し手にとって不利益な発語内行為を話し手がしたことになる、という現象がククラの言う「談話的不正義」である。

発話解釈的不正義

アンドリュー・ピートは、ククラと似た関心を持ちつつ、やや異なる不正義の存在を指摘している。ピートはそれを「発話解釈的不正義（interpretative injustice）」[(4)]と呼ぶ。ククラが問題にしていたのは、話し手が遂行したい発語内行為を、それを遂行するための条件は満たしているにもかかわらず遂行できず、それとは別の望ましくない発語内行為をしていることにされてしまう、という事態だった。これに対し、発話解釈的不正義とは「聞き手が偏見に基づくステレオタイプを用いることで、話し手は実際にはそんなメッセージを伝えようと意図してなどいないにもかかわらず、話し手にあるメッセージを帰属する現象」（Peet 2017, p. 3423）である。

ピートはレストランを経営する女性の例を挙げている（ibid., 3431-3432）。このレストランの厨房では男性のシェフばかりが働いていて、ミソジニー的な文化が醸成されている。一方で、接客は女性スタッフばかりである。経営者はアシスタントたちと話し合い、接客業にも男性を入れることにしようという意味合いで、「男が必要だね」と発言した。だがたまたまこの話し合いを聞いていた周囲のシェフは、女性経営者に対する偏見のゆえに「男が必要だね」という発言を違った意味のもとで理解してしまう。すなわち、経営を助けてくれる男性が必要だという発言だと認識するのである。

これだけでは単なる発言の誤解の例に見えるが、ピートはこうした誤解が単なる誤解以上の実質的な害をもたらす不正義となる場合があると主張する。それは、発話がもたらす責任のためだ。エドワード・ヒンチマンの議論を引きながら（Hinchman 2005）、ピートはｐという発言をした者はｐと信じる理由を説明する責任を負うことになると論じる。発話解釈的不正義が生じたとき、話し手自身はｐと言っているつもりがなくとも、ｐと言っているものとして周囲に理解された結果、本人が実際には信じているわけでもないｐへの責任を負わされてしまうことになる。すると、本当はｐと言ってはいないのだと周囲に説明しようとする振る舞いそのものが、ｐへの責任を逃れようとしている不誠実な振る舞いと評価され、話し手が属す集団へのネガティブな偏見を強化することになったり、実際には本人がコミットしてもいない主張を擁護するよう迫られたりすることになる。

「コミュニケーション的不正義」を定式化する

ククラとピートに共通するのは、話し手は時に会話においてある種の主体性を剥奪されることがあるという問題意識だ。話し手が行う発語内行為や伝達する内容は、時に話し手の主体性が発揮されないような仕方で聞き手によって歪められ、しかも話し手はその責任を望まずして負わされることがある、と考えるのである。こうした共通点を踏まえると、ククラの談話的不正義とピートの発話解釈的不正義を包括するカテゴリーとして、「コミュニケーション的不正義」とでも呼びうるものを定式化できそうだ。

> コミュニケーション的不正義：コミュニケーションにおいて、話し手の持つ社会的アイデンティティのゆえに、話し手のコミュニケーション的な行為の何らかの側面が話し手ではなく聞き手によって決定され、話し手の主体性が損なわれる状況

次節では、コミュニケーション的不正義のサブカテゴリーとして意味の占有という現象が存在すると論じ、そのうちに本節まで紹介した二つの不正義を位置づけるとともに、マンスプレイニングをこの枠内で説明するための道筋を論じる。

3　コミュニケーション的不正義に向けて

社会構造との関係とジェンダーの非対称性

前節で紹介したククラの談話的不正義とピートの発話解釈的不正義は、いずれも日常の会話で起こりうる不正義を切り出す重要な概念である。だが他方で、いずれも十分にコミュニケーションと現実の社会構造との関係を捉えられておらず、いかなるメカニズムのもとでそれらの不正義が生じているのかが明らかとはなっていない。

またそれに加えて、ジェンダーやその他の事柄における不均衡さを反映できていない面もある。たとえばククラは、聞き手の理解によって話し手が本来行うはずだったのとは異なる発語内行為を遂行することがあると論じる。だが、単に聞き手が話し手の意に反する理解を示すということ自体であれば、女性の聞き手が男性の話し手に対して行うこ

ともある。しかし、そうしたことが起きてもたいていは単に女性が誤解していると見なされるだけで、男性の発語内行為をずらすような談話的不正義をもたらすことは、逆の場合ほど多くないように思われる。それは、女性の聞き手が男性について抱いている偏見ゆえに男性の発話を誤解するような状況でも変わらないだろう。つまり、談話的不正義の起こしやすさには、ジェンダーの非対称性があるのである。単に話し手に対する聞き手の理解のずれに目を向けるだけでは、こうした非対称性が見過ごされることになる。同様の問題はピートにも指摘できる。

共同性基盤意味論

この問題に関しては、私が提案した共同性基盤意味論（jointness-based semantics）から示唆が与えられる（三木2019）。共同性基盤意味論はもともと話し手の意味（speaker meaning）の分析において、ポール・グライスの提唱する意図基盤意味論（intention-based semantics）に対する代案として考えられたものである。グライスは、話し手が何かを意味するということを話し手の意図という概念のもとで分析しようとするが（Grice 1957）、私は話し手の意図という概念に代えてマーガレット・ギルバートの提唱する共同的コミットメント（joint commitment）という概念を話し手の意味の分析に用いることを提案した。詳細を省くと、情報伝達的な発話の場面において、話し手がpということを意味し、聞き手がそれを理解したとき、話し手と聞き手の間には〈話し手はpと信じている〉と話し手と聞き手が一体となって信じることへの共同的コミットメントが形成される、というのが基本的な発想だ。

共同的コミットメントは、参加者間の相互的な規範性に関わる概念である。ギルバートによれば、一体となってXをするということに共同的にコミットするというのは、Xという目的を持った単一の身体を可能な限りエミュレートする（すなわち、仮想的に実現する）仕方で振る舞え、という指令を受け入れるということである（Gilbert 2002, p. 33）。このとき共同的コミットメントの参加者は、ほかの参加者がこの指令に反する振る舞いをしたならばそれを非難する権利を得るとともに、そのような非難を避けたければ指令に従った振る舞いを心がけなければならないという義務を負い、この相互的な規範性のもとでつながり合うことになる。

先に述べたように、共同性基盤意味論が主張するのは、話し手が聞き手にpと伝達するようなコミュニケーションの根幹にあるのは、それによって話し手と聞き手がともに〈話し手はpと信じている〉と一体となって信じることへの共同的コミットメントだ、ということである。つまりコミュニケーションの眼目は、話し手と聞き手がそれ以降このコミットメントに基づいた振る舞いをするよう規範的に方向づけられる点にある、と考えるのだ。そして相手がこの共同的コミットメントに反する振る舞いをしたときには自分はそのことを非難する権利を得るとともに、逆もしかりであり、それゆえそうした非難を避けたければ両者ともこのコミットメントに従った振る舞いへと義務づけられることになる。私は三木（2023）において、この共同的コミットメントに従うためには、話し手はpを真と見なすことに合致した振る舞いをしなければならず、聞き手は話し手がそうした振る舞いをするという想定に合致した振る舞いをしなければならないと論じている。共同性基盤意味論のこのアイデアが、発話に伴う責任に注目するピートの考えと調和的なのは明らかだろう。

共同的コミットメントの変質と「意味の占有」

さて、共同的コミットメントに従って各参加者が振る舞うとき、共同行為が生じる。(5) 共同行為は、最初に共有された目標が最終的に達成されることで遂行される、一直線的な営みであるとしばしば想定されてきた。共同的コミットメントという概念に則れば、共同的コミットメントの形成とともに共同行為は始まり、その達成（がある場合には）とともにそれは終わると考えられてきたのである。だが私はMiki（2022）において、共同行為はそのように一直線的ではない可能性があると指摘し、それを示す例として譲歩的共同行為（concessive joint action）というものが存在すると論じた。

鍵となるのは、相互的な規範性である。相互的な規範性が理想的に機能する場合、共同行為の参加者は他の参加者が当初の目的から逸脱するたびにそれを非難し、非難された者は自身の行動を修正し、それによって当初の目的の実現へと向かっていくことになる。私が指摘したのは、当初の目的から逸脱しながらも他の参加者からの非難を気に留めない者がいたり、他の参加者がその逸脱を（しぶしぶ）認めたりする場合には、共同行為が展開している真っただ中で当人たちが参加している共同的コミットメントが変質しうる、ということである（ibid.）。それゆえ、共同行為が進展していくなかで、参加者たちがその開始時点で意図していたものとはまったく異なる共同行為が最終的になされることがありうる。Miki（2022）では、最初に具体的な目的が共有されているにもかかわらずそれがずれていく事例と、実は最初から参加者間で目的の理解に齟齬があるにもかかわらず共同行為に取り掛かってしまった事例とをともに譲歩的共同行為として扱えると論じている。

さて、共同的コミットメントがこのように逸脱と譲歩を介して変質する際に、共同的コミットメントの参加者の間に対等でない力関係がある場合には、その力関係が共同的コミットメントの変質の仕方にも影響する、と予想される。たとえば上司と部下が共同行為を始めた場合、上司がそのときの共同的コミットメントから逸脱する振る舞いをしていると部下が判断しても、部下はそれを非難できず、譲歩するしかないかもしれない。あるいは部下はどうにか非難をするものの、上司はそれに耳を傾けずに済ますことができるかもしれない。このように、参加者間の力における不対等があるとき、共同的コミットメントは力のある者にとって有利な仕方で歪められうるのである。

コミュニケーションが話し手と聞き手の間の共同的コミットメントの形成を核とする営みであるならば、コミュニケーションもまた同様の仕方で歪められるということが帰結する。すなわち、話し手がpと伝えたつもりなのに、聞き手がそれとは別の命題qを話し手が信じているものと見なし、両者で理解がずれているにもかかわらず、聞き手のほうが力を持つがゆえに〈話し手はqと信じている〉と一体となって信じることへの共同的コミットメントに話し手が従わざるをえなくなる、という事態である。私はこれを「意味の占有（appropriation of meaning）」と呼ぶが、これはコミュニケーション的不正義のサブクラスを構成する。ピートの発話解釈的不正義は、まさにこのようにして生じていると考えられる。

ククラの談話的不正義も、共同性基盤意味論にわずかな補足を加えることで、意味の占有と同様の現象であると見なせるようになる。バート・フルツは、発語内行為を話し手の意図から捉える立場（e.g., Bach & Harnish 1979）に代えて、話し手と聞き手の間に成立するコミットメントという規範的な観点から捉える提案をしている（Geurts 2019）。私は三木（2023）でこれを敷衍し、話し手は発話のなかで、発話の内容に関わるもの、自身の行う発語内行為に関わるものなど、複数の共同的コミットメントを聞き手に持ち掛けており、聞き手がそれを理解したときにそれらの共同的コミットメントが同時に成立するとすることで、共同性基盤意味論に発語内行為の要素を組み込む指針を示した。発語内行為もまた共同的コミットメントの形成によって成立するものであるならば、談話的不正義もまた発話解釈的不正義と同様に、意味の占有という現象に内包されるものと見ることができる。

さらに、意味の占有という概念は、ジェンダーやその他の社会構造がなぜコミュニケーションに影響するのかを明確にする。(6) そうした構造は、共同的コミットメントからの逸脱に対する非難、および譲歩のしやすさ、しにくさに関与しているのだ。たとえば、男性中心の環境のなかでの男性は、女性との間で女性の行った発語内行為に関する齟齬が生じたとき、女性に譲歩を迫るべく周囲の人々を味方につけることもできるだろう。すると、男性は関連する共同的コミットメントを自分に有利な形で変質させやすくなる。しかし同じ環境でその女性が同様のことをその男性に対して行うのは困難なのである。

マンスプレイニングの事例についてもこの枠組みのうちで理解することができる。(7) ケイシー・レベッカ・ジョンソンは、マンスプレイニングに関する言語行為論的分析のなかで、マンスプレイナーによる説明や助言に先立って想定される、女性による発話に着目する（8）（Johnson 2020）。ジョンソンによれば、発話はそれによって話し手がいかなる発語内行為を行うかに関して十分に決定しきらない曖昧性を持っており、それゆえに女性が主張のつもりで行った発話に対して、それを主張と見なす反応も質問と見なす反応もともに同程度に正当化されており、この曖昧性がマンスプレイニングという行為を可能にしている。

ジョンソン自身は発話が持つこうした曖昧性に関する議論を中心とし、マンスプレイニングがもたらす効果についてはあまり論じていないが、ククラの議論と組み合わせたなら、マンスプレイニングは主張のつもりの発話を質問にしてしまう談話的不正義によって生じる現象であると捉えることができる。そのうえでこれを意味の占有の一事例と見なすことで、ジェンダーがいかにマンスプレイニングと関係しているかを理解することができる。

本節では、コミュニケーション的不正義として定式化した概念のサブクラスとして意味の占有という現象を指摘した。そのうえで、前節で見た談話的不正義や発話解釈的不正義を意味の占有からの帰結として捉えることで、よりよい見通しが得られると論じた。

おわりに

認識的不正義を言語哲学の文脈に取り入れる試みは、まだそれほど長い歴史を持ってはいない。それでも、言語的な現象を認識的不正義との関連で論じたり、言語的コミュニケーションに特有の不正義のありようを探ったりという研究が進められている。最後に紹介した私自身のアイデアも、そうした研究の一例と見なせるだろう。

重要なのは、そうした研究が散発的なものに終わらないようにすることだ。フリッカーの議論を批判的に発展させつつ、ゲイル・ポールハウス・ジュニアの概念を援用することで（Pohlhaus 2012）、ホセ・メディナは証言的不正義や解釈的不正義の根幹には特権的な立場にある者たちの「故意の無知（willful ignorance）」があると指摘している（Medina 2013）。それによりメディナは、認識的不正義の背後にある社会構造をシステマティックに捉えたうえで、その構造に対する抵抗の可能性を探る。コミュニケーション的不正義について考察する際にも、またそれと認識的不正義との関係を論じる際にも、局所的な事例や説明にのみ注力するのではなく、常にその背後の社会構造を考え続ける必要がある。そしてそうした研究の進展は、これからの私たちの手に委ねられているのである。

注

（1）この分野の概説としてはCappelen & Dever（2019）や和泉（2022）がある。
（2）同様の論点は、Hornsby & Langton（1998）でさらに展開されている。
（3）引用されている論文は「レベッカ・ククラ」名義で発表されたものである。
（4）「解釈的不正義（hermeneutical injustice）」と区別するために「発話解釈的」とした。実際、ピートが注目するのは、話し手の発話に対する聞き手の解釈に関わる問題である。
（5）本章では共同行為に関するギルバート以外の立場からの議論については脇に置くことにする。
（6）本章ではこれまでの研究状況をまとめる都合上バイナリーなジェンダーに焦点を当てたが、実際にはジェンダーのノンバイナリー／バイナリー区別について、あるいはジェンダー以外にも人種、民族、言語、障害、性的指向、ジェンダー・モダリティ（トランスジェンダーかシスジェンダーかを指すAshley（2022）による用語）などのさまざまな社会的アイデンティティについて、さらにそれらの相互作用に関して考える必要がある。
（7）詳細はMiki（2024）を参照してほしい。
（8）むろん、マンスプレイニングのすべての事例がそれに先立つ女性による発話への反応として生じるわけではないが、ここでは女性が主張やそれに類することを行うつもりで発話を行ったにもかかわらず、それを受け取った男性が説明や助言を始める例のみが想定されている。

参考文献

Ashley, F.（2022）. "'Trans' is My Gender Modality: A Modest Terminological Proposal." In L. Erickson-Schroth（Ed.）, *Trans Bodies, Trans Selves*（2nd ed.）（p. 22）. Oxford University Press.

Austin, J. L.（1963）. *How to Do Things with Words*. Harvard University Press.（J・L・オースティン『言語と行為——いかにして言葉でものごとを行うか』飯野勝己訳、講談社学術文庫、二〇一九年）

Bach, K & Harnish, R. M.（1979）. *Linguistic Communication and Speech Acts*. The MIT Press.

Cappelen, H. & Dever, J. (2019). *Bad Language*. Oxford University Press.（ハーマン・カペレン、ジョシュ・ディーバー『バッド・ランゲージ――悪い言葉の哲学入門』葛谷潤・杉本英太・仲宗根勝仁・中根杏樹・藤川直也訳、勁草書房、二〇二二年）

Dular, N. (2021). "Mansplaining as Epistemic Injustice." *Feminist Philosophy Quarterly*, 7(1), Article 1.

Fricker, M. (2007). *Epistemic Injustice: Power and the Ethics of Knowing*. Oxford University Press.（ミランダ・フリッカー『認識的不正義――権力は知ることの倫理にどのようにかかわるのか』佐藤邦政監訳、飯塚理恵訳、勁草書房、二〇二三年）

Geurts, B. (2019). "Communication as Commitment Sharing: Speech Acts, Implicatures, Common Ground". *Theoretical Linguistics*, 45(1-2), 1-30.

Gilbert, M. (2002). "Acting Together." In G. Meggle (Ed.), *Social Facts and Collective Intentionality* (pp. 53-72). Hansel-Hohenhausen. Reprinted in Gilbert (2014), pp. 23-36.

―― (2014). *Joint Commitment: How We Make the Social World*. Oxford University Press.

Grice, P. (1957). "Meaning." *The Philosophical Review*, 66(3), 377-388. Reprinted in Grice (1989), pp. 213-223.（邦訳二二三～二三九頁）

―― (1989). *Studies in the Way of Words*. Harvard University Press.（抄訳：ポール・グライス『論理と会話』清塚邦彦訳、勁草書房、一九九八年）

Hinchman, E. S. (2005). "Telling as Inviting to Trust." *Philosophy and Phenomenological Research*, 70(3), 562-587.

Hornsby, J. & Langton, R. (1998). "Free Speech and Illocution." *Legal Theory*, 4, 21-37.

和泉悠（2022）.『悪い言語哲学入門』ちくま新書

Johnson, C. R. (2020). "Mansplaining and Illocutionary Force." *Feminist Philosophy Quarterly*, 6(4), Article 3.

Kukla, R. (2014). "Performative Force, Convention, and Discursive Injustice." *Hypatia*, 29(2), 440-457.

Langton, R. (1993). "Speech Acts and Unspeakable Acts." *Philosophy & Public Affairs*, 22(4), 293-330.

Luzzi, F. (2016). "Testimonial Injustice without Credibility Deficit." *Thought*, 5(3), 203-211.

Medina, J. (2013). *The Epistemology of Resistance: Gender and Racial Oppression, Epistemic Injustice, and Resistant Imaginations*. Oxford University Press.

Miki, N. (2022). "Concessive Joint Action: A New Concept in Theories of Joint Action." *Journal of Social Ontology*, 8(1), 24-40.

―― (2024). "Mansplaining as Appropriation of Meaning." *Philosophia OSAKA*, 19, 13-26.

三木那由他（2019）『話し手の意味の心理性と公共性――コミュニケーションの哲学へ』勁草書房

――（2023）「コミットメントの意義と種別――コミットメント概念の活用のために」*KLS Selected Papers*, 5, 143-158.

Peet, A. (2017). "Epistemic Injustice in Utterance Interpretation." *Synthese*, 194, 3421-3443.

Pohlhaus Jr., G. (2012). "Relational Knowing and Epistemic Injustice: Toward a Theory of Willful Hermeneutical Ignorance." *Hypatia*, 27(4), 715-725.

Solnit, R. (2014). *Men Explain Things to Me*. Haymarket Books.（レベッカ・ソルニット『説教したがる男たち』ハーン小路恭子訳、左右社、二〇一八年）

第8章　認識的不正義と政治哲学

神島裕子

はじめに

本章では、政治哲学との関係で認識的不正義を取り上げる。今日主流の政治哲学では、「認識的不正義」というテーマはまだ、大きなうねりとはなっていない。おそらくそれは、認識的不正義に関する考察が不可避的にフェミニスト的なものを含むからであり、今日主流の政治哲学を動揺させるからである[1]。そこで本章では、認識的不正義を憂慮し、認識的正義を達成しようとする政治哲学は、政治の実践に対して何を要求するのかについて考察する。流れとしては、第1節において政治哲学における認識的不正義を確認し、第2節で認識的正義を「非支配としての政治的自由」の条件とするミランダ・フリッカーの議論を検討し、さらに第3節で日本において女性の政治家が少ない現実を認識的不正義の観点から読み解いたうえで、「おわりに」において民主主義のための認識的正義について言及する。

1 政治哲学における認識的不正義

政治哲学は政治について深く考えるという人間の営みであり、民主主義社会においては誰もが営んでいたり営みうるものであるが、学説として知られるものは研究者によって提示されることがほとんどである。政治哲学の学説で今日その主流を形成しているのは、二〇世紀後半以降の英米系の政治哲学を牽引してきたジョン・ロールズの正義論である。ロールズは、市民的・政治的領域と社会的・経済的領域の両方における自由と平等を両立させる正義原理を、無知のヴェールをかぶった（ゆえに自らの特性や社会的立場を知らない）当事者たちによる合意という道徳的推論によって正当化した（ロールズ 2010）。

だがその正義論も、フェミニストからすると問題含みである。たとえばスーザン・モラー・オーキンは、ロールズが家父長制の影響を受けていることを問題視した（オーキン 2013）。オーキンにとって、政治哲学が家父長制を前提にしていることは、脇に置いたり見過ごしたりできるような些細なことではない。というのも、プラトン以来の政治哲学の伝統にある「機能主義的な女性観――女の自然本性や女にふさわしい生き方は、家父長制的な家族構造の中で女がはたすべき役割や機能によって定められているとみる女性観――は、こんにちにおいても生命力と影響力を保ち続けている」からである[2]（オーキン 2010, 六頁）。同様の指摘は以下のように、キャロル・ペイトマンによってもなされている。

ロールズの当事者は、単に合理的に考え選択する。もしくは、一人の当事者が他のすべての人の代表としてこれを行う。そして、彼らの肉体は、混ぜ合わされる。代表は性を持たない。選択を行う肉体を持たない当事者は、一つの決定的な「特殊な事実」を知らない、すなわちその性別を。ロールズの「原初状態」は、最も完璧な論理的構築物である。それは、人間的要素をまったく含まない純粋な理性の領域である。もちろんロールズが、彼の前にカントが行ったように、実際の肉体を持った男性と女性を議論の過程で登場させることを除いては。「特殊な事実」の無知が導入される前に、ロールズはすでに、当事者たちは（彼らが気に掛ける）「子孫」を持っていると主張している。そしてロールズは、彼が通常は当事者たちのことを「家族の長」として見るだろうと述べている。彼は単に、彼がすべての実体ある特徴から離れた肉体のない当事者を仮定しながら、同時に性的な相違が存在し、性交が行われ、子どもが生まれて家族が形成されるということを予定できると、当たり前のように考えていたのである。ロールズの原契約への参加者は、単なる合理的思考をする実体であり、同時に、「家族の長」または妻たちを代表する男性なのである。（ペイトマン 2017, 五四～五五頁）

女性を男性の私的空間にいる半人前の存在として見なすという政治哲学の伝統は、女性が参政権を獲得した後の時代においても「家族」を隠れ蓑にして続いている。それは女性に対する偏見に基づいた政治哲学のなせる技であると言えよう。したがって、これまで主流であった政治哲学は実のところ「中立的」ではなく「男性中心主義的」と形容するほうが相応しいのかもしれないし、また、女性が男性によって支配されているという状況にお墨付きを与えている可能性もある。本章ではこのことを、政治哲学における認識的不正義として理解したい。

ここでの認識的不正義は、ミランダ・フリッカーが二〇〇七年の『認識的不正義』で提示した概念である。フリッカーは、社会的な力、すなわち権力が、あるアイデンティティを共有する集団にネガティブに作用することを通じてその集団に対する偏見を生み出し、その偏見によってその集団の成員の認識主体としての能力が貶められることに、不正義を見出している。

2　政治的自由の条件としての認識的正義

共和主義的な自由の理念

以下では、フリッカーが二〇一三年の論文「政治的自由の条件としての認識的正義?」(“Epistemic Justice as a Condition of Political Freedom?”) で提示した議論の検討を通じて、認識的不正義と政治哲学の関係に迫りたい。

まず踏まえておくべきは、フリッカーが政治的自由を「非支配」(non-domination) として理解している点である。政治哲学において「非支配」は通常、共和主義的な自由の理念として登場する。(3) そのような理念の提唱者としてフリッカーも依拠しているフィリップ・ペティットによれば、支配は「主人と奴隷あるいは召使の関係性」(Pettit 1997, p. 22) であり、非支配は「他の人々がいる場に支配がないことを意味するのであり、孤立によって支配の不在を得ることではない」(ibid., p. 66)。要するに、国家のような政治的共同体における政治的自由には非干渉 (non-interference) だけでは足りないのであり、誰もが非支配の状態でありうるように「社会的設計」(ibid., p. 67) が必要とされるのである。

だが、フリッカーは非支配を、共和主義に特殊な政治的自由の理念としてではなく、汎用的でリベラルな政治的自由の理念として位置づけることを提案している。なぜならリベラルな政治哲学者は、(フリッカーは言及していないがおそらくはアイザイア・バーリンのような)「消極的自由」の提唱者であろうとも、自らが称揚する消極的自由を確実なものとしようとするならば、単なる非干渉では足りずに何らかの社会的設計を伴う非支配を理念とするはずだと考えているからである (4) (Fricker 2013, p. 1322)。このことはＤＶ(ドメスティック・バイオレンス) を例にするとわかりやすいかもしれない。ＤＶ被害者に対して第三者が非干渉を貫いたとしても、その被害者は加害者から支配されたままである。その被害者が加害者から支配されないようにするには、ＤＶについての支援を拡充したり、法を制定したり、コンシャスネス・レイジングのキャンペーンを行ったり、公衆トイレのドアの内側に行政の支援窓口があることの告知を貼ったりするなど、第三者からの何らかの干渉が必要となる。つまり、先のペティットの言葉で言えば社会的設計が要請されるのである。

問題は、国家や地方公共団体など、強制権力を持つ主体がそうした干渉を行う場合に、どうすればその干渉の恣意性を防げるかである。権力者の気分次第で干渉の対象や程度が異なるという事態を、私たちは防がなければならない。ここでフリッカーが注目するのは、ペティットが掲げる以下の「異議申し立て（論争）」(contestation) の三条件である (Pettit 1997, pp. 186-187; Fricker 2013, p. 1323)。

①異議申し立ての潜在的基盤があるようなやり方で意思決定が行われること
②異議申し立ての潜在的基盤があるだけではなく、意思決定を競合させる際の拠り所となるチャネル（経路）またはヴォイス（発言権）もあること
③異議申し立てのための基盤とチャネルがあるだけではなく、異議申し立てを聴くための適切なフォーラム、すなわち権利主張の妥当性が評価され、適切な応答が決断されるフォーラムが存在すること

ペティットによれば、これらは「公共的な意思決定が競合的でありうる」ために充たされるべき「一般的な前提条件」である (Pettit 1997, p. 186)。

フリッカーは、これらの条件が異議申し立ての基盤としてコミュニケーション（交換）を重視していること、特に熟議民主的な異議申し立てに相応しい「論争」という形態を重視していることや、代表の包摂性 (inclusivity)、つまりそれぞれの集団の関心事や意見を代表が信用性を伴いながら伝達できることを重視していることなどを評価する。そのうえで、追加されるべき異議申し立ての条件として、異議申し立てのプロセスに「認識的正義」があることを指

摘する。というのも、「もし市民が、信頼性か明瞭性における不正な不足の状態から害を被っているならば、その市民はまさに、異議申し立てが要求する公正なヒアリングを得られないだろう」（Fricker 2013, p. 1324）からである。このことは先のＤＶの例で言えば、ＤＶの被害者の経験が長い間「解釈的周縁化」（フリッカー 2023, 一九八頁：Fricker 2013, p. 1326）を受けてきたことを想起するとわかりやすいだろう。ＤＶという概念やフレーズを持たなかった被害者は、法的代理人を立てたとしても異議申し立て者としての能力を奪われていたと言えるのであり、他方で被害者の発言内容の明瞭性の不足に対して冷淡であった聞き手は、傾聴などの徳を発揮してこなかったと言えるからである。

組織的な徳

したがって、認識的正義は、非支配としての政治的自由の条件として理解される[5]。では、この認識的正義はどのように達成しうるのか。二〇〇七年の『認識的不正義』でフリッカーは、証言的正義については、聞き手が話し手の信用性に関わる判断における自らの偏見を中和させるという、知的であり道徳的でもあるハイブリッドな徳が必要だとしていた。他方で解釈的正義については、聞き手が、話し手が自らの経験をより社会包摂的に解釈できるように促し、発話されていないことにも傾聴するように努め、わからない場合には判断を保留するという、（理解を高めるという）知的な目標と（正義を実現するという）倫理的な目標を目指す徳が必要だとしていた。

政治的自由の条件である認識的正義についてはどうだろうか。ここでもやはり徳が必要であるとされているが、この場合に必要とされるのは組織的な徳である。組織的な徳は、組織内部で共有されているある種の価値を表し、そうした価値にそぐう仕事を誇りにし、また集合的な動機となるものだとされている[6]（Fricker 2013, pp. 1326–1327）。

フリッカーはそのような組織的な徳のモデルとして以下の三つを挙げている。

第一の「結合的コミットメントモデル」では、「意欲を表すことによって、各人はコミットメントの当事者となり、もし誰かが、重要な意図、信念、あるいは行為を維持することから撤退するとした場合には、他の当事者に対して説明責任を負う」(ibid., p. 1328)。これは昇進決定委員会のような組織に当てはまるモデルだとされている。

第二に、より大きな組織、たとえば大学のように複数の部局がある組織に当てはまる「分配モデル」がある。たとえば大学が学生に対する「心のケア」を提供する際、実際の業務は大学内のカウンセリング部局にいるカウンセラーや外部委託のカウンセラーによって行われるとしても、なおそのケアの徳は大学全体によって保有されていることになる。(7)

第三に、「総和的コミットメントモデル」がある。これは、大学の統治機構および/あるいはカウンセリング部局が、結合的コミットメントによってではなく、単に総和的なコミットメントによってまとまっていることを意味する。つまり組織には、善い目的への諸個人のコミットメントを足し上げることによって、必要とされるエートスを達成できる場合がある。この場合、共通知識が成立したり、結合的コミットメントという社会心理的な形態が生じたりはしないものの、必要とされる安定性を維持する程度までのコミットメントの総和があれば、組織的な徳はあると考えられている。

社会的な力の作用としての政治

このようにフリッカーは、組織的徳のいくつかのあり方について論じている。だが、共和主義者が非支配としての自由について論じる際に念頭に置いているような組織の徳、つまり国家の徳については(少なくとも二〇一三年の論文では)言及していない。フリッカーが「政治的」自由の条件として認識的正義を位置づけていることに鑑みると、組織的徳の所在として大学のような組織(あるいは裁判所、警察、労働審判所、苦情申し立て委員会、機会の平等委員会など)を取り上げる一方で、政党、地方自治体、国家などのより政治的な団体を取り上げていないのは不思議な感じがする。

だがこれは、フリッカーが政治を共和主義者よりも広い意味で捉えていることによると言えるだろう。まずは『認識的不正義』にある以下のフリッカーの言明を確認したい。

認識的不正義の根本原因が、不平等な権力構造と、そこから生みだされる体系的な偏見にあるときには、個人のもつ徳になしうることは限られている。こういった不正義を根絶するためには、最終的には、有徳な聞き手が増えるだけでなく、集団の社会的・政治的変容が求められるだろう。認識的不正義にかかわる文脈では、倫理的なことは政治的なことなのだ。（フリッカー 2023, 一〇頁）

この箇所に付された訳注でも指摘されているように、「個人的なことは政治的なこと」だという第二派フェミニズムのスローガンがこの一節の背景にある（ibid., 二五六頁）。個人が家庭や学校や職場などで受ける認識的不正義は、個人あるいは諸個人によってなされたものかもしれないが、そのような個人や諸個人はより広い社会で「不平等な権力構造と、そこから生みだされる体系的な偏見」の影響下にある。つまりフリッカーが想定しているように、権力の所在と不正義の発生源は統治機構とそれに関わる組織に限定されないのである。そして社会的な力は「個人・集団・社会制度」（ibid., 一三頁）などの社会的な行為者によって行使される場合もあるが、特定の行為者が存在せずに構造的に作用している場合もある。フリッカーはそのような事例として以下を挙げている。

たとえば、ある社会的グループに属す人々が実質的に選挙権を奪われている事例、具体的には、何らかの複雑な社会的理由のせいで、選挙で投票に行こうとしないという事例を考えてみよう。いかなる特定の社会的行為者や行為者性も、このような人々を民主的プロセスから排除していない。にもかかわらず、この人々はたしかに排除

されており、このような排除が生じていることは、そこに社会的な力の作用があることを示している。(ibid., 一三頁)

そうした人々は「私たちのような人間は政治にかかわるような者ではない」と考えて投票に行こうとしない(ibid., 二一頁)。これはフーコーの言う主体化の権力、つまり人をして構造のなかで自らを「規律権力」の立場から点検させ、模範的な主体へと自らを規律させる権力の作用であるとも言えるし(フーコー 1977)、スティーブン・ルークスのいう三次元的権力、つまりもはや誰も権力を行使していないにもかかわらず、人々をして主体的に行為を遂行させたり自粛させたりする権力であるとも言える(ルークス 1995)。

フリッカーは、こうした「社会的な力の作用」を、政治として理解しているのではないか。だからこそ、社会の有徳なさまざまな組織が認識的正義を実践するよう奨励することを通じて、政治を変容させようとしているように思われる。少なくとも、上述の引用文のすぐ後にある「政治的なことは倫理的なことに依存している」というフリッカーの言明は、そのように読むことができるだろう。

3　民主主義のための認識的正義

認識的正義と政治的自由の間に内在的なつながりを見るフリッカーの議論は、日本における政治哲学にも大いに有用である。そのことを示すために、近年生じた認識的不正義の実例を確認しよう。

二〇二一年二月三日、東京オリンピック・パラリンピック大会組織委員会の森喜朗会長(当時)は、日本オリンピック委員会(JOC)の臨時評議員会で、女性理事を増やすというJOCの方針に対して、以下のように述べた。

これはテレビがあるからやりにくいんだが。女性理事を選ぶというのは、日本は文科省がうるさくいうんですよね。

だけど、女性がたくさん入っている理事会は、理事会の会議は時間がかかります。これは、ラグビー協会、今までの倍時間がかかる。女性がなんと一〇人くらいいるのか？　五人いるのか？　女性っていうのは競争意識が強い。誰か一人が手をあげていうと、自分もいわなきゃいけないと思うんでしょうね。それでみんな発言されるんです。

結局、あんまりいうと、新聞に書かれますけど、悪口言った、とかなりますけど、女性を必ずしも数を増やしていく場合は、発言の時間をある程度、規制をしていかないとなかなか終わらないで困るといっておられた。だれが言ったとは言わないが。そんなこともあります。

私どもの組織委員会にも女性は何人いたっけ？　七人くらいか。七人くらいおりますが、みんなわきまえておられて。みんな競技団体からのご出身であり、国際的に大きな場所を踏んでおられる方々ばかりです。ですから、お話もシュッとして、的を射た、そういう我々は非常に役立っておりますが。次は女性を選ぼうと、そういうわけであります。(8)

こうした森氏の発言は多方面からの批判を受け、翌日には撤回された。その撤回会見では記者と森氏の間に以下のようなやり取りがあった。

（質問）（昨日の発言に）「わきまえる」という言葉があったが、女性は発言を控えろという趣旨か。

（森会長）そういうことでもありません。場所だとか時間だとかテーマだとかに合わせて話すことが大事なんじゃないんですか。そうしないと会議は前に進まないじゃないですか。(9)

ここで森氏は、女性は競争意識が高く、わきまえず、おしゃべりで無駄に時間を使うという偏見に基づいて女性の認識主体としての能力を貶めている。森氏がその後すぐに辞任に追い込まれたのは、私たちの社会ではもはや、少なくとも公的人物によるこうした偏見は社会通念に照らしても許容されない時代になったことを示していると言えるだろう[10]。

この事例は、こうした偏見に基づく認識的不正義が、日本社会に構造的に存在することを示唆している。そもそも森氏と女性委員あるいは潜在的な女性委員の間に、十分なコミュニケーションはなされているのだろうか。むしろなされているのは、「われわれ」が仕切る意思決定の場からの「女性」の物理的な排除であり、あるいはサイレンシング（沈黙させること）なのではないだろうか。これは女性（および異議申し立てを行う可能性のある認識主体）から「異議申し立て」の機会を奪うものであり、もしこれが日本の文化であるならば、日本では女性には（フリッカー的な広い意味での）「非支配としての政治的自由」がないことが伝統とされてしまっていると言える。フリッカーの議論にあるように、社会として認識的正義を実現するためには、社会に有徳な聞き手が増えるようにするだけでなく、社会を構成するさまざまな組織、なかでも公共性の高い組織の徳を涵養する必要があるだろう。

では、国家という組織について、私たちは何が言えるだろうか。世界経済フォーラムが二〇二四年に示したグローバル・ジェンダー・ギャップ・インデックスによれば、日本はジェンダー格差が小さい順から数えて一四六カ国中、一一八位であり、内閣府男女共同参画局が作成した図8-1にあるように、その要因の一つは政治の分野での女性の割合の低さである[11]。

二〇二三年四月の段階で国会に占める女性の割合は、衆議院において一〇パーセント（議員数四六一中、女性議員数四六）、参議院において二六・〇パーセント（議員数二四六中、女性議員数六四）、合計で一五・六パーセント（議員数七〇七中、女性議員数一一〇）であった[12]。地方議会においても、議員数に閉める女性議員の割合は合計で一五・一

ジェンダー・ギャップ指数(GGI) 2024 年

・スイスの非営利団体「世界経済フォーラム」が公表。男性に対する女性の割合（女性の数値/男性の数値）を示しており、0 が完全不平等、1 が完全平等となり、1 に近いほど順位が高いとされている。
・日本は 146 か国中 118 位。「教育」と「健康」の値は世界トップクラスだが、「政治」と「経済」の値が低い。

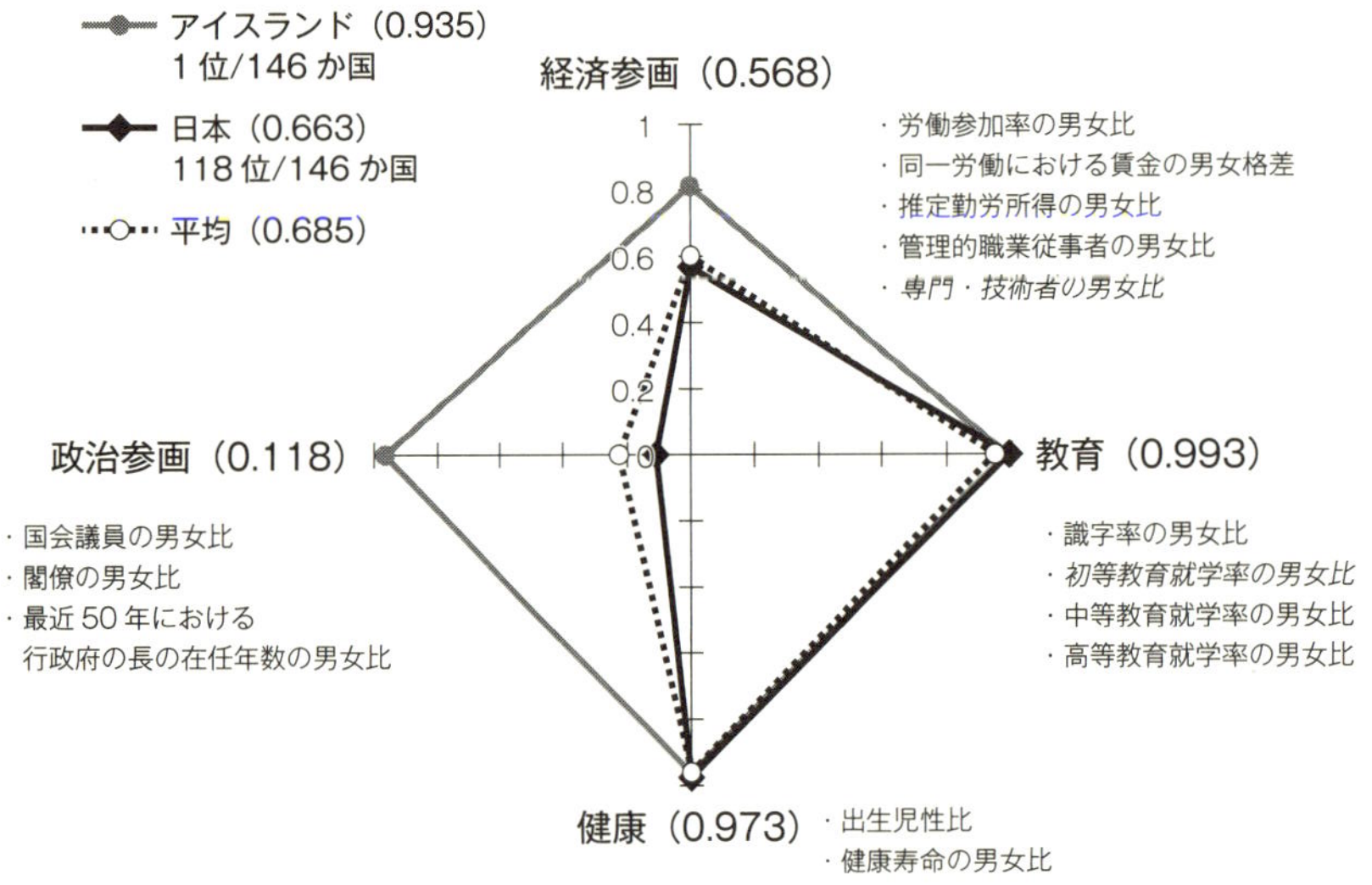

順位	国名	値
1	アイスランド	0.935
2	フィンランド	0.875
3	ノルウェー	0.875
4	ニュージーランド	0.835
5	スウェーデン	0.816
7	ドイツ	0.810
14	英国	0.789
22	フランス	0.781
36	カナダ	0.761
43	アメリカ	0.747
87	イタリア	0.703
94	韓国	0.696
106	中国	0.684
116	バーレーン	0.666
117	ネパール	0.664
118	**日本**	**0.663**
119	コモロ	0.663
120	ブルキナファソ	0.661

（備考）1. 世界経済フォーラム「グローバル・ジェンダー・ギャップ報告書（2024）」より作成
2. 日本の数値がカウントされていない項目はイタリックで記載
3. 分野別の順位：経済（120 位）、教育（72 位）、健康（58 位）、政治（113 位）

図8－1　ジェンダー・ギャップ指数（GGI）2024年

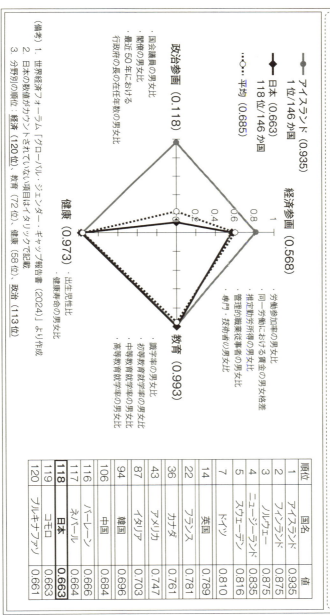

パーセント（議員数三二〇二一中、女性議員数四八二九）である。

このような事態を「女性のいない民主主義」と評した前田健太郎によれば、「男性ばかりが議席を占める議会は、女性を代表することはできない」（前田 2019, p. 68）。前田は、今日でも参照されることの多いジョセフ・シュンペーターやロバート・ダールの民主主義概念が（男性の間での）競争的選挙や（男性の）政治指導者の答責性に比重を置いており、社会の人口構成を反映する代表（描写的代表）の重要性を見落としてきたことを指摘している。また、三浦まりは、日本が「ジェンダー平等後進国」である原因を、現在の権力構造が男性化していることに見出している。国会議員にも地元の名士として地域密着型の活動を求める日本では、政治家モデルは家長でありうる男性である。そして男性には、ケア責任からの免責やミソジニーの被害からの自由など、さまざまな特権がある。「男性であればあまり感じなくていい、悩まなくていい、当たり前に享受できることが、女性だと不安に思ったり、得ることが難しかったり、多くの努力や犠牲が伴う場合、それは男性特権があるということになる」（三浦 2023, p. 101）。

おわりに

このような状況を踏まえると、日本で女性が認識的正義を得ることを妨げているのは、つまり「社会的意味が生産される実践に十全に参加すること」（フリッカー 2023, 二〇九頁）を妨げているのは、一つには数の力であると言えそうである。

二〇〇七年の『認識的不正義』においてフリッカーは認識的正義の推進力として個人の徳に期待していたが、それ以降は本章で取り上げた政治的自由に関する論文においてもそうであるように、組織や制度の徳にも期待している。深刻な構造的不正義がある場合には、両方の徳を涵養するアプローチが必要であるだろう。エリザベス・アンダーソンは、主にフリッカーの二〇〇七年の著作を建設的に批判するなかで、深刻な構造的不正義への取り組みとして個人の徳よりも組織や制度の徳のほうに期待を寄せ、次のように述べている。「要するに、こうした制度的な認識的正義の徳とは、別の場所で認識的な民主主義として知られているものだと言ってよいだろう。すなわち、それはすべての探求者が対等に全員で認識的探求に参加することである」（アンダーソン 2022, 二〇四頁）。

認識的民主主義（epistemic democracy）の詳細については紙幅の都合上、別稿に譲らなければならないが、ここではアリソン・ジャガーとテレサ・トービンが認識的民主主義を「それぞれの文脈でそれぞれに具体化されるべき希薄で論争的な理念」（Jaggar & Tobin 2017, p. 503）として捉えようとしていることを指摘しておきたい。ジャガーとトービンによれば、民主的な認識的探求においても、たとえば特別な知識を有する特定の人物の言葉にいっそう大きな道徳的ウェイトが置かれるということがありうる。本章で取り上げた事例に関して言うならば、女性理事を増やすというJCCの方針を考えるうえでは、オリンピック憲章にあるオリンピズムの根本原則を熟知した人物の言葉にいっそう大きな道徳的ウェイトが置かれるということであるだろう。(13)

だが、仮にそうだとしても、国家における民主的な認識的探求そのものへの参加は全員に開かれているべきであり、偏見に基づく排除はあってはならないはずだ。深刻な構造的不正義をただすための社会的設計としては、フランスで二〇〇〇年に制定され、各政党に男女同数の候補者擁立を義務づけることになったパリテ法が参考になる。民主主義のための認識的正義は、現実の政治における女性議員の増加を支持するとともに、政治哲学への女性の参加も強く推奨するものである。

注

(1) アリソン・ジャガーとテレサ・トービンは、道徳的正当化において力のある集団が自分たちの偏った利害関心を支える提案を正当化するために認識的・道徳的な不正義を助長してきたことを批判し、ミランダ・フリッカーによって提示された認識的正義を道徳的推論による正当化にもたらす必要性を説いている（Jaggar & Tobin, 2017）。また、ジョン・ロールズが提示した政治的リベラリズムという構想における平等な市民権に着目するローリー・ワトソンとクリスティ・ハートリーは、フリッカーが構造的な証言的不正義を憂慮していることに着目し、フリッカーの見解に同意している（Watson & Hartley, 2018）。

（2）キャロル・ギリガンとナオミ・スナイダーによれば、家父長制はジェンダー・バイナリーとヒエラルキーに基づく文化であり、⑴人間の能力を「男性的」あるいは「女性的」のいずれかであるとし、男性的なものに特権を与えるように私たちを促し、⑵一部の男性を他の男性よりも上位に置き、すべての男性を女性よりも上位に置き、⑶男性には自己があり、女性には自己がないことが理想であるかのようにしたり、女性は男性のニーズをそっと充たす関係性を他者と築くように強いる、枠組みあるいは世界を見るレンズである（Gilligan & Snider 2018, p. 6）。

（3）共和主義は、古代の共和制ローマの政治体制や、キケロに見られるような個人としての自主独立を称揚しながらも祖国愛に充ちた生き方を基本的に支持する思想潮流であり、今日一般に知られた政治哲学者で言えばマイケル・サンデルの立場が比較的これに近い（サンデル 2010; 2011）。

（4）アイザイア・バーリンは、強制を受けない自由を「消極的自由」（「～からの自由」）とし、自己実現へ向けた自由である「積極的自由」（「～への自由」）と区別した。そのうえで、自由の本来的価値は消極的自由にあるとして、他者や国家が人々の生活に介入することを不可避とする積極的自由の称揚は、全体主義の危険をはらんでいるとした（バーリン 2000）。これに対してアマルティア・センは、自由の積極的側面と消極的側面は絡み合っているとして、どちらか一方だけにフォーカスしても問題解決にはならないこと、また、諸個人が自分で選んだ人生を歩むうえでは積極的自由が重要であることを指摘している（セン 1991）。

（5）ただしフリッカーによれば、もしある市民自身が認識的不正義を受けていないとしても、その代表者が異議申し立てにおいて認識的不正義を受けたならば、その市民は支配されていることになり、反対に、もし自らを代表したならば認識的不正義によって害されたであろう市民が、そうではない人（たとえば信頼性があり、新しい言葉やその使用法を見つけた弁護士）によって代表されたならば、支配から免れていることになる（Fricker 2013, p. 1325）。

（6）佐藤邦政（2024）はフリッカーの議論を参考にしながら、マスメディア企業の組織的な認識的不正義について論じており、その際に組織のエートスの重要性に言及している。

（7）フリッカーはカウンセラーが持ちうる解釈的正義の徳について言及し、その徳が大学のケアの徳とリンクしている可能性も指摘している。

（8）朝日新聞デジタル「「女性がたくさん入っている会議は時間かかる」森喜朗氏」（二〇二一年二月三日）。https://www.asahi.com/articles/ASP235VY8P23UTQP011.html（二〇二四年八月一七日最終アクセス）

（9）時事ドットコムニュース「【詳報】森喜朗会長会見 女性増え「JOCもこれから大変」」（二〇二一年二月四日）。https://www.jiji.com/jc/v4?id=202102moripc0002（二〇二四年八月一七日最終アクセス）

（10）社会通念の認識的材料を提供する個々人のケイパビリティの重要性については、フリッカーの議論（Fricker 2015）を参照されたい。Fricker（2015）に言及したものとして神島（2020）がある。

（11）分野ごとのランキングで言えば、教育の分野で七二位、健康の分野で五八位、経済の分野で一二〇位、政治の分野で一一三位であった。内閣府男女共同参画局「男女共同参画に関する国際的な指数」中の「GGI ジェンダーギャップ指数」。https://www.gender.go.jp/international/int_syogaikoku/int_shihyo/index.html（二〇二四年八月一七日最終アクセス）

（12）内閣府男女共同参画局「女性活躍・男女共同参画における現状と課題」（二〇二三年四月十一日）。https://www.gender.go.jp/kaigi/senmon/wg-nwec/pdf/wg_01.pdf（二〇二四年六月二五日最終アクセス）

（13）オリンピズムの根本原則には、国際的に認知されている人権の尊重が含まれている。以下を参照。日本オリンピック委員会「オリンピック憲章」。https://www.joc.or.jp/olympism/charter/pdf/olympiccharter2023.pdf（二〇二四年八月一七日最終アクセス）

参考文献

アンダーソン、E．（2022）「社会制度がもつ徳としての認識的正義」飯塚理恵訳、木下頌子・渡辺一暁・飯塚理恵・小草泰編訳『分析フェミニズム基本論文集』慶應義塾大学出版会

バーリン、I．（2000）「二つの自由概念」、『自由論』小川晃一・小池銈・福田歓一・生松敬三訳、みすず書房

フーコー、M．（1977）『監獄の誕生――監視と処罰』田村俶訳、新潮社

Fricker, M. (2013). "Epistemic Justice as a Condition of Political Freedom?" *Synthese*, 190, 1317–1332.

――（2015）. "Epistemic Contribution as a Central Human Capability." In G. Hull (Ed.), *The Equal Society: Essays on Equality in Theory and Practice*. Lexington Books.

フリッカー、M．（2023）『認識的不正義――権力は知ることの倫理にどのようにかかわるのか』佐藤邦政監訳、飯塚理恵訳、勁草書房

Gilligan, C. & Snider, N. (2018). *Why Does Patriarchy Persist?* Polity.

Jaggar, A. M. & Tobin, T. W. (2017). "Moral Justification in an Unjust World." In A. Garry, S. J. Khader & A. Stone (Eds.), *The Routledge Companion to Feminist Philosophy*. Routledge.

神島裕子（2020）「正義論の哲学」、伊藤邦武・山内志朗・中島隆博・納富信留責任編集『世界哲学史 別巻』ちくま新書

ルークス、S．（1995）『現代権力論批判』中島吉弘訳、未來社

前田健太郎（2019）『女性のいない民主主義』岩波新書
三浦まり（2023）『さらば、男性政治』岩波新書
オーキン、S．M．（2010）『政治思想のなかの女――その西洋的伝統』田林葉・重森臣広訳、晃洋書房
――（2013）『正義・ジェンダー・家族』山根純佳・内藤準・久保田裕之訳、岩波書店
ペイトマン、C．（2017）『社会契約と性契約――近代国家はいかに成立したのか』中村敏子訳、岩波書店
Pettit, P. (1997). *Republicanism: A Theory of Freedom and Government*. Oxford University Press.
ロールズ、J．（2010）『正義論 改訂版』川本隆史・福間聡・神島裕子訳、紀伊國屋書店
サンデル、M．（2010）『民主政の不満――公共哲学を求めるアメリカ』上、金原恭子・小林正弥監訳、勁草書房
――（2011）『民主政の不満――公共哲学を求めるアメリカ』下、小林正弥監訳、勁草書房
佐藤邦政（2024）「ジェンダーをめぐる認識的不正義――マスメディアの企業風土と証言的不正義」、神島裕子責任編集『ジェンダーとLGBTQの哲学』丸善出版
セン、A．（1991）「社会的コミットメントとしての個人の自由」川本隆史訳、『みすず』一〇月号（第三六七号）、みすず書房
Watson, L. and Hartley, C. (2018). *Equal Citizenship and Public Reason: A Feminist Political Liberalism*. Oxford University Press.

第9章　認識的不正義と現象学

池田　喬

はじめに——認識的不正義と人種化の現象学

ジェンダーや人種のせいで知識の主体としての能力を低く見積もられたり、自己理解を表現する概念的資源に乏しい状況に置かれたりする現実がある。M・フリッカーの『認識的不正義』はこのような現実を鮮やかに照らし出した。ある集団の成員であることによって不利益を被るという意味での不正義が、知や認識の領域で生じていることを示した意義は大きい。なぜなら、哲学・倫理学において、差別による不利益は言動や処遇のような行為の結果として考えられるのが通例だったのであり、その枠組みにおいては認識に関する不正義を扱う余地はほとんどなかったからである。

他方で、認識的不正義は日本語で「偏見の目で見る」と言われるものに重なっており、現象としてはよく知られたものである。問題になっているのは、たとえば、話しているのが女性であると見るや否やその発言の内容は間違っていると決めつけたり、話しているのが白人であるというだけで、その発言が信用に値するものだと思い込んだりする場合である。こうした証言的不正義についてのフリッカーの議論は、偏見のかかった他者知覚――それも習慣によってほとんど自動化した知覚――を分析対象としている。偏見は相手を知覚する――見る――習慣化された仕方に関与しており、認識の問題は明示的な判断の内容に縮減されるものではない。証言的不正義の議論は、行為ではなく認識に関わる不正義に目を向けたというだけでなく、非明示的な振る舞いの水準での認識を考察の的にした点でも特筆できる。

フリッカーに限らず、二一世紀に入って、分析哲学における心の哲学や認識論は偏見や不正義を盛んに論じてきたが、並行して現象学においてもジェンダーや人種に基づく差別の経験を主題とする研究が積み重ねられてきた。なかでも「人種化（racialization）」の現象学的研究は認識的不正義の研究と関心を共にするところが大きいように思われる。たとえば、人が他人を人種として見るとはどのような経験なのか、あるいは人種として見られるとはどのような経験であるのか。現象学はこうした習慣化された、非明示的な知覚の水準における経験に関心を持ってきたため、フリッカーの認識的不正義の議論と比較してみるのは意義深いことだと思われる。

以下では、証言的不正義に関係する偏見、知覚、習慣といった話題に着目して、フリッカー『認識的不正義』の議論と人種やジェンダーの現象学を比較検討する。その結果として、両者の間では多くの点で議論のやり方が異なっていることを明らかにし、現象学の立場からフリッカーの立論に含まれるいくつかの問題点を指摘することになる。

1　知覚と感受性――フリッカーのマクダウェル解釈の補正

フリッカーによるせり出した特徴の知覚の説明

フリッカーは、話し手の信用性に対する聞き手の判断を「信用性判断」と呼び、この判断は非推論的で知覚的だとする。証言的不正義の害が生じるのは、聞き手が話し手を信用できる／できないものとして知覚する仕方に偏見やステレオタイプが影響を与えている場合である。他方で、話し手の言葉を適切に受け取ることのできる有徳な聞き手は、話の内容そのものや話し方に即して、話し手が信用できるか／できないかを知覚的に判断できる。

> 責任ある聞き手は対話者を認識的に負荷のある仕方で知覚する――語られていることについて、聞き手が対話者を信用できる人として、あるいはあまり信用できない人として知覚する（フリッカー 2023, 九二頁）

ここでは、他者の知覚に関する聞き手の「責任」が問題になっている。信用性判断が非明示的な知覚の水準で下されている以上、証言的不正義に関する道徳的責任において問われているのは、その判断が十分な熟慮や合理的な推論によって導かれたか、ではない。フリッカーによれば、責任ある聞き手を特徴づけているのは、知覚の次元で発揮される「十分に訓練された証言的感受性（*testimonial sensibility*）」である（ibid., 九三頁）。

　人の有徳さは知覚の水準における感受性の発揮に現れるという考え方は、徳倫理学と呼ばれる倫理学の一分野においては珍しいものではない。フリッカーは、有徳な行為者についての従来の議論を借用し、その議論を有徳な聞き手に適用することによって、信用性に関する適正な他者知覚と不正なそれの違いを明確にしようとする。

> 有徳な行為者には、特定の行為がまさにそのようなもの［残酷であるものとか親切であるもの］として見えるのだ。このような知覚的判断は自動的で非反省的である。つまり、行為者側では、いかなる論証も推論も行われていない。有徳な行為者の知覚能力は、自分が直面している状況のもつ、道徳的にせり出した（salient）特徴に対する感受性という観点から説明される。（ibid., 九四頁。［　］内は引用者による）

このような有徳な行為者とパラレルに考えると、有徳な聞き手は「状況や話し手の振る舞いに見られる認識的にせり出した特徴に対する感受性」（ibid. 九四頁）を持つと言える。証言的不正義の事例においては、語られた内容に関する話し手の誠実さや能力の知覚が、ジェンダーや人種に関する偏見のせいで曇らされている。それに対して、有徳な聞き手は、語られている話題に重要な関連性のある特徴をせり出したものとして知覚できるのであり、それによって対話者が信用できるか／できないかを識別するのである。

マクダウェルの議論とどこが違うか――人生観と実践的推論

せり出した特徴の知覚に訴えるフリッカーの説明は、この用語も含めてJ・マクダウェルの論文「徳と理性」に多くを負っている。しかし、その説明はマクダウェル自身の議論を忠実に再現したものにはなっていない。両者の相違を確認することでフリッカーの知覚論の特徴を明確にできるだろう。

フリッカーはマクダウェルの立場を「道徳的認知主義」と見なしたうえで、この立場は「有徳な行為者は自分を行為へと至らせるために欲求のような〔知覚とは〕独立した状態を必要としない。すなわち、〔行為の動機づけには〕知覚で十分だという考えにコミットしている」（フリッカー 2023, 一〇一頁。〔 〕内は邦訳による）と述べている。たしかに、マクダウェルは、有徳な人は状況に対する感受性を持っており、その状況が要求している行為が何かを知覚できると考えている。しかし、マクダウェルの論点は、有徳者の行為の理由はせり出しの知覚だけでは十分でなく、広い意味で欲求と呼べるような何か、つまり「いかに生きるべきかについてのある捉え方」（マクダウェル 2016, 二七頁）――以下、簡略化して「人生観」と呼ぶ――も必要だということのほうである。有徳者の知覚は人生観と対になることで行為を説明する力を持つのである。

次に、マクダウェルにおいて、要求されている行為を知覚する感受性を発揮していることは「いかなる推論も論証も行われていない」ことを意味していない。彼の論点は、自らの人生観を大前提とし、せり出しの知覚を小前提とした「実践的推論」において理由を与えられるのが有徳な行為だということである。フリッカーはマクダウェルから

「道徳的知識がコード化できない」（フリッカー 2023, 九六頁）という論点を取り上げ、この論点を、有徳さは一般的な道徳原則の適用ではなく感受性の発揮に現れるという見解であるかのように説明している。しかし、マクダウェルがコード化できないと言っているのは実践的推論の大前提についてであり、大前提に現れる人生観はコード化された一般的知識ではなく、有徳な人の存在の表現だということである。

有徳者の実践的推論は、たしかに、行為に先立って明示的に意識化されている必要はない。しかしこのことは、有徳な行為が何の推論にも関わっていないことを意味していない。マクダウェルが挙げている例に即して、今日は楽しいパーティの予定があるにもかかわらず、友人が弱っているという状況を考えてみよう（マクダウェル 2016, 二七頁）。ある人がパーティには行かずに友人と話す行為を選択した場合、その人は「なぜ友人と話したのか」という問いに「友人が弱っていたから」と答えることができる。この人には、楽しいパーティが行われていること以上に、友人が弱っていることが状況のせり出した特徴として知覚され、友人と話すように動機づけられたのである。しかし、単に友人が弱っているのを見れば友人と話すというのであれば、そのような原則を教え込まれて機械的にそうしている人と見分けがつかない。マクダウェルによれば、有徳な人は何らかの関心に基づいてそうしている。「ある関心は、状況について気づいた事実と相まって、行為を説明しうる」（ibid., 二七頁）。「自分の友人の幸せへの関心」という人生観の一部と「友人が弱っている」ことの知覚が対になって、「友人と話す」という行為は説明されうる。親切さのような徳を持った人とは、単なる一般原則の適用ではなく、このような実践的推論によって自らの行為を説明する能力を持っている人である。行為に先立つ明示的な熟慮の実在は問題ではなく、説明能力の帰属が問題である。

ここで、有徳な行為者とパラレルに考えると、証言の有徳な聞き手はどう捉えられるのか、という問題に戻ろう。たしかにフリッカーの言うように、有徳な聞き手は、話し手の語りに関連するせり出した特徴を知覚する能力を持つと言える。たとえば、その話し手が女性であるとか非白人であるといったこと以上に、実際の振る舞いの特徴から話し手が信用できる人物かどうかを知覚でき、その知覚によってその人の話をよく聞くなどの行為を動機づけられうる。

しかし、マクダウェルの議論に即せば、この行為の理由はせり出した特徴の知覚で尽きているのではなく、その知覚は、聞き手自身のコード化できない人生観と対になること――つまり、実践的推論を構成すること――ではじめて行為の説明力を得る。つまり、なぜその人の話をよく聞くのかという問いには、「誠実に話しているところを見たから」という知覚内容による答えでは足りない。「なぜ誠実に話しているところを見ると、その人の話を聞くのか」とさらに問われたときに、有徳な聞き手は、「いやだから、誠実に話しているところを見たから」と繰り返すだけではなく、「問題を明らかにするという共通の目的のためには誠実に話すことが大事だと思うから」などと、多かれ少なかれ、自分の関心を述べることができるはずである。

もっとも、誠実性はコミュニケーション成立の暗黙の前提であり、「問題を明らかにするという共通の目的のためには誠実に話すことが大事だと思うから」といった説明も、有徳な聞き手に特有な関心の表明というほどのものではないと考える人もいるかもしれない。そうだとすれば、誠実に話している人の話をよく聞くという行為に対して、当の行為者の人生観を反映した説明を求めるのは余計であるように思えるだろう。しかし、単に当然の会話のコードを遵守して行動しているだけなら、なぜこの人が特に有徳な聞き手として特筆されるべきなのかは不明である。

別の角度から言えば、ここで問題になっている有徳な聞き手とは、偏見やステレオタイプに基づいて話し手の信用性を判断する抜き去り難い傾向に対する抵抗力を持っている人であり、また、そのような悪徳を克服できる人である。そのような聞き手が、なぜ誠実に話している人を見るとその人の話をよく聞くのかという問いに対して挙げる理由には、コミュニケーションや誠実性に関するニュアンスに富んだ理解が含まれているはずである。たとえば、この聞き手は、先の説明で「共通の目的」とされる「問題を明らかにすること」についてさらに問われたなら、それが何をすることであり、どういう会話の状況ではそれが果たされないかなどを述べることができるだろう。有徳な聞き手の実践的推論に現れる関心や人生観は、「会話においては誠実でなければならない」などといった一般的原則に成文化しようとすると、当人の理解に含まれている内容の広がりや深みが損なわれるようなものなのである。

しかし、フリッカーの説明では、認識的な有徳者の知覚能力の発揮から、マクダウェルの元の議論に含まれる論点、つまり、その人が状況をどう見るかはその人がどういう人生観を持っているかから切り離せないというこの点が退いている。この論点の有無は、偏見のかかった知覚習慣の形成やこの習慣への介入という、認識的不正義の是正に関する議論においては重大だと思われる。次節では、人種化の現象学において偏見のかかった他者知覚がどう論じられているかを説明することで、その理由を明らかにしたい。

2　知覚と自己理解——偏見と集団帰属という観点

人種化の現象学における「無効化」

人種化の現象学においては、G・ヤンシーが提示した事例をどう考えるかが議論をリードしてきた。まずはこの事例を確認しよう。（黒人の哲学教師である）ヤンシーは、自分がエレベーターに入るや否や白人女性がカバンを引き寄せる経験を次のように記述した。[1]

きちんとした服装でエレベーターに乗ると、そこには目的の階に向かう途中の白人女性が乗っていた。その女性は私の黒い体を「見る」が、それは、私が何度も見てきた、鏡に映し出された私の身体と同じものではない。服装はそれを着ている人の何かしらを表すという通説を真に受けるなら、私の服装の指標（スーツとネクタイ）が彼女の緊張を和らげるはずだと思う人もいるかもしれない。私の服装のマーカーを無効にしたのは何なのだろうか。（Yancy 2008, p. 846）

ここでの問題は、単に、この女性がヤンシーを「黒い体」として見ているということではない。むしろ焦点は、通常であれば相手の緊張を和らげる、危険でないことのマーカーになるはずの側面（きちんとした服装や礼儀正しい振る舞い）が無効化（inoperative）されたことにある。ヤンシーが挙げている問いは、マクダウェルがせり出した知覚と呼ぶものを、有徳とされる行為以外の行為の説明にも拡げて探究する方向性を示している。エレベーターに乗り合わせた白人女性には、危険でないことを徴づけるヤンシーの身体の諸側面が視覚情報としては入手されていたはずである。それゆえ、その女性の知覚の特徴は、これらの側面を自発的に度外視し、もっぱら肌の色をせり出した特徴として知覚していたことにある。

人種化する知覚における偏見の問題は、単に、黒人男性を見れば危険だと判断してしまうこととしては特定できない。むしろ、「黒人男性を見れば」という時点で、肌の色という側面がせり出すことによって、危険でないことのマーカーになる側面がどれも見えなくなっているという問題が生じている。この点が重要であるのは、偏見の標的となり危険視される側は、公共生活において危険でないことのマーカーが目立つように努めて行動している――殊更に丁寧に振る舞うなど――にもかかわらず、そのマーカーが無視されることに執拗な差別の問題を見て取っているからである。このことがヤンシーの発した次の問いかけの根底にあるのだ。すなわち、「私の服装のマーカーを無効にしたのは何なのだろうか」、と。

ヤンシーの議論を証言的不正義に当てはめるなら、どうなるだろうか。彼が学会で研究発表を始めると、ほとんどが白人で占められた会場の聴衆のなかには、意外そうな表情を浮かべたり、質疑応答において上から目線のコメントをしたりする人たちがいるとしよう。せり出した知覚の議論に基づけば、そうした聴衆は、彼の肌の色を顕著な特徴として知覚して、語りの誠実さや議論の能力に関する特徴は度外視し、黒人の話し手には信用性がないと判断していると言える。この議論にヤンシーが差別される側の立場から付け加えている論点は、黒人の側はそうした経験を何度もしているため、誠実さや議論の能力というマーカーを過度に強調する必要があるということである。しかし、それらの側面がことごとく無効化される。この無効化の経験の存在は、証言的不正義に無力化という抑圧の要素が含まれ

ているように思われる。(2)

意味を帯びた知覚と偏見の目

危険でないことのマーカーが無効になり人種化された身体を、ヤンシーは「意味が過飽和した黒人男性の身体」(Yancy 2008, p. 846) と呼んでいる。他者の身体を黒人として見るということは、メディア、言説、映像などに表現された否定的特徴によって「意味が過飽和した」身体を見ることだというわけである。肌の単なる黒さを見ているのではない。

人はある意味を介して対象を見ていると言うことは、現象学の知覚論の伝統に従えば自然である。(3) 色の知覚において、私たちは単に色を見るのではなく、たとえば赤であれば、唐辛子や血のような特定の対象の色として、つまり、赤い唐辛子や赤い血を見る。別の角度から言えば、私たちは赤という色を特定の対象の色を見ることとして学ぶのであり、それゆえ、赤と聞けばそれらの特定の対象を思い浮かべるほどである。しかし、多くの子どもは「赤い血」を、現物を見る以上に絵本のイラストなどを通じて見たり、けがや吸血鬼の話を聞いたりすることを通じて学ぶだろう。それゆえ、赤い唐辛子であればその辛さや、赤い血であればその恐ろしさまでもが、個々の赤さの知覚のなかに含まれているのである。メディア、言説、映像などの特徴づけから独立に、純粋な赤を見ているのではないし、それらの特徴づけは誇張や脚色を含むものもある。

同様に、「黒い身体」を見るという場合にも、単に肌の色を見ているわけではない。それは笑っている顔を単に筋肉の動きとして見ているというのと同様に現実から乖離していよう。笑っている顔であれば——イラストで誇張的に描かれるように——肯定的な特徴による意味を帯びている。黒い身体は、これについての言説や映像などを通じて否定的特徴による意味を過剰なまでに帯びており、それはその身体の他の特徴をどれも不可視にするくらい強力でありうる。その意味の典型に「危険」があるが、「感情的」とか「暴力的」などの意味も多重的に関連しているだろう。

ここで重要なのは、ある対象の色を見ることを私たちは特定の社会環境で学ぶ、ということである。知覚者とは、目の前の光景をただ映し出しているカメラのような存在ではなく、特定の社会環境で特定の対象を典型として、特定の知覚的性質を見ることを学んだ人である。ヤンシーの示唆に従えば、エレベーターに乗り合わせた白人女性は、黒人を危険さと結びつけて知覚させるようなイメージや言説が支配的であるような環境で、他者を人種化して見る目を養ってきたのである。

マクダウェルによれば、有徳者のせり出した知覚はコード化不可能な人生観と対で行為を説明するものであった。現象学のなかでも実存論的と呼ばれるタイプの枠組みにおいては、有徳か悪徳かという評価以前に、知覚内容を行為の理由にできるような行為者は、行為の理由として「自分が誰であるか」についての（実存的）理解――マクダウェル流の「人生観」から評価的要素を消去したもの――を挙げられると考える[4]。

たとえば、ヤンシーを見るなり鞄を引き寄せた白人女性が「なぜ鞄を引き寄せたのですか」と聞かれたとする。彼女が正直に答えるなら、その答えは「黒人が入ってきたのを見たからです」といったものだろう。さらに、「なぜ黒人が入ってきたことが鞄を引き寄せる理由になるのですか」と聞かれると、「だから、黒人が入ってきたからだと言っているでしょう」と繰り返すだけだとしよう。知覚だけで行為の理由は十分だとしたら、この応答に特に問題はないことになる。しかし、私たちは、この女性はこの質問に対して「危険から身を守るためです」「鞄を盗まれたくないからです」などと広い意味で自分の欲求に関する何かも挙げるはずだと期待するのではないか。そうでなければ機械的な反射と区別がつかないからである。

もっとも、差別する側の集団の人々は、自らの振る舞いを単なる反射のような自然的反応だと見なして他意のなさを主張し、免責を試みることが多い。A・アルサジの指摘によれば、このように「自然化」する自己解釈はそれ自体、人種化の一部である[5]（Al-Saji 2014; 池田・小手川 2021, p. 81）。しかし、当の振る舞いの背景に何の他意もないということはありえない。たとえば、自らの行為の理由として「黒人が入ってきたのを見た」と表明する場合、この知覚者には自分は黒人ではないという自己理解がある。この自己理解を表明して、「私は白人女性なのですよ、危険から身を守りたいと思うのは当然でしょう」などと言えば、この自己理解と「黒人が入ってきたのを見た」という知覚内容が対となり、鞄を引き寄せる行為に合理的な説明が与えられるだろう。ただし、その合理的説明はこの人を免責するのではなく、むしろその行為が差別的なものであったことを明白にする。

それゆえ、たいていは、黒人を知覚する背景にある白人の自己理解が表明されることはない――むしろ、「とっさに出てしまった行動にすぎない」などとし、自分の知覚は自然な反応にすぎないことが強調される。しかし、表明されなくてもこの種の自己理解が背景にあることを本気で疑うことはできないはずである。なぜなら、黒人を危険なものとして知覚する能力を養ったのは、黒人を危険なものとして見ることを可能にするような環境においてであり、自分がどういう環境――白人のコミュニティ――に属しているのかについて無知であることはありえないからである。つまり、人種化する知覚者は、中立的な立場から単に自然な反応をしているのではなく、自分のことを相手と異なる集団に帰属する者として理解しつつ、自らの環境のなかで習得した「偏見の目」で相手を見ているのである。

3　フリッカーの歴史的偶然性への異議――利益の獲得としての差別という観点

偏見のかかった知覚の習慣は一定の環境や集団の内部で養われる。黒人を誰であれ危険視するような知覚の習慣は、黒人のコミュニティでは育まれない。むしろ、この知覚習慣は、黒い身体の意味が過飽和した言説が支配的な集団の共同体――黒人を外集団とした内集団――を形成の場として必要とする。白人中心の学会の参加者たちが、ヤンシーを話し手としての誠実さや能力の点においてではなく、黒人として人種化して知覚してしまうとすれば、その背景には、そうした知覚の習慣を集団的に保持する環境――白人中心のアカデミア――の存在があろう。

フリッカーも、偏見は一定の社会環境で育まれるという事実に目を向けており、次のように述べている。

証言的正義の場合、人によって徳を所有したりしなかったりするという事実を説明するのは個人差だけではない。それはまた、文化的・歴史的状況にかかわるものでもある。たとえば、ジェンダーの構築物への批判的気づきがほとんど見られない状況というのは、女性へのアイデンティティに対する偏見にかんして、人々が証言的正義の徳を一般に所有する立場にないような状況なのである。（フリッカー 2023, 一二九頁）

フリッカーは、徳の形成に「歴史的偶然性」（ibid., 一三〇頁）が影響することを例証するために、一九五〇年代のヴェネツィアを舞台とした映画『リプリー』において、女性を知識の担い手として信用することができない男性ハーバート・グリーンリーフを取り上げている。グリーンリーフはジェンダーへの批判的意識を持ちうるような状況になかったのであり、それゆえ過失を「非難されるべきでない」（ibid., 一三〇頁）。そのような意識は集団的にしか変化しえない以上、この男性個人に対する適切な反応は「ある種の失望という形の憤り」（ibid., 一三四頁）という別の反応である。この男性個人は非難には値しないが、その歴史的状況の内部にあっても可能であったはずの最善の判断にこの男性が到達していないことには失望してよい。そして、そのような最善の判断に到達するために、個人は「想像力」（ibid., 一三五頁、一三八頁）を働かせることができる――にもかかわらず、グリーンリーフにはできなかった――ことをフリッカーは強調している。

現象学の立場から見ると、この議論における歴史観には問題が多い。まず、個人の偏見の習慣的形成をあまりにも受動的に、あるいは歴史決定論的に描いている。個人は成長の過程で習慣を獲得するだけではなく、特定の習慣を維持する。たとえば、夜更かしや飲酒の習慣は一旦獲得されるだけではなく、頭では悪いことだと納得している場合ですら維持されやすい。その理由には、これらの習慣には特有の愉しさや快楽があり、本人にとって何らかの利得があるという点があろう。一九五〇年代の社会における男性が、個人ではジェンダーへの批判的観点を持つために何もしようがなかったというのはたしかにそうかもしれない。しかし、なぜ女性と見れば信用性を引き下げるという習慣が漫然と維持されていたのか。フリッカーの説明ではこの問いは歴史的偶然性に委ねられ、個人の関与する事柄ではない。他方、人種化の現象学では異なる見方が示されている。H・ンゴはヤンシーの議論を参照しながら次のように述べている。

> ジョージ・ヤンシーは、「白人による人種差別が永久に続いていくことのハードルは非常に低い。白人にとって必要なのは、ただまったく何もしないでいることだけだ」と、あるところで論じていた。〔…〕つまり、長年にわたって定着し、存続している人種差別の体系のなかで「何もしない」白人は、白人が生み出す人種差別が生み出す優位から恩恵を享受し続けているということだ。（ンゴ 2023, 一〇二〜一〇三頁）

白人が黒人に対する自らの偏見に対して何の批判的意識も持たずに生活できる歴史的状況とは、白人が白人であるだけで優位に立てる生活を何の代償もなく手に入れている状況である。この観点からすれば、男性にとっての一九五〇年代のヴェネツィアの歴史的状況とは、女性に対する優位を男性が「何もしない」で獲得できる状況である。歴史的状況とは、個人に降りかかってくる単なる偶然ではなく、差別する側の集団に属する個人がその内で特権を得る生活空間であり、個人はその状況を自分の利得のために活用しているのである。

人種やジェンダーに基づく差別が当然視されている歴史的状況において、差別する側の集団の個人は何もせずとも差別からの恩恵を享受している。フリッカーの挙げる一九五〇年代の男性も同様である。この男性に対する適切な反応は「非難」ではなく「失望という形の憤り」だという彼女の論点は重要である。しかし、問題は、私たちはこの男性の何に憤っているのかである。ヤンシーやンゴであれば、憤りの対象は、自分の歴史的状況を超えた想像力が欠如していることだとは言わないはずだ。むしろ、憤りの対象は、まさにその歴史的状況においてその人が何もせずに差別から利益を得ているという事実であり、この事実に対するその人の無知だろう。こうした点に「習慣に向き合う義務や責任」(ibid., 一〇二頁) を語る余地がある。

フリッカーによれば、女性は信用できないと知覚的に判断していたグリーンリーフには、フェミニズムなどの論点を知る機会が閉ざされており、そのような歴史的条件のせいで自分の信用性判断を疑うことができなかった。そうだとしても、自分が信用できないと知覚しているのが女性であることや、他方で自分は女性ではなく男性に属することに気づかないということはありえない。また、女性をヒステリックな存在と見なす際、男性である自分はそのような存在ではないと理解していることもたしかである。このように考えるとき、現代の私たちがグリーンリーフの何に憤るかと言えば、それは、自分を問うことなく漫然と差別からの恩恵を享受していることに対してであるように思われる。

そうだとすれば、フリッカーの歴史的偶然性の議論は、差別が漫然と広がっている状況で最も恩恵を得ている人たちの認識に関する重大な道徳的問題を見逃してしまっているように思われる。つまり、自らの特権や利得に対する無知である。なぜこの無知が重大な問題かといえば、ヤンシーに従えば、これらこそ人種差別の永続化の原動力だからである。フリッカーの失望論においては、一九五〇年代と現代は別の歴史的状況であり、その隔たりが強調されているが、特権の享受と差別の永続化という観点からするとこれらは一つの連続した時代である。男性や白人がただそれだけで特権を得ているということはずっと続いている。そのことへの無知を疑うことができるかどうかも、差別に関する重要な道徳的課題として位置づけられる必要がある。

4 習慣の変容への現象学的アプローチ——状況の創出

偏見のかかった知覚は習慣化している。悪い習慣だとわかっていても快楽ゆえに飲酒習慣を止めるのが難しいように、差別的な習慣も他の集団に対する優位のような利得がある限り、維持される傾向がある。では、維持されている習慣が差別的であると認識された場合、私たちには何ができるのだろうか。

フリッカーによれば、私たちには反省による偏見の修正が可能である。聞き手は「自動的な非反省モードから能動的で批判的な反省モードへと知的なギア・チェンジ」（フリッカー 2023, 一一九頁）を行い、「偏見がなければ与えていたであろう程度まで信用性を上方へ補填することで、信用性判断における偏見のあらゆるネガティブな影響を中和する」（ibid., 一一九頁）ことを目指すことができる。

しかし、反省モードへの知的なギア・チェンジによる偏見の中和という着想は、事柄を過度に個人化ないし心理化しているように見える。L・ガンターは、本章と同じ題名の「認識的不正義と現象学」という論考で次のように述べている。

> フリッカーは、個人の徳では認識的不正義の害に接近するには不十分であることを認めている。つまり、構造的な認識的不正義の問題に接近するには共同的な政治的行為も必要である。しかし、フリッカーにとって、この種の共同行為は倫理学と哲学の範囲を超えるものである［…］。（Guenther 2017, p. 202）

ガンターは、認識的不正義の議論を個人的な偏見の修正を超えたものへと拡張することに現象学の強みがあることを指摘して論考を終えている。以下ではこの提案を引き取り、独自に展開しておこう。

まず、認識的不正義の哲学にとって共同的行為は埒外の事柄だという見解には問題がある。一般に、習慣の変容は別の習慣の獲得によって生じる。たとえば、飲酒習慣を止めるために必要なのは、酒を飲まない別の生活習慣を身につけることである。別の習慣の獲得は、もともとの習慣の獲得と同様に、特定の生活環境において起こる以上、環境を変化させることは必須であり、その変化のなかには人間関係の変化が含まれる。飲酒習慣を改めるには、住まいからアルコール類を一掃したり、飲み仲間との付き合いを断ったりするなど、物的並びに人的な生活環境の変化を必要とする。習慣の変容は、反省的意識へのギア・チェンジのように、意識の内で起こる何かではなく、もともとの習慣が維持されやすい今の環境とは別の環境を作り出す具体的実践を必要とする。

知覚習慣の変容について、アルサジが個人的な経験を回想して語っているところを見てみよう（Al-Saji 2014, pp. 134–135; 池田・堀田 2021, pp. 248–249）。彼女が一九九六年にフランスでパートナーと出会った頃、イスラム系女性のスカーフ（ヒジャブ）の公立学校での着用を禁じるかどうかがすでに随分と議論されていた。イスラム系の家庭に育った彼女は、スカーフを着用している女性でも高い教育を受け重要な職に就いている人を知っており、スカーフは女性の抑圧の象徴だというような見方は偏っていると感じていた。パートナーにこのことを説得しようと試みたものの、そのときにはうまくいかなかったが、カナダのモントリオールに移住後に似た議論が生じたときにはパートナーの態度が変わっていた。この頃には彼女の母親や祖母もこのパートナーの日常の一部になっていた。

アルサジは、この知覚の変化を、イスラム系女性たちに対する見方の変化としては記述していない。彼女によれば、パートナーに起こった知覚の変化は、むしろ、彼女たち「を」見ることから、彼女たちに「従って見ること（seeing according to）」や彼女たちと「一緒に見ること（seeing with）」（Al-Saji 2014, p. 161）という方向の変換である。変化のポイントは、知覚の単なる対象だったものが、自分がその人たちの観点から世界を見たり、一緒に世界——たとえば、スカーフを着用したイスラム女性を映し出すテレビ番組のやり方——を見て語り合ったりする対話者になったことにある。偏見のかかった知覚に抵抗するような新たな知覚の習慣の獲得には、生活環境の変化が必要であり、この変化には内集団と外集団の境界の移動と自己の帰属先の変更が、それゆえ「自分が誰であるか」の実存的な変化が含まれている。

新たな知覚習慣の獲得は、外集団と接触する具体的な環境の変化を必要とするという考えは、偏見の心理学的研究の古典であるG・W・オルポートの「接触理論」に近いものであり、新しいものではない（オルポート 1968）。フリッカーは、偏見への介入措置を、意識的反省による偏見の中和という理念に見ていたが、この見方は現象学や接触理論の議論からは隔たっている(6)。第一に、後者において、介入は具体的な環境の変革の問題であり、意識内の問題ではない。第二に、適正な知覚は中立的な立場に立つことで得られるのではなく、従来とは異なる環境で異なる習慣を身に着ける特定の立場において可能である。

H・カレルは、患者の訴えを偏見ゆえに信用しない医者の認識的不正義を論じ、この不正義に対する介入策を「現象学の道具箱」を用いた医者‐患者‐関係者の対話のセッティングとして提示している(Carel 2016)。ここで現象学の道具箱の中身に立ち入る余裕はないが、確認したいのは、現象学的な観点から証言的不正義への介入を考える場合には、医者の反省的意識ではなく、医者‐患者の対話環境の変化が話題になっていることである(7)。偏見の目を向けてきた集団と自分が属してきた集団の境界を変化させる具体的実践においては、自らの反省的意識を超えた、他者との対話が重要な契機と見なされるのである。

おわりに

これまで見てきたように、フリッカーによる認識的不正義の議論には指摘されるべき問題点も多い。本章第1節では、フリッカーのマクダウェル理解の問題を指摘した。フリッカーは、マクダウェルにならって、有徳な聞き手を、語りの内容に関連性のある特徴を知覚する能力によって特徴づけている。しかし、この知覚内容は実践的推論において本人の人生観と対になって行為を説明する力を持つというマクダウェルの要点がフリッカーの議論には欠けている。本章ではこの欠落が、「偏見の目で見る」という認識的不正義の肝心の話題において問題を含むことを明らかにしてきた。

第2節で示したように、人種化の現象学の立場によれば、他者をある仕方で知覚する能力は一定の社会環境で習得され維持されるものである。それゆえ、特定の仕方で知覚する主体であることは、自分はどの集団に属するのかという点を含めて、自己理解（人生観）の主体であることから切り離せない。第4節では、この観点の有無が偏見の是正をどう考えるかという点を左右することも示した。現象学の立場では、話し手を偏見の目で見る習慣を変え、新たな知覚習慣を身につけるには、外集団の成員たちと一緒に世界を見直すような社会環境の変化が必要であり、その際には、集団帰属の意識が揺らぎ、自分が誰であるかの理解も問われ、変化している。これに対して、偏見の補正を知的なギアチェンジと捉えるフリッカーの立論は、過度に個人主義的かつ知性主義的であり、共同で具体的に状況を変革するという発想が希薄である。

さらに、知覚の習慣が埋め込まれている集団的な社会環境に対する考慮の不足は、フリッカーにあって、問題含みの歴史観にもつながっている。第3節で指摘したように、人種やジェンダーに基づく差別に関して、フリッカーのように、一九五〇年代と現代の世界を想像力で乗り越えるべき断絶と見なすならば、差別が「永続化」の産物であるという本質的な点が見損なわれる。最後の点に関連して、本章の最後に人種化の現象学の主張の一つを再度強調しておこう。人種やジェンダーに関してマジョリティに自己帰属できる人たちは、ただマジョリティであるというだけの理由で社会のなかで特権を得てきたし、自己利益の源泉として社会を活用してきた。差別が永続化されるためにはこれだけで十分であるという、まさにこの点に関してマジョリティや理論家たちが無知であるのなら、このことこそ、認識に関する特に重大な道徳的問題として銘記されるべきなのである。

注

（1）この事例に関しては、この白人女性が男性一般を恐れている可能性に注意が必要である。この女性がヤンシーの人種的特徴を見ているると言えるのは、同じような服装で丁寧に振る舞う「白人男性」がエレベーターに入ってきたときには別様に振る舞う限りにおいてである。詳細は池田・小手川（2022）の注7参照。

（2）「抑圧」についてのI・M・ヤングの見解にフリッカーは触れている（フリッカー 2023, 七六頁）。補足すれば、ヤングは、無力化を含んだ五つの側面から抑圧を把握し、無力化について「日々のやり取りのなかで、女性や有色の人たちは自分が尊敬に値することを証明しなければならない。最初、彼女たちはたいていは見知らぬ人から礼儀正しい距離感や敬意をもって扱われない」と述べている（Young 1992, p. 190）。

（3）現象学的な知覚論については拙書（池田 2024）第四章を参照されたい。

（4）この実存論的な現象学における自己理解の扱いについては、拙書（池田 2024）第四章で論じている。

（5）この論点は、「白人の脆弱さ」として論じられている現象と重なり合う。白人の脆弱さとは、自らの言動が人種差別的であると指摘されたときに、白人が動揺したり、怒ったり、論争的になったりするといった自己防衛的反応を示すことである（ディアンジェロ 2021）。「自然化」はこの種の自己防衛において引き合いに出される典型的表現である。

（6）フリッカーは認識的正義を個人主義的に捉えすぎているという批判は現象学以外の立場からも提出されている。本書第4章参照。

（7）ただし、私の見解では、認識的不正義の議論を医者‐患者関係一般に適用することは、この関係が治療の場面でのみ効力を与えられる関係であり、「患者」は性別や人種の場合のように社会的に徴づけられた集団を構成していない以上、適切とは言えない。むしろ、性別や人種あるいは国籍や年齢などによって、臨床現場において証言の信頼性が不当に低く見積もられる場面を問題にするべきである。もっとも、第13章で扱われる水俣病のように、その病気の患者であることによって社会生活のさまざまな場面で不利益を被るような場合には、性別や人種、あるいは障害の場合と同様、被差別集団を形成すると言えるだろう。

参考文献

オルポート、G．W．（1968）『偏見の心理』原谷達夫・野村昭訳、培風館

Al-Saji, A. (2014). "A Phenomenology of Hesitation: Interrupting Racializing Habits of Seeing." In E. S. Lee (Ed.), *Living Alterities: Phenomenology, Embodiment, and Race* (pp. 133-172). State University of New York Press.

Carel, H. (2016). *Phenomenology of Illness*. Oxford University Press.

ディアンジェロ、R．（2021）『ホワイト・フラジリティ――私たちはなぜレイシズムに向き合えないのか』貴堂嘉之監訳、上田勢子訳、明石書店

フリッカー、M．（2023）『認識的不正義――権力は知ることの倫理にどのようにかかわるのか』佐藤邦政監訳、飯塚理恵訳、勁草書房

Guenther, L. (2017). "Epistemic Injustice and Phenomenology." In I. J. Kidd, J. Medina, & G. Pohlhaus Jr. (Eds.), *The Routledge Handbook of Epistemic Injustice* (pp. 195-204). Routledge.

池田喬（2024）『ハイデガーと現代現象学――トピックで読む『存在と時間』』勁草書房
池田喬・堀田義太郎（2021）『差別の哲学入門』アルパカ
池田喬・小手川正二郎（2021）「「人種化する知覚」の何が問題なのか――知覚予期モデルによる現象学的分析」、『思想』一一六九号、岩波書店、六八～八七頁
――（2022）「差別するときに何をおそれているのか――現象学的解明の試み」、『倫理学年報』七一号、日本倫理学会、八～一九頁
マクダウェル、J．（2016）「徳と理性」荻原理訳、大庭健編・監訳『徳と理性――マクダウェル倫理学論文集』勁草書房
ンゴ、H．（2023）『人種差別の習慣――人種化された身体の現象学』小手川正二郎・酒井麻依子・野々村伊純訳、青土社
Yancy, G. (2008) "Elevators, Social Places, and Racism: A Philosophical Analysis." *Philosophy & Social Criticism*, 34(8), 843-876.
Young, I. M. (1992) "Five Faces of Oppression." In T. E. Wartenberg (Ed.), *Rethinking Power*. State University of New York Press.

Ⅲ　現場の実践で起きている認識的不正義

第10章　認識的不正義と性暴力被害

佐々木梨花

はじめに

本章の仕事とその意義

本章では現在の日本の社会状況や刑法を基礎にして、認識的不正義という観点から、性暴力の発生や、その被害への対処・二次加害をどのように理解することができるかを示す(1)。

現在の日本の社会状況や刑法を念頭に置いて認識的不正義を分析することには二つの意義がある。第一に、認識的不正義という理論上の道具立てが、現実の問題の分析にどのように役立つのかを示すことである。社会状況や刑法の条文は時に応じて変化するため、その分析方法をデモンストレーションすることには意義がある。第二に、実践から理論へフィードバックする意義もある。本章での分析のなかで、ある理論や概念が役立つのか、役立つ／役立たないとしたらそれはどのような特徴によるのかを考えることは、認識的不正義についての理論を洗練させる方針や余地を見つけることにつながるだろう。

また、本書で特に性暴力という主題を扱うことの意義にも留意されたい。性暴力を認識的不正義に関連づけることの必然性の一つは、性暴力が「沈黙」の問題として指摘されてきたことにある。日本では、内閣府による「男女間における暴力に関する調査（令和五年度調査）」によると、無理やりに性交等をされた被害があった人のうち、その被害について、誰かに打ち明けたり、相談したりした人の割合は、女性四〇・八％、男性二〇・〇％となっている。(2) 性暴力は語られないことが問題だとされてきた。ここに認識的不正義を指摘し、性暴力を語ることのできる問題にすることは、フェミニスト認識論としての認識的不正義論の重要なプロジェクトの一つとなる。他方で、認識的不正義という観点から性暴力を眺めれば、問題はこれに尽きない。語ることができるようにするというプロジェクトは重要でありつつも、反省されるべき点があることも明らかにできる。

性暴力という対象について

本章の対象は性暴力である。性暴力という語は、不同意性交等からセクシュアル・ハラスメントや性的な嫌がらせまで、性に関わるさまざまな侵害を指すものとする。

注意すべきなのは、性暴力として思い浮かべられる事例が男性加害者による女性被害者への加害に偏りがちであることだ。このように典型的な事例が固定化されてしまうことが、いかに性暴力を覆う認識的不正義につながるのかについては後に述べる。ここでは、性暴力には他のさまざまな形態があることを確認しておこう。具体的には、女性加害者から男性被害者へ性加害がされる場合(3)、被害者がトランス・ノンバイナリーである場合(4)、同性間で性暴力が生じる場合などがある。

また被害者が、幼年者、発達に特性がある人、精神疾患を持っている人、認知症の人など、信頼できる証言をする能力がないと見なされがちな主体が被害者である場合には特に、性暴力をめぐって生じる認識的不正義と、より広範に見られる認識的不正義が共起するという懸念がある。さらに、被害者がそのような人々ではない場合でも(5)、性暴力

相談先一覧｜秘密は守ります。安心して相談してください。
電話で相談
性犯罪・性暴力被害者のための
ワンストップ支援センター
#8891《はやくワンストップ》
ワンストップ支援センターで受けられる支援
相談
医療的支援
心理的支援
同行支援
法的支援
関係機関と連携した支援
性犯罪被害相談電話（警察）
#8103《ハートさん》
性犯罪の被害に遭われた方が相談しやすい環境を整備するため、各都道府県警察では、性犯罪被害相談電話につながる全国共通番号「#8103（ハートさん）」を運用しています。ダイヤルすると、発信された地域を管轄する各都道府県警察の性犯罪被害相談電話窓口につながります。
SNSで相談
SNS相談「Cure time（キュアタイム）」
Cure time
チャットでお話を伺います。
年齢・性別を問いません。
匿名で相談できます。
メールや外国語でも相談を受け付けます。
その他の相談窓口一覧
セクシュアルハラスメント、ストーカー、デートDVなどの相談窓口を紹介しています。
相談に関するQA
詳しくは内閣府HPをご覧ください。
本パンフレットは、専門家や性犯罪・性暴力被害者のためのワンストップ支援センターなどの関係者の意見等をもとに、内閣府男女共同参画局が作成したものです。
内閣府男女共同参画局

図10－1　性暴力被害者のための相談窓口(7)

のトラウマを抱えていることを理由として被害者によるさまざまな証言の信憑性が割り引かれることもある。

なお、本章では性暴力について露骨な記述や暴力的な表現は避けるが、読む人は自分の状況に合わせて、自分を大切にして読んでほしい。性暴力というテーマに向き合うことが当事者として辛いという場合には、全国の性暴力被害者ワンストップ支援センター（#8891に電話）へ助けを求めることができることも念頭に置いて読み進めてほしい。(6) このワンストップ支援センターは性犯罪・性暴力に関する相談窓口で、産婦人科医療やカウンセリング、法律相談などの専門機関とも連携しており、必ず秘密は守られる。

「はじめに」の最後に、本章の議論の前提でもあり絶対に強調すべきこととして、性暴力被害者は決して悪くないということを確認して本論に入る。

1　本章における認識的不正義の捉え方

本章では、認識的不正義を広く定義する（本書第1章、第3章参照）。ある主体に対して、知識の主体として適切な尊重のある扱いをしないことが認識的不正義の中心的なモチーフである。私たちは、知識を持ち、それについて熟慮し、知識をやり取りするということについて自律性を発揮する主体である。そのような主体としての自律性を認めず、本人が知識のやり取りに対して持つべきコントロールを侵害することが認識的不正義の不正である[8]。特に、このような侵害が、社会的な偏見や構造的不正義に起因して、もしくはそれらを持続させる仕方で生じるという点から、認識的不正義は単なる個別の不正というよりも、さまざまな社会的不正義と連動してそれを強化するものとして問題提起される。

認識的不正義はさまざまな仕方で生じるが、大まかに二つに区別できるだろう。一つは「語りたいことを語らせない」ことであり、もう一つは「語りたくないことを語らせる」ことである[9]。

一つ目の語りたいことを語らせないことから見ていくと、そのあり方は発話されたことを聞かないという仕方と、そもそも発話を不可能にするという仕方に区別できる。フリッカーが『認識的不正義』において証言的不正義と解釈的不正義の典型例として挙げるのは、いずれも語らせないことによる認識的不正義である（フリッカー 2023, 一～二頁、三〇～三五頁、一九一～一九六頁）。典型的な証言的不正義は、社会的偏見によって話し手に与える信用性を過度に低くすることで発話された内容を聞くに値しないものとして扱うことである。さらに悪いことに、語りたいことが聞き取られていないにもかかわらず、聞いたフリをして語りたいことが十全に語られたかのような外見を作り出しうる[10]。他方で、解釈的不正義に晒された主体は解釈資源を欠くことによって、まさに語りたいことを適切に把握し、語ることができなくなる。そのほか、ドットソンは、語ることを困難にする認識的不正義の形態としてサイレンシングがあることを指摘し、自分の発話が適切に聞かれないことを予期して黙り込むしかなくなるという状況（証言の飲み込み testimonial smorthering）を描き出している（ドットソン 2022）。また、ガスライティングは、「お前はばかだ」「また幻覚を見たのか」などと話し手が認識能力を否定されることで、そもそも自分の認識能力に対して持つ信頼や語りたいことを語る自信を奪われることによって、語ることが困難になるという暴力である[11]（e.g. Spear 2019）。

他方で、語りたくないことを語らせるという仕方での認識的不正義については、議論はあまり多くないものの、ベレンシュタインによる認識的搾取（epistemic exploitation）についての議論が挙げられる（Berenstain 2016）。認識的搾取とは、マイノリティが差別や抑圧についての知識を提供することに一方的に従事させられることを指す。認識的搾取が認識的不正義として深刻である点として、ベレンシュタインは次の二点を強調する。一点目は、構造的なマジョリティ－マイノリティの力関係という問題の解消のために、本人が語りたいかどうかに関わらず、マイノリティの人々が手段化されることである。二点目は、マイノリティに属する人々は自分がどのような仕方で抑圧されているのかを説明しなければ、適切な仕方でマジョリティからの抑圧についての説明への要求に応答したり、マジョリティに自分の要求や状況・心情を理解させることができなかったりするために、このような認識的搾取の状況が、その個人をダブルバインドに直面させることである。つまり、このような状況に置かれた人々は、認識的に愚かでない主体として認められるために語るための労力を払うか、その労力を払って語らなければ認識的に愚かな主体だと見做されるかの選択を迫られるのである。さらにどちらの振る舞いをとったとしても、不当な帰結に囲い込まれることによって、語らされるという強制性が生じる。

2　性暴力を取り巻く語らせない認識的不正義

前節で見た区別をもとにして、本節と次節では、性暴力について「語りたいことを語らせない」と「語りたくないことを語らせる」という仕方での認識的不正義について論点を粗描する。各論点のそれぞれが、認識的不正義という枠組みからさらに精緻な分析を与えられうるし、またどうすべきかについても議論が尽くされるべきものであるが、ここでの仕事はあくまで論点の提示にとどまる。

とだろう。すなわち、不同意を妨げることである。

被害の発生

性暴力について「語りたいことを語らせない」と言われたとき、おそらく一番に思いつくのはNOを言わせないことだろう。すなわち、不同意を妨げることである。

令和五年六月一六日、参議院本会議にて「刑法及び刑事訴訟法の一部を改正する法律案」が可決され、同年七月一三日から施行された[12]。そのなかで、これまでの「強制性交等」は「不同意性交等」に改められた。その内容は、「同意しない意思を形成し、表明し若しくは全うすることが困難な状態にさせ又はその状態にあることに乗じて」わいせつな行為や性交等をした者を処罰するというものである[13]。そのような状態にさせる「行為又は事由」として、意思形成の妨げ、意思表明の妨げ、意思の全うの妨げという三つの不同意の生じ方が整理され、特にその要因として八項目の行為又は事由が同法に例示列挙されている[14]。これによると、暴行を加えるなどして被害者が意思する不同意を表明させないことや、意識を奪うことによって不同意の表明を不可能にすることが意思表明の妨げである。意思の全うの妨げは、不同意が表明されたが加害者がそれをまともに聞かないことによって典型的に生じる。加えて、同意しない意思を形成することを妨げるといういっそう微妙な事例も挙げられる。たとえば、不意打ちによってそもそも同意するかの判断をする時間的余裕がない、虐待に起因する無力感によって不同意の形成が妨げられている、社会的関係による被害者への影響力によって被害者は不同意の表明だけでなく、不同意の意思の形成を困難にさせられているという場合である。これらはいずれも、語りたいことを語ることを妨げる暴力という観点から整理できるように思われる[15]。つまり、意思の全うの妨げは、聞かないことによって語らせない形態の認識的不正義であり、意思表明の妨げと意思形成の妨げはそもそも語らせない形態の認識的不正義に該当しそうだ。

ここで、意思表明は選択や行為の主体ではなく、知識の主体としての自律性の発揮の問題なのかという疑問が生じるかもしれない。認識的不正義が問題とする対象が、「私は〜がしたい」という態度の表明ではなく、「私は〜を知っている」という知識の伝達にあり、両者を厳格に区別するべきであれば、性暴力に対してNOと言えないという現象は認識的不正義の議論対象ではないことになる。しかしながら、語りたいことを語ることを妨げられるという不正に対して抵抗する議論を蓄積してきたにもかかわらず、それがここでは利用可能ではないとしたら、それは認識的不正義論がフェミニスト認識論として取り組んできた課題を自ら放棄することになるように思われる。不同意の意思表明の妨げが、考えを伝えることの主体性を決定的に奪われるということが現実に生じている場面の一つとして了解されるのであれば、実践が認識的不正義の理論的視座を拡張することを要求していると言えるだろう。

さらに、不同意の表明が妨げられるという現象には、個別のやり取りだけでなく社会的な背景も関わっている。これを象徴的に示すのが、ドゥオーキンとマッキノンらによって口火が切られた（ドゥォーキン&マッキノン 2002）、ポルノグラフィが女性を沈黙させるという主張である[16]（Langton 1994; Maitra 2009）。これは、女性を男性に対して性的に従属するものとして描くポルノグラフィのみが社会に溢れていることによって、女性は性的行為において拒否を述べることを妨げられていると主張したものだ[17]。この主張の射程は女性に限られない。つまり、社会的な力関係や、社会的に普通とされる性的行為の型が存在することによって、社会的に力を持たない人や、同性間での性的行為やBDSMなど普通ではないとされる性的行為を望む人が自身の不同意や希望を伝えることが困難になる。この指摘は、不同意の表明を妨げる個別の場面での認識的不正義が社会的な構造的不正義に依拠することへの留意を求める。

被害の後

「はじめに」でも述べたとおり、性暴力は被害の後にそれが語られないという点で沈黙の問題として扱われてきた。被害者が語ることを困難にする認識的不正義を概観しよう。

第一に、性暴力の認識をそもそも妨げる解釈的不正義が挙げられる。セクシュアル・ハラスメントという概念が開発されるまで、たとえ職場で性暴力に遭ってもそれを被害として認識し、告発することは困難だった。このように、必要な概念が存在しない場合だけではなく、ある性暴力を指す語があっても、その法的定義や社会的特徴づけがその性暴力を捉えるために十分ないし適切ではないという場合もある。[18]たとえば、「レイプ」[19]という語を取り上げると、レイプの社会的に典型とされる特徴づけは、暴力的な見知らぬ男性による無辜の女性へのレイプというものである。これは、被害者は女性であり、加害者は男性であるという認識があり、さらに被害者となる女性には何か落ち度があったか、そうではないなら女性は抵抗するはずだという実態に合わない想定をしてしまっている。このようなレイプについての一群の理解はレイプ神話として捉えられ、この想定がそもそも性暴力がレイプとして認められなかったり、レイプとして認められても被害者に対する非難を伴ったりする状況を生じさせていると批判されてきた(MacKellar 1975)[20]。

このような指摘を受け、レイプの法的定義ないし社会的特徴づけは改善の途上にあるだろう。レイプの法的定義に限れば、欧米諸国では法的な婚姻関係にある夫婦間でのレイプが法的レイプの定義から除外されていたことが問題視され、近年レイプの法的定義が夫婦間レイプも含むものに改訂されている。日本では、二〇一七年の刑法改正によって強姦が強制性交に改められたうえで強制性交に肛門性交又は口腔性交が含まれるようになり、被害者の膣の有無が問われないようになった。さらに、二〇二三年の刑法改正によって不同意性交にペニス以外の挿入も不同意性交によって処罰されるよう変更されたことで、加害者についてもペニスの有無が問われないようになった。ただし、それでもまだ被害者がペニスを挿入させられるという性暴力の形態が捉えられていないという問題は残っている(北川 2018; 宮崎・西岡 2023, pp. 77-78)。

他方、社会的なレイプの特徴づけは、いまだ被害者非難や二次加害を引き起こすものになっている。ここで、性暴力についての証言的不正義も問題として浮かび上がってくる。証言的不正義とは、話し手への社会的な偏見によって証言の信頼性を不当に割り引くことである。レイプ神話は性暴力被害者への不当な偏見そのものであるとともに、偏見による被害を引き起こす。レイプ神話があることによって被害者は、そもそものような被害があったことを疑われたり、被害の訴えが深刻なものとして聞かれなかったりする。[21]あるいは、被害者が本当は応じていたのではないかなどと疑われて、同意していなかったという本人の証言が信用されないかもしれない。また、何か落ち度があったのではないかという詮索を受けることもあれば、そのような疑いを被害者自身が自らに向けることもある。このような、被害の事実と真正性や不同意の事実についての証言が自他によって信じられないという状況は、証言的不正義として捉えることができる。

また、被害者の属性への偏見が問題になる場合もある。たとえば、性風俗業への従事経験などに基づいて、性暴力被害や不同意の訴えが軽視されたり、被害者非難を受けたりすることがある[(22)]。ほかに、性暴力被害者として典型的な属性とされているシスジェンダー女性以外が被害者となった場合にも、このような問題は深刻になる。女性加害者から性暴力を受けた男性が「ラッキーだ」と被害が矮小化された理解をされたり（宮崎・西岡 2023）、トランスジェンダー女性の被害者が「シス女性のふりをして騙そうとしている」と曲解されたうえで、その報いだと糾弾されたり（ベッチャー 2022）、トランスジェンダー男性被害者の性暴力経験がミスジェンダリングされる――すなわち、シス女性の性被害として扱われたり、シス男性として非被害者化されたりする[(23)]。

証言的不正義は、警察・司法過程や病院でのケアにおいても問題となる。被害者は被害後に、警察に被害届を出し、本人の医学的なケアや証拠採取のために身体をチェックされ、弁護士を依頼して事情を説明し、捜査に協力し、警察から検察に送検されれば検察の事情聴取を受け、検察によって起訴されれば公判で証言することになる。それらのすべての過程で、性暴力の被害者が自分の受けた性暴力について語ったことを真剣に扱ってもらうことができるのかという懸念がある。より制度的な問題としては、被害者は警察に説明したことと同じ内容を再度検察に対して説明することになる。これは、被害者の目から見れば、一度した説明がまったく聞かれなかったかのような感覚を覚えさせられるだろう[(24)]。

ただし、多くの性暴力被害者が被害届を出すときには、以上の各段階で証言的不正義が実際のところどの程度の頻度で生じているのかということについて認識していないだろう。また、仮に自分が性暴力被害者になった場合にそのような証言的不正義に晒されるのかどうかということは、実際に話してみるまではわからないことでもある。そうではあっても、性暴力被害者への偏見の存在を知っているならば、性暴力被害者が性暴力について語ることが安全だとは信頼できないという態度をとることは合理的になる。ここで、性暴力へのサイレンシングが問題になる。サイレンシングは、自分の発話が適切に聞かれないことを予期して黙り込むしかなくなるという状況で発生する。被害者が被害を説明してもまともに聞かれないばかりか、社会的に非難を受ける危険性がある状況や、性暴力についての警察や司法・病院の対応が安心できるものであるという信頼ができない状況では、被害者が自分の被害について語り出すことはいっそう困難になるだろう。(25) 特に被害の受け方や自身の属性（ジェンダーやセクシャリティ、年齢など）がレイプ神話に適合しない非典型的被害者にとって、聞かれないだろうという予期はより合理的になることで、より苛烈に沈黙させられることになる。(26)

3　性暴力を取り巻く語らせる認識的不正義

自分の性暴力被害やそれに関連することを言葉にするのは、多くの被害者にとって極めて過酷なことである。性暴力被害によって急性ストレス症（ＡＳＤ）や心的外傷後ストレス症（ＰＴＳＤ）を発症した場合――もしくは、そのような診断を受ける場所に立たなかった場合でも――、性暴力の経験を思い出すこと自体を避ける回避が生じることがある。耳を傾けてもらえるとわかっている状況で拙い比喩のように語ることさえ困難になるほど、性暴力は深刻な被害なのだ。ここでは、性暴力について語りたくないことを語らせるという仕方での認識的不正義について述べる。

前節でも述べたように、性暴力を警察に届け出た後、引き続く捜査や公判の過程で被害者は多くの情報を何度も語らなければならない。また、医療上のケアを受けるためにも、病院に行き事情を話さなければならない。どちらも、被害者が自らの被害について明瞭に語れば、その分だけ捜査やケアは適切なものになるだろう。しかし、そもそも被害について語ることが困難であるという状況では、この適切な対応の前提が掘り崩される。たとえ語りづらさという問題があることを警察や医療等が認識していても、対処の仕方が難しい。現在では、同性の警察官への相談を希望できるようにし、またその周知がなされているなど、地道な対応が行われている[27]。さらに、他の証拠が揃っているときに、本人の陳述・証言がどこまで必要なのかということも見直しの余地があるかもしれない。

語らせる不正義の例として、性犯罪が親告罪であったことも挙げることができる。親告罪とは、被害者からの告訴がなければ検察が起訴できない犯罪の類型である。親告罪の場合、被害者が告訴することを決定する際に重い心理的負担を負うことから、二〇一七年の刑法改正において性犯罪が非親告罪化された[28]。性暴力が親告罪であったことは、性暴力を恥ずべきものとしてスティグマ化することによって語らせない不正義であっただけでなく、性暴力について語らなければ自らの被害を公的な司法手続きにおいて扱ってもらえないという状況に置くという点で語らせる不正義でもあったと解釈できる。加えて、被害者がどのように語るのかという選択についても、聞き手の要求に合わせさせられ、自らの仕方を選べない点で、語らせつつも語ることへの自律性を奪うものであったとも言える。具体的には、被害の告訴にあたっては、自らの話し言葉や日常的な書き言葉からは離れた法的文書の形式に合わせて自分の性被害の経験を記述することを求められる。単に形式だけでなく、内容としても自らの性暴力被害の経験が、不同意性交・不同意わいせつ（強制わいせつ・準強制わいせつ・強制性交・強姦・準強姦）の法的な構成要件を満たすことを、いわば一つ一つチェックリストを埋めるように示すことが求められる。その過程で、自らの経験の理解を離れてでも、法的ないし社会的に典型的な暴力被害の経験として語ることが要求されてしまう。その反面、典型化された経験を外れる経験は不当に語らせない不正義が生じていたとも言えるだろう。

性暴力へのケアを受ける資格への要件と語ることとがセットにされている昨今の事例として、緊急避妊薬へのアクセスのゲートキープがある。緊急避妊薬は、意図せぬ避妊の失敗や妊娠の可能性のある性暴力の後などに、被害者の心身を守るために必要な医療インフラである。日本では二〇二三年一一月より、緊急避妊薬販売に係る環境整備のための調査事業によって、病院に行って医師の処方箋を得なくとも、薬局で入手できるようになった[29]。これによって、病院を経ることとの経済的・金銭的負担や時間的なロス、医師に事情を説明するなどの心理的な負担が軽減されるかに思われた。しかし、この事業は研究であるので、緊急避妊薬を必要とする人は「研究への参加同意や機微な情報も含む質問やアンケート等への協力」に同意する場合に限って販売を受けることができる[30]。そのせいで何を答えなければならないのかわからず、そのうえ語りづらいことを抱えた状態で、必要な医療へのアクセスを得るために自分の個人情報や「機微な情報」を語らなければならないという状況に追い込まれる。これは、性暴力後の被害者へのケアの提供という観点から見ても、研究協力への同意の調達の仕方という観点から見ても不正である。その不正を構成するものとして、性暴力者の喫緊のニーズを質にとって語りたくないことを語らせるという認識的不正義を指摘できる。

ここまで悪質ではなくとも　むしろ被害者のケアを試みているにもかかわらず——、被害者に語らせることを強いることになりうるのが「沈黙の剥奪」という事態である（井上 2022）。井上は、性暴力被害者が「語らない」ことによって自らの経験への他人の勝手な意味づけを拒否するという能動性を発揮しているにもかかわらず、トラウマ治療の専門家によって「そのように語っていないことそれ自体がトラウマ」によるものだと翻訳されて聞かれてしまうという事態を「沈黙の剥奪」と呼ぶ。被害者が語ることを心理的にも社会的にも困難にする「語りの剥奪」だけでなく、このような「沈黙の剥奪」もまた、性暴力被害者の語りの扱いにおいて生じうる問題であると指摘する。暴力の被害者へのケアや性暴力に対する社会的抵抗は、その中心に沈黙を破り語りを取り返すというモチーフを据えてきた。性暴力は語り難いこととされてきたために、被害が告発されず闇に葬られてきたのに対して、被害を可視化することで性加害者や性加害を存在させる社会に抵抗してきた（たとえば #MeToo 運動）。また、性暴力被害者のトラウマ治療でも、自らの経験を語ることを通じて性暴力のダメージから脱した人生へ戻っていくことが目指される。もちろん、こういった「語りの剥奪」に抗う実践は重要である。しかし、性暴力への対処において、語ることが価値づけられ、その勇気が讃えられる一方で、ともすると語らない被害者は、語る勇気がないとかトラウマという病によって語る力を奪われているとかのように見なされてしまいがちである。さらに、語ることができない自分をそのように見なすように追い込まれることもあるだろう。このように、語らないこともまた自らの選択でありうるのだということが見落とされ、語らないことへの自律性が不可視化されるという問題もあるのである。

第1節で確認した語らせる不正義の一つである認識的搾取を振り返れば、個人を構造的な認識的不正義の是正の道具にすることと、個人を語ることと語らないことの間のダブルバインドに置くことによって、語ることを強制することが、その不正として指摘できる。ここまで指摘してきた事例はいずれもこの両方の特徴を持っていると言える。つまり、まず、司法を通じた正義の回復や調査事業・社会的な性暴力の蔓延への抵抗のために、個人は自らの意思に関係なく単なる情報源にされる。そして、その個人は、自らの状況の改善・ケアの獲得のために不本意にでも語るか、語らない代わりにケアや状況の改善を見込めないかという二択の間に立たされ、そのせいで自らが語るかどうかに関する選択の自律性を少なくとも完全に発揮することを困難にさせられている。このダブルバインドはマジョリティ－マイノリティ関係の是正という課題への対処だけでなく、性暴力被害者への個別的ケア提供という課題への対処の場面でも生じている。

4　総括と示唆――何を語りたくて、何を語りたくないか

ここまででは、本人が望むように自分の知識を伝えるかどうかに対して持つべきコントロールを侵害されるという観点から、語らせない認識的不正義と語らせる認識的不正義を提示してきた。しかし、視野を広げれば、個人が何を語ることを望み、何を語らないことを望むかということのほうも、社会的な影響のなかで形成されている。

仮に性暴力について被害者への非難が生じないような状況や、性暴力について訴えるための十分に適切な語彙が流通している社会が実現しているのであれば、被害について語り出しやすいかもしれないし、そのような理想は追求さ

れるべきだ。しかし、現状の社会はそうではない。そこで、一方では性暴力を語ることが困難になっていること自体が認識的不正義として抵抗され、社会構造上の問題まで含めた解決がなされなければならない。他方では、個々の被害者が（自分自身のためというよりも）抵抗のために語らされる不正義に晒されてもならない。被害を安心して語ることができない場所で、被害について語り出すことの要求の高さは認識されなければならないし、抵抗のために被害者を手段化してはならない。このように、認識的不正義論という理論的枠組みのなかに性暴力への対処における課題を位置づけることで、語ることができるようにするというプロジェクトがその反面で持つ危険性のある、語らせる認識的不正義を捉えることができる。また、これまでの認識的不正義論が語らせない不正義に偏りがちであったことの問題を理解することで、今後、語らせる不正義にいっそう目を向けていく必要があることも明らかになる。

また、性暴力を認識的不正議の理論から分析することで、性暴力への対処は二面的な課題だということがわかった。制度的・社会的な仕方であれ、より個人的な仕方であれ、性暴力への対処を講じる際には、度合いの異なる二つの理想の両方を求めなければならない。つまり、一方では、社会的な認識的不正義を解消し、性暴力を語ることを抑圧する制約が何もないより理想的な社会が目指されなければならない[31]。そこでは、より多くの人が語るか語らないかを余裕を持って選ぶことができる。他方では、この非理想的な世界ですでに存在する被害者への喫緊のケアが適切に提供されなければならない。そのような人々は、すでに存在していて、語っていたり、語らなかったり、語ることが難しかったりと、状況は多様である。どのような状況にあっても、語ることを望まないのに語らざるをえなかったり、語ることを望んでも語れなかったりという認識的不正義に直面することなく、適切なケアを受けられるべきである。

このように、課題の二面性を把握することで、性暴力への対処を構想することが簡単ではないことがわかるだろう。ただし、どちらの課題にも共通する現状の問題もある。それは、語ることも、語らないことも差し迫りすぎているという問題である。現状では語ることも語らないことも、実はほとんど選べない。被害が起きた時点で、選ぶことのできない何かを、それでも選択と呼ばされる生に性暴力被害者は放り込まれる。そのような被害者の、せめて自身が何を知り伝えるのかということに対する自律性を尊重するためには、安心して語ることができる社会や環境を整えつつ、それを語ることへの抑圧にしないことが必要になる。

ここで、問題は二面的でありつつ、それは一方のみが強調されて他方が置き去りにされてはならない両輪であることがわかる。被害者本人にとっては自律的に語ることも語らないことも選択できること、そのような自律性をせめて自らに見出す余地があることは、語ることと語らないことのどちらもが自律的でありうるための前提条件である。このような前提がない状況では、実は語ることも被害者自身の自律性の発揮というよりも強いられたことでありうる。語る自律性だけでなく、語らないという自律性もまた認識されることで初めて、語り出した被害者の勇気への賞賛は、その語りと被害者本人への尊重を伴ったものになる。

注

（1）性暴力の予防については、紙幅の都合で本章では扱わない。

（2）同調査では、相談しなかった理由についても調査されている。内閣府男女共同参画局「男女間における暴力に関する調査（概略版）」（令和六年三月）。https://www.gender.go.jp/policy/no_violence/e-vaw/chousa/pdf/r05danjokan-gaiyo.pdf（二〇二四年八月二八日最終アクセス）

（3）先に注2で触れた「男女間における暴力に関する調査（概略版）」によると、相手の性別を問わず無理やりに性交等をされたことがあるかを聞いたところ、被害経験のある人は三・三%となっている。性別にみると、被害経験のある女性は八・一%、男性は〇・七%となっている。なお、本報告書ではトランスジェンダーについての記述は見つからない。政府による性暴力についての調査が男女二元的な仕方でしかなされていないことは、何についてどのように知識を蓄積するのかについての既存の抑圧と連動した偏りとして批判されるべきである。

（4）トランスはむしろ被害者になりやすいにもかかわらず（周司・高井 2023, pp. 116-117）、特にトランス女性はシス女性への性加害者として悪魔化される傾向がある。

（5）各主体についての議論は個別になされるべきだが、その際、次のことに留意すべきである。すなわち、認識能力の劣る主体は性的同意の能力や道徳的・法的に許容可能な性的行為のために必要な能力がないはずだと見なすことは、その主体を性的行為から排除し、性的行為を通じて自律性を発揮することを妨げる危険性がある（Mintz 2022; Miller 2022）。

（6）内閣府男女共同参画局「性犯罪・性暴力被害者のためのワンストップ支援センター」センター一覧。https://www.gender.go.jp/policy/no_violence/seibouryoku/consult.html（二〇二四年八月二八日最終アクセス）

（7）内閣府男女共同参画局「令和五年度 女性に対する暴力をなくす運動」より「〈性暴力に関するパンフレット（一般用）〉あなたは悪くない〜もしものために知っておいてほしいこと〜」四頁。https://www.gender.go.jp/policy/no_violence/no_violence_act/pdf/pamphlet_r05_02.pdf（二〇二四年八月二八日最終アクセス）

（8）フリッカーは証言的不正義の害として、認識的行為者を単なる情報源として扱うという認識的モノ化を指摘する（フリッカー 2023, 一七一〜一七二頁）。本章における認識的不正義の理解は、この害を証言的不正義の基底的な不正として捉えるマクグリンの考えに近い（McGlynn 2021）が、より広く、証言的不正義だけではなく、認識的不正義一般にとって認識的モノ化が基底的な不正だと捉えている。

（9）ここでは「語り」という語を、言語的な証言以外にも、幅広く自らが知り考えていることを伝達することに拡張して考える。これは、性的行為のなかで、もしくは関連してなされるやり取りには非言語的伝達が多分に含まれるという、本章の主題の特徴から認識的不正義論に対して要求される拡張である。また、認識的不正義論のなかでも非言語的な証言の包摂については議論されてきている（Spencer 2023）。

（10）より正確には、フリッカーは沈黙において生じる先制的な証言的不正義を証言的不正義の一形態としていることから（フリッカー 2023, 一六九頁）、この類型を採用すれば、そもそも発話を不可能にするという仕方で語らせないことも証言的不正義に含まれることになる。

（11）臨床心理学分野の文献だが、ケリー（2024）が日本語でアクセスできる。

（12）具体的な改正内容については以下を参照。法務省「性犯罪関係の法改正等 Q&A」（令和五年七月）。https://www.moj.go.jp/keiji1/keiji12_00200.html（二〇二四年八月二八日最終アクセス）

（13）他の主たる改正点は以下である。量刑がより重く変更されたこと。男性器以外の挿入も不同意性交によって処罰されるよう変更されたこと。いわゆる性交同意年齢が一六歳以上に引き上げられたこと（ただし相手が五歳以上年上の場合に限る）。

（14）注12で示した法務省「性犯罪関係の法改正等 Q&A」のうち、「「暴行」・「脅迫」、「心神喪失」・「抗拒不能」要件の改正について」」のQ2およびQ6を参照。また、改正前の強制性交等罪からの（言うなれば本来の）処罰範囲の拡大はないこともQ2およびQ3で述べられている。強制性交等罪のもとでは「暴行」・「脅迫」、「心神喪失」・「抗拒不能」という観点から性的自由の侵害があったかを判断していたが、それには個別の事例において判断のばらつきや限定的な解釈の余地があった。それに対して、不同意性交等罪は、その違法性の核がまさに不同意にあることを統一的に示したうえで、そのような状況に被害者が陥る原因となりうる行為や事由についても具体的に挙げることで、判断のばらつきや不当に限定的な解釈による不処罰を避けることが意図されている。

(15) ただし、同意は語ることだけの問題ではないことにも留意したい。許容可能、ないしは正当な性的行為における性的同意の問題を、同意を積極的に表明することを要求することによって解決しようとすると、同意を表明することがさまざまな理由（性格上の理由・発達や認知の特性など）で困難な人を性的行為から排除することに繋がりかねない（Miller 2022, pp. 252-256; Woodard 2022）。

(16) フリッカーは、これらの論者に触れながら性的モノ化と認識的モノ化の関連を描いている（フリッカー 2023, 一七九〜一八二頁）。

(17) これは、認識的不正義論でのサイレンシングという概念のルーツの一つでもある（cf. ドットソン 2022, 二〇九頁）。

(18) より適切な概念を生み出すことを試みるフェミニスト言語哲学や概念倫理学は、このような解釈的不正義を是正する試みとしても捉えることができる。ハスランガー（2022）やカペレン&ディーバー（2022）、および後者の藤川直也による訳者解説を参照。

(19) 日本語では法的には強姦や強制性交（二〇一七〜）という語が用いられていたが、不同意性交（二〇二三〜）に改正された。社会的には「強姦」や「レイプ」という語が用いられるだろう。ここでは、これらを総括して「レイプ」と表記している。

(20) ただし、マックウェラーが挙げた個別の項目（MacKellar 1975, Chapter I）には、バリエーションや論争がある。性犯罪についての刑法規定とレイプ神話の関係については、二〇二三年の刑法改正をカバーしていないものの、三成らが概説している（三成ら 2019, Chapter 7）。また、レイプ神話と不同意の表明の封じ込めの関係については江口（2016）を参照。

(21) NHKが、性暴力被害に遭ったという人やその家族など被害者本人の近くにいる人に対して二〇二二年三月一一日〜四月三〇日に行ったアンケート（回答総数三万八四二〇件）では、「被害後の周囲の反応で傷ついたこと・困ったことはない」と回答したのは全回答の二五・一%にすぎない。NHK「みんなでプラス」中の「性暴力を考える vol. 176　親や友人からのセカンドレイプ　性被害者の二次被害を防ぐためには」。https://www.nhk.or.jp/minplus/0026/topic067.html（二〇二四年八月二八日最終アクセス）

(22) アメリカでは、性暴力被害者の過去の性風俗業への従事や性的経歴を司法過程における証拠として許容することを制限するレイプシールド法が存在する。被害者への偏見による判断を防ぐことや、被害者が不本意に性的経験について語らされることを防ぐことを目的として日本でも導入が検討されており、性犯罪に関する刑事法検討会（二〇二一年）で論点として提示された。その論点の一覧とその経緯については上野を参照（上野 2021, pp. 551-552）。

　また、日本共産党・立憲民主党も政策として提案している。日本共産党「10、女性に対する暴力をなくす（2022 参院選／各分野の政策）」（二〇二二年六月）。https://www.jcp.or.jp/web_policy/2022/06/202207-bunya10.html（二〇二四年八月二八日最終アクセス）。立憲民主党「【政調】性犯罪刑法等改正について（「いわゆる性交同意年齢の在り方」について）」（二〇二一年六月一〇日）。

https://cdp-japan.jp/news/20210610_6381（二〇二四年八月二八日最終アクセス）
被害者の性的経歴を証拠として採用することに関する日本の判例の検討としては、成瀬（2016）を参照。

（23）『毎日新聞』二〇二一年三月一六日、「居場所がない」トランスジェンダーの性虐待被害者が願うこと」。https://mainichi.jp/articles/20210316/k00/00m/040/043000c（二〇二四年八月二八日最終アクセス）

（24）被害届の提出からの手続きの流れについては、法務省ホームページ「検察庁と刑事手続の流れ」が簡易にまとめている。https://www.moj.go.jp/keiji1/keiji_keiji11-1.html（二〇二四年八月二八日最終アクセス）。また、このような手続きの経験談として池田（2023）が鮮明である。

（25）ここでは、性暴力について語る例として社会的な告発や警察や病院に行くことを挙げているが、性暴力について語ることはこれらに限定されない。友人に話を聞いてもらうことのような、より個人的な場面で語ることが被害者のケアとして果たす役割を軽視すべきではないし、そのようにしか語れない状況に被害者が追い込まれることもある。自分の日記に書くことすら、被害者にとっては重要な意味で語ることでありうる。

（26）Broken Rainbow -Japan はLGBTIQA+の性暴力サバイバーへの性暴力と二次加害の防止のための情報発信を行い、メール・電話での相談やメッセージを受け付けている。https://broken-rainbow.jimdofree.com（二〇二四年八月二八日最終アクセス）

（27）ただし、必要なケアである一方で「同性の」という前提が共有しづらい被害者もいるため、対応できる女性の警察官を用意することは、必要ではあっても十分ではないことに留意する必要がある。

（28）改正の概要や論点については池田（2018）を参照。

（29）あらゆる人が入手できるようになったわけではなく、たとえば、「男性」（定義は示されていない）や「性交同意年齢に達していない方（一六歳未満）」には販売されない。あるいは、研究協力のための説明や同意は日本語で行われるので、日本語でのコミュニケーションが困難な人も入手するのが難しい。値段も手頃とは言えない。緊急時に必要な医療を提供するという観点からは問題がある。

（30）日本薬剤師会「緊急避妊薬　一部薬局で試験販売 information　緊急避妊薬販売に係る環境整備のための調査事業（厚生労働省医薬局医薬品審査管理課委託事業）」。https://www.pharmacy-ec-trial.jp（二〇二四年八月二八日最終アクセス）。なお、調査事業の「令和5年度　結果報告書」が厚生労働省から公表されている。厚生労働省「緊急避妊薬のスイッチOTC化に係る環境整備のための調査事業　結果報告書」（令和六年五月一〇日）。https://www.mhlw.go.jp/stf/newpage_40123.html（二〇二四年八月二八日最終アクセス）

（31）このような社会において性暴力が発生するのかという問題はひとまず措く。ただし、性的経験について語り難くなるのは、それが被害である場合だけではない。よかったのかどうか不明朗な複雑な性的経験を持つ場合もあることを考えれば、より理想的な社会でも、語り難い性的経験は一見したところよりは存在しうるだろう。

参考文献

ベッチャー、T．M．（2022）「邪悪な詐欺師、それでいてものまね遊び――トランスフォビックな暴力、そして誤解の政治について」渡辺一暁訳、木下頌子・渡辺一暁・飯塚理恵・小草泰編訳『分析フェミニズム基本論文集』慶應義塾大学出版会

Berenstain, N. (2016). "Epistemic Exploitation." *Ergo, an Open Access Journal of Philosophy*, 3, 569-590.

カペレン、H．&ディーバー、J．（2022）『バッド・ランゲージ――悪い言葉の哲学入門』葛谷潤・杉本英太・仲宗根勝・中根杏樹・藤川直也訳、勁草書房

ドットソン、K．（2022）「認識的暴力を突き止め、声を封殺する実践を突き止める」小草泰・木下頌子・飯塚理恵訳、木下頌子・渡辺一暁・飯塚理恵・小草泰編訳『分析フェミニズム基本論文集』慶應義塾大学出版会

ドウォーキン、A．&マッキノン、C．A．（2002）『ポルノグラフィと性差別』中里見博・森田成也訳、青木書店

江口聡（2016）「「ノーはノー」から「イエスがイエス」へ――なぜ性的同意の哲学的分析が必要か」『現代社会研究』一九号、京都女子大学現代社会学部、六八～八四頁

フリッカー、M．（2023）『認識的不正義――権力は知ることの倫理にどのようにかかわるのか』佐藤邦政監訳、飯塚理恵訳、勁草書房

ハスランガー、S．（2022）「ジェンダーと人種――ジェンダーとは何か？　私たちはそれらが何であってほしいのか？」木下頌子訳、木下頌子・渡辺一暁・飯塚理恵・小草泰編訳『分析フェミニズム基本論文集』慶應義塾大学出版会

池田鮎美（2023）『性暴力を受けたわたしは、今日もその後を生きています。』梨の木舎

池田公博（2018）「性犯罪の非親告罪化・公訴時効の撤廃またはその進行の停止」『法律時報』九〇巻四号、日本評論社、七三～七六頁

井上瞳（2022）「語ることと語り出すこと――性暴力とトラウマケアをめぐるアイデンティティに関する考察」『ジェンダー研究：お茶の水女子大学ジェンダー研究所年報』二五号、お茶の水女子大学ジェンダー研究所、一七七～一九五頁

ケリー、A．（2024）『ガスライティングという支配――関係性におけるトラウマとその回復』野坂祐子訳、日本評論社

北川佳世子（2018）「強制性交等の罪・準強制性交等の罪」『法律時報』九〇巻四号、日本評論社、五五～六二頁

Langton, R. (1994). "Speech Acts and Unspeakable Acts." *Philosophy & Public Affairs*, 22(4), 293-330.

MacKellar, J. S. (1975). *Rape: The Bait and the Trap: A Balanced, Humane, Up-to-date Analysis of Its Causes and Control*. Crown Publishers.（ジーン・マックウェラー『レイプ《強姦》――異常社会の研究』権寧訳、現代史出版会、一九七六年）

Maitra, I. (2009). "Silencing Speech." *Canadian Journal of Philosophy*, 39(2), 309-338.

McGlynn, A. (2021). "Epistemic Objectification as the Primary Harm of Testimonial Injustice." *Episteme*, 18(2), 160-176.

Miller, S. (2022). "Sexual Autonomy and Sexual Consent." In D. Boonin (Ed.), *The Palgrave Handbook of Sexual Ethics* (pp. 247-270). Springer International Publishing.

Mintz, K. (2022). "Sexual Ableism: Is Sex Work the Best Solution?" In D. Boonin (Ed.), *The Palgrave Handbook of Sexual Ethics* (pp. 437-451). Springer International Publishing.

三成美保・笹沼朋子・立石直子・谷田川知恵（2019）『ジェンダー法学入門〔第3版〕』法律文化社

宮崎浩一・西岡真由美（2023）『男性の性暴力被害』集英社新書

成瀬剛（2016）「性犯罪被害者の性的経歴に関する証拠」『法律時報』八八巻一一号、日本評論社、八〇～八六頁

Spear, A. D. (2019). "Epistemic Dimensions of Gaslighting: Peer-disagreement, Self-trust, and Epistemic Injustice." *Inquiry*, 66(1), 68-91.

Spencer, L. (2023). "Epistemic Injustice in Late-Stage Dementia: A Case for Non-Verbal Testimonial Injustice." *Social Epistemology*, 37(1), 62-79.

周司あきら・高井ゆと里（2023）『トランスジェンダー入門』集英社新書

上野幸彦（2021）「性犯罪規定改正の議論に関する覚書――暴行・脅迫要件に関する検討会の議論を振り返って」『日本法学』八七巻二号、日本大学法学会、五三六～五六〇頁

Woodard, E. (2022). "Bad Sex and Consent." In D. Boonin (Ed.), *The Palgrave Handbook of Sexual Ethics* (pp. 301-324). Springer International Publishing.

謝辞：本章の草稿に対し、行為論研究会（二〇二四年二月二二日）にて木村正人さん・佐藤邦政さん・筒井晴香さん・早川正祐さん・宮島柚果さんからコメントをいただいた。本研究会が筆者と参加者の双方にとって安全なものになるよう早川正祐さんにはご協力いただいた。また、本書の原稿検討会（二〇二三年三月五日）にて、小林知恵さん・西條玲奈さん・榊原英輔さん・佐藤邦政さん・吉川千晴さんからコメントをいただいた。すべてのコメントが本章の改善に役立った。最後に、本章の執筆の間、心身を支えてくれた大切な人に感謝を表し、ともにこの世界を生き延びねばならないすべての人に私の文章を捧げる。

第11章　医療における認識的不正義

榊原英輔

はじめに

本章では、医療における認識的不正義のなかでも、患者が医療を受ける過程で、医師などの医療スタッフとの間で経験しうる認識的不正義を論じていきたい。医療に関連した認識的不正義のなかには、治療場面だけでなく、医学研究の立案や遂行、医療制度の設計や運用のなかで生じるものもあるが、本章では扱うことができない。

また、患者が医療スタッフとの間で経験する認識的不正義のなかには、社会一般において生じている認識的不正義が、医療現場においても同様に生じているものがある。たとえばペレドは、言語的な障壁のために、民族的マイノリティに属する人が病院で困りごとをうまく伝えられず、信用性が過小評価されてしまう場合があると指摘している(Peled 2018)。だが本章では、医療に特異的な認識的不正義に的を絞って考察を進めていきたい。

1　医療現場で生じうる認識的不正義のタイプ

患者が経験する認識的不正義は、医師、看護師、ソーシャルワーカー、薬剤師など、さまざまな職種の医療スタッフとの間で生じうる。本章では、これらの職種のなかでも、医師－患者関係における認識的不正義の問題を中心に考えていくことにする。なぜなら、医師が有する権威や権限、生物医学的な発想の強さゆえに、認識的不正義の問題は、医師－患者関係のなかで最も色濃く表れるからである。

医師－患者関係において、言語的コミュニケーションは極めて重要である。ある人が医療機関を受診するのは、自力では解決できない悩みを専門家に解決してほしいと思うからである。患者は、現在の症状、いつからどのように症状が出現したかを医師に伝える。医師は患者に質問し、患者はそれに答える。医師は患者の体を診察し、必要に応じて追加の検査をオーダーする。病気の診断がついたら、医師は患者にいくつかの治療プランを提案し、両者でどのような治療を行っていくかを話し合うことになる。

医師が患者の悩みを解決するためには、両者の間に認識的な協力関係が成り立っていなければならない。患者は一人称的経験に基づいて自身の症状やこれまでの経過を医師に伝え、医師は文献的知識や、他の患者の治療経験に基づいて、診断や治療の選択肢を患者に伝える。現代の医療では、医師が一方的に治療方針を決めるのでもなく、患者が方針決定の責任を単独で背負い込むのでもなく、医師と患者の双方が情報や意見を持ち寄って合意形成を目指す、共同意思決定（shared decision making）が医師－患者コミュニケーションの理想的な形であると考えられている（Charles et al. 1997）。認識的不正義は、このような関係性の前提となる認識的協力関係を損なうものである。以下では、医師－患者関係のなかで生じうる認識的不正義の類型を紹介していきたい(1)。

先制的な証言的不正義

医師‐患者間のコミュニケーションが医療的な問題解決にとって重要であるにもかかわらず、患者が医療的意思決定の場面にそもそも参加する機会が与えられないことがある。このようなケースのなかには、フリッカーが先制的な証言的不正義（pre-emptive testimonial injustice）と呼んだものが含まれている（Fricker 2007, p. 130, 邦訳一六九頁）。

現代では、患者の知る権利と自律性尊重の観点から、がんや統合失調症などの重篤な疾患であっても、本人に診断名を告知しないということは稀になった。それでも、患者が話し合いに参加しても理解できないだろう、混乱して取り乱してしまうだろう、適切な意見が述べられないだろうといった想定に基づいて、患者が医療的意思決定の場から外され、家族と医師だけで治療方針を決めてしまうことは、今でも存在している。

むろん、患者の病状の重さや、認知機能の制約のために、本人が話し合いの場に出席しても、本人にまったくメリットがない場合もある。しかし話し合いの場に参加しなければ、患者は自分自身の治療方針の決定に必要な情報に触れられず、次の話し合いでは、いっそう適切な発言を行うことが難しくなってしまう。すなわち、「話し合いに参加するのは難しい」と判断して患者を話し合いに参加させないことで、当初の判断を真にしてしまうという「予言の自己実現」の構造が存在しているのである。逆に考えると、ある患者が医療的意思決定の場面に参加することが難しい、という判断が現時点では妥当だったとしても、それは過去に話し合いに参加することを許されてこなかったことの結果である可能性が存在しているのである。

証言抑制

ドットソンは、社会的に劣位に置かれた人々が社会的に優位にある人に話しかける際に、自らの発言を、相手に伝えても自分の安全性が脅かされることがなさそうな内容、あるいは相手が正確に理解することができそうな内容だけに切り詰めてしまう場合があることを指摘し、それを証言抑制（testimonial smothering）と命名した（Dotson 2011）。

医師‐患者関係においても、患者が証言を抑制してしまうことがある。フロッシュらは、インタビュー調査によって、患者は自分の意見を言いすぎることで、権威主義的な医師から「難しい患者」と見なされることを恐れ、自由に意見を述べられない場合があることを明らかにした（Frosch et al. 2012）。

証言的不正義

医学的に説明がつかない症状（medically unexplained symptoms）を有する患者は、症状を誇張して訴えていると見なされがちであり、訴えを医療スタッフに信じてもらえないことがある。ブックマンらは、慢性疼痛の患者が痛みを訴えても、組織傷害が生じているという客観的な所見がないと、その信ぴょう性が疑われてしまうという事態を、証言的不正義の一種であると指摘した（Buchman et al. 2017）。精神疾患の患者も、訴えを真剣に取り合ってもらえないことがある。統合失調症を持つサックスは、ある日これまでに経験したことのないような激しい頭痛を覚え、救急外来を受診したが、彼女のカルテに統合失調症という病名があることを見た救急医が必要な検査を怠り、クモ膜下出血が見落とされてしまったという経験を自伝に記している（Saks 2007）。

参加的不正義

フックウェイは、認識的活動には情報伝達だけでなく、探求する、議論する、熟慮するといった活動が含まれており、主張や証言だけでなく、質問する、提案をする、反例を出すといった言語行為も認識的活動の重要な構成要素であることを指摘し、ある人が、発言の真実性は疑われなかったとしても、その人の社会的属性への偏見のために、後者の認識的活動への参加を妨げられてしまう場合があると述べ、それを参加的不正義（participatory injustice）と名づけた（Hookway 2010）。榊原は、患者に対する参加的不正義が、医師による関連性の判断の独占という形で現れることを指摘している（Sakakibara 2023）。医師は患者の発言を取捨選択し、「医学的に無関係」とされた内容には関心を向けない傾向がある。情報の取捨選択はたしかに必要だが、患者はただ情報を報告するだけの存在であり、何が関連性のある情報かを決めるのはもっぱら医師だということになると、医師‐患者関係は、軍隊における司令官と兵卒のような非対称な関係となり、患者は話し合いの参加者であるとは言えなくなってしまうだろう。

医療における認識的不正義の害

上記のような認識的不正義は、患者の認識主体としての能力を不当に扱っている点で、有害なものである。これに加えて、医療的な話し合いの場にそもそも参加させてもらえない、参加しても発言ができない、発言しても信じてもらえない、よしんば発言の内容を信じてもらえても、その内容が「医学的に無関係」だとして切り捨てられてしまうという経験を繰り返すと、患者は自信を失い、自分の治療に関して考えを持ち、話し合いの場で適切に意見を述べる能力を高めていくことができなくなってしまうだろう。さらに、認識的不正義によって、医師‐患者間の認識的共同作業に不具合が生じると、治療自体がうまくいかなくなってしまう可能性も存在している。

治療関係のなかで生じる認識的不正義の有害さを検証した研究は存在していないが、医療コミュニケーションの研究によって、医師‐患者コミュニケーションの質が、さまざまな変化をもたらすことがわかっている。たとえば、医師が、生物医学的な問題に関心を集中させるよりも、患者の心理社会的な問題を扱ったほうが、患者満足度が高くなることが知られている（Levinson et al. 1997）。また、医師‐患者コミュニケーションの質は、患者の不安の軽減、QOLの向上、治療アドヒアランス（処方箋通りに薬を服用できること）の改善などと関連していることが、複数の研究で示されてきた（Riedl & Schüßler 2017）。

2　医療における認識的不正義は何によって生じるか？

医療に特異的な認識的不正義は、どのような原因によって生じるのだろうか。以下では四つの要因を挙げたい。

患者に対する偏見

医療における認識的不正義の主要な原因の一つは、ある疾患の患者であるという属性に対する偏見である。患者は感情的になりやすく、身体や認知機能が弱っているため理性的な判断が行えない、というステレオタイプがある（Carel & Kidd 2014）。このようなステレオタイプに基づいて、医療スタッフや患者の家族が、時に患者本人の負担を減らそうという善意から、患者が医療的な話し合いに参加する機会を奪ってしまうことがある。

このようなことが、ある人が急性疾患にかかった際に時折生じるだけならば、それは偶発的な（incidental）認識的不正義にすぎず、深刻な悪影響を及ぼすものではないかもしれない(2)。これに対し、慢性疾患、たとえば関節リウマチ、クローン病、肺気腫といった疾患の患者であることは、その人にとっての社会的アイデンティティとなりうる。ほとんどの精神疾患は慢性疾患であることも、ここに付け加えておくべきだろう。慢性疾患の患者は、医療との関わりが長期化し、生活のなかでそれが占める割合も大きくなるため、もし患者が医療のなかで認識的不正義を被るとすれば、それは系統的な（systematic）なものとなりがちである。

医療システムの構造

個々の医療関係者がどれほど善意に満ち有能であったとしても、医療制度や、システムの構造が、患者の認識主体としての能力を発揮しにくくさせている場合がある。たとえば、現在の日本の精神科医療では、再診の患者を五分間より長く診察することに対して、診療報酬上の対価がつかない。このような診療報酬体系では、患者の話を精神科医がじっくり聞くということは難しくなり、患者の訴えが軽視されがちになるだろう。また医師は、診断を行う権限、薬の処方を行う権限、入院の可否を判断する権限などを有しているが、このような権限が医師と患者の間に権威勾配を作り出し、「医師に口答えしてはいけない」「医師を不快にさせてはいけない」と患者が考え、思ったことを言いづらい状況を作り出してしまう可能性があるだろう。

医師の知的傲慢さ

タネシニは、知的傲慢さ（intellectual arrogance）には、自分が他者よりも優れていると考え、他者の言葉に耳を傾けず、自分と異なる意見を述べようとする人を制止しようとする要素と、自分の認識的能力を過信し、自分が思ったことは、思いついたのが自分だというだけで正しいと考えてしまう要素があると論じた（Tanesini 2016）。知的傲慢さは、他者の認識主体としての能力を過小評価することにつながり、認識的不正義を引き起こしうる。

医師は、資格を得るために必要となる学歴の高さや訓練期間の長さから、自分が他者より知的に優れていると考える傾向にある。また、医療機関のなかで、医師は強い決定権を有しているが、このことを自分が知的に優れていることと混同してしまいがちである。むろん、医療に関する知識に関して、医師は実際に優れた知識を有している。だが、このような優位性がその他の領域にも広がっていると考えるとすれば、それは誤りであり、知的な傲慢と言いうるであろう。

生物医学的な疾病観

キッドとカレルは、現代医療における生物医学的（biomedical）な疾病観は、疾患をもっぱら生物学的な異常として概念化するため、医療のなかでは、患者が病気の一人称的体験を語るための解釈資源が乏しく、患者が医療のなかで認識的活動に参画することを難しくする要因になっていると論じ、これを疾病中心的な解釈的不正義（pathocentric hermeneutical injustice）と呼んだ（Kidd & Carel 2019）。キッドとカレルは、このような不正義を打開するために、現象学の手法を採用し、解釈資源を補うことが有用であると示唆している。

3　医療における認識的不正義を論じる際の注意点

医療における認識的不正義を論じる際には、ジェンダーや民族的マイノリティの問題とは異なる特有の難しさが存在している。本節ではそれについて考えていきたい。

医療は人間の生物としての現実に取り組む実践である

認識主体としての人間という描像は、健康な成人をモデルとしており、認識的不正義の議論も、健康な成人がその被害に遭うことを典型例としている。これに対して医療とは「生老病死」という、人間の生物としての現実・限界に取り組む実践である。すなわち、人間が認識主体となるための前提条件が損なわれうるような問題に、医療は向き合っているのである。

たとえば、人間は老化によって記憶力や判断力が低下し、一つの考えに固執しやすくなる。体が衰弱すれば、話し合いに立ち会うこともままならず、病気によっては、認知機能の低下が生じることもあるだろう。女性や民族的マイノリティの認識的能力を低く見積もることは「偏見」であると断言しやすいのに対し、何らかの疾患を有する患者の認識的能力を低く見積もることは、妥当な判断である場合も少なくないのである。この点は、精神科医療における認識的不正義を論じる際に、とりわけ慎重な扱いを要する点である。

急性疾患の治療では、生物医学的観点こそが最も重要である

医療のなかでは、生物医学モデルに基づいた身体的検査と身体的介入こそが大事であり、患者の経験や語りはあまり重要ではないという場面も少なくない。たとえば、ある人が骨折した場合や虫垂炎になった場合、いつから痛みが生じたかといった最低限の問診はあるにしても、確定診断に必要なのはレントゲンやＣＴスキャンの所見であり、診断がついた後の処置や手術においても、患者は受動的な存在である。こういった急性疾患の治療では、患者の認識主体としての役割はわずかである。患者も、このような状況では、いち早く病気を治してもらうことを求めており、医療スタッフとじっくり語り合いたいと思ってはいないだろう。

しかしながら、先進国の医療では、外傷や感染症などの短期間で治療可能な急性疾患の割合は減っており、慢性疾患の患者の割合が増えている（Murray et al. 2012）。そして、慢性疾患においては、医師‐患者間の双方向的なコミュニケーションの重要性が高まる（Sakakibara 2023）。なぜなら、慢性疾患では、患者が自身の病気と長く付き合う必要があり、病状の悪化や軽快の条件や予兆、日常生活への影響、治療を進めていく際の優先事項など、治療を進めていくために重要な情報を、患者のほうが医師よりも詳しく知っていることが多くなるからである。したがって、医療における認識的不正義の問題は、慢性疾患の治療において、特に重要な意味を帯びてくることになるだろう。

医療には、同時に応えなければならない要請が複数ある

医療は、現代社会のなかで非常に大きな位置を占める活動であり、人々の健康を保ち、病気を治し、機能を改善させるという役割を担っている。医療には非常にコストがかかるため、支出を抑えるという経済的な要請にも従わなければならない。さらに医療は、一対一の医師‐患者関係を超えて、最も医療を必要としている人に最優先で医療が届くようにするという、分配的正義（distributive justice）の原則も満たさなければならない。認識的不正義を避けるということは、医療が応えなければならないさまざまな要請の一つにすぎないのである。

たとえば、ある慢性疾患の患者が、自分の病状を医師に詳しく説明しようとしていた矢先に、心筋梗塞の患者が救急車で担ぎ込まれてきたとしよう。このような場合、最初の患者の診察を打ち切って急患の対応に集中することは、最初の患者にとっては認識主体として蔑ろにされたと感じる経験かもしれないが、医療資源の公正な分配という観点からすれば正しい行動であるだろう。

認識的不正義ではなく、認識的害に着目する

黒人差別や女性に対する偏見に由来する認識的不正義を論じる際には、善悪の対比が明確であり、問題として指摘されたものを「不正義」と断じることにも異論が生じにくかった。だが、医療における認識的不正義は、明確な善と悪が存在するような問題ではない。たしかに、患者に対する偏見や医療関係者の知的傲慢さもあるだろう。だが、実際に患者の認識的能力が損なわれていることも少なくないし、構造的な問題とされるものも、限られた資源の効率的な分配の観点から許容すべきものかもしれない。

とはいえ、明確な認識的不正義ではなかったとしても、患者が認識主体としての能力を発揮できないことは、患者にとって認識的害（epistemic harm）であることには変わりがない。このため、医療においては、それが認識的不正義にあたるのかどうかという点にはこだわらず、認識的害を最小化することを目標としたほうがよいかもしれない。医療では、患者にさまざまな害が生じうる。病気の経過によって健康状態が悪化することもあれば、薬の副作用や手術の合併症が生じることもある。さらに、医療ミスが発生することもあるだろう。患者安全／医療安全（patient safety）の考え方では、医療ミスに関して、個々の医療関係者を責めるのではなく、医療のなかで患者が被りうる害を最小化するためのシステムと文化の構築を目指すことが重要であるとされている（Vincent 2010）。認識的害は、患者安全に取り組む際に、最小化を目指すべき害の一種であると考えるのが適切であるかもしれない。

4 認識的害あるいは認識的不正義を軽減する方法(3)

フリッカーは、認識的不正義を克服する道として、認識的正義（epistemic justice）という個人の徳を涵養する可能性に期待した（Fricker 2007, p. 176, 邦訳二三二頁）。これに対しシャーマンは、個人的な徳による認識的不正義の是正は困難であると論じ、社会構造の変革が重要であると示唆した（Sherman 2016）。シャーマンが言うように、個人が自力で認識的正義の徳を身につけることは難しいだろう。しかし、教育によって個々の医療スタッフの力を高めていくことは可能だと思われる。そこで以下では、認識的害・あるいは認識的不正義を軽減するために、教育によって個々の医療スタッフの力を高めていく方法と、組織を変えていく方法の両方について論じていきたい。

医学教育

ホーとワードロープは、それぞれ独立に、医療における認識的不正義を軽減するために必要な医療スタッフの資質として、認識的謙虚さ（epistemic humility）を挙げた（Ho 2011; Wardrope 2015）。認識的謙虚さは、知的傲慢さと対極をなす徳目である。認識的に謙虚な人は、自分の認識的能力の限界を自覚し、自分が知らない部分については、自分と異なる視点を持つ他者を尊重し、積極的にその意見を取り入れていくことができる。それでは、どのようにしたら認識的謙虚さを身につけられるようになるのだろうか。ここでは、スキルを学ぶ例と、知識を学ぶ例を挙げておきたい。

認識的謙虚さを高めることにつながるスキルの例として、心理療法家のロジャーズとファーソンによって提唱された、積極的傾聴法（active listening）のスキルがある（Rogers & Farson 1957）。積極的傾聴法とは、話し手に肯定的関心を向けながら、その話に耳を傾け、質問を重ね、発言に込められたメッセージとその背後にある感情を、聞き手が言葉にして返していくという技法である。聞き手は、話し手の視点に立って考えることで、話し手が伝えたかったことを正確に理解することができるようになる。さらに、話し手が伝えたかったことと、そこに込められた感情を言葉にして話し手に返すことで、「私はあなたのことを尊重し、あなたの発言をしっかりと理解している」というメッセージを態度で伝えることになり、話し手が率直に話しやすくなる関係性を構築することができる。ラングらは、積極的傾聴の技法が、患者の心配事や予期、疾患に対する解釈などを患者に打ち明けてもらうために有用であると述べている（Lang et al. 2000）。

また認識的謙虚さは、狭義の医学の専門的領域の周辺に医療と関連する領域が広がっていることを、知識として学ぶことによっても高められるかもしれない。小児期の虐待やいじめの経験、不遇な家庭環境などの逆境体験は、さまざまな疾患の発症リスクを高めることがわかっている（Felitti et al. 1998）。トラウマインフォームドケアと呼ばれる啓発活動は、本人が口外することを避けていても、暴力や虐待などの被害に遭うという心的トラウマを有する人の頻度は一般に思われているよりも高く、自傷行為や依存症など、健康を害する問題行動の背景に心的トラウマが存在していることが少なくないことを指摘する（Raja et al. 2015）。このため、対人援助に関わる者は、トラウマについての知識を身につけ、トラウマの存在に気づき、それに配慮できるようになることが重要であるということが認識されるようになってきている。

組織変革

認識的不正義や認識的害は、医療機関の組織変革によって改善する可能性がある。その一例として、ここでは、精神疾患を持つ当事者を、ピアサポートワーカー（peer support worker）として精神科の医療機関で雇い、他の医療スタッフとともに働いてもらうようにするという方法を挙げたい。患者と医療スタッフの中間に位置するピアサポートワーカーは、医療スタッフと患者の間のコミュニケーションの橋渡し役となるだろう。また、精神疾患を持つ人々が、同僚として社会的な役割を担うことができるのを目の当たりにすることで、精神科の医療スタッフは、病院に受診してくる具合の悪いときの精神疾患患者ばかりと接することで形成された、精神疾患に関する過度にネガティブなイメージを払拭できる（Solomon 2004）。

アンダーソンは、異なる社会的グループに属する人々が、別々に教育を受けるのではなく、同じ場所で同じ質の教育を受けることが、グループの統合を促し、認識的正義をもたらすと論じている（Anderson 2012）。ピアサポートワーカーが同僚として他の医療スタッフと机を並べることも、グループの統合に近い効果をもたらすことが期待できるだろう。

おわりに

本章では、医療のなかで特異的に生じる認識的不正義の類型、原因、そしてその改善策について概観した。実践領域ごとの認識的不正義に関する議論のなかでも、医療における認識的不正義は、特に活発に研究されてきた。これは、医療現場において、コミュニケーションに関連した問題が山積していることを反映するものである。認識的不正義、あるいは認識的害を減らしていくことは、患者を認識主体として正当に遇することになるだけでなく、医療コミュニケーションの変化を介して、治療の質を向上させる可能性があるため、医療における重要な目標の一つと位置づけることができるであろう。

注

（1）認識的不正義の分類については、本書第2章も参照のこと。

（2）偶発的／系統的の対比については、Fricker（2007）の p. 27（邦訳三八頁）を参照のこと。
（3）近年では、認識的不正義を減らしていくための方策は、改善的プロジェクト（ameliorative project）と呼ばれている（Kidd et al. 2022）。

参考文献

Anderson, E.（2012）. "Epistemic Justice as a Virtue of Social Institutions." *Social Epistemology*, 26(2), 163-173.（エリザベス・アンダーソン「社会制度がもつ徳としての認識的正義」飯塚理恵訳、木下頌子・渡辺一暁・飯塚理恵・小草泰編訳『分析フェミニズム基本論文集』慶應義塾大学出版会、二〇二二年）

Buchman, D. Z., Ho, A. & Goldberg, D. S.（2017）. "Investigating Trust, Expertise, and Epistemic Injustice in Chronic Pain." *Journal of Bioethical Inquiry*, 14(1), 31-42.

Carel, H. & Kidd, I. J.（2014）. "Epistemic Injustice in Healthcare: A Philosophical Analysis." *Medicine, Health Care and Philosophy*, 17(4), 529-540.

Charles, C., Gafni, A. & Whelan, T.（1997）. "Shared Decision-Making in the Medical Encounter: What Does It Mean?（Or It Takes at Least Two to Tango）." *Social Science & Medicine*, 44(5), 681-692.

Dotson, K.（2011）. "Tracking Epistemic Violence, Tracking Practices of Silencing." *Hypatia*, 26(2), 236-257.（クリスティ・ドットソン「認識的暴力を突き止め、声を封殺する実践を突き止める」小草泰・木下頌子・飯塚理恵訳、木下頌子・渡辺一暁・飯塚理恵・小草泰編訳『分析フェミニズム基本論文集』慶應義塾大学出版会、二〇二二年）

Felitti, V. J., Anda, R. F., Nordenberg, D., Williamson, D. F., Spitz, A. M., Edwards, V., et al.（1998）. "Relationship of Childhood Abuse and Household Dysfunction to Many of the Leading Causes of Death in Adults. The Adverse Childhood Experiences（ACE）Study." *American Journal of Preventive Medicine*, 14(4), 245-258.

Fricker, M.（2007）. *Epistemic Injustice: Power and the Ethics of Knowing*. Oxford University Press.（ミランダ・フリッカー『認識的不正義——権力は知ることの倫理にどのようにかかわるのか』佐藤邦政監訳、飯塚理恵訳、勁草書房、二〇二三年）

Frosch, D. L., May, S. G., Rendle, K. A. S., Tietbohl, C. & Elwyn, G.（2012）. "Authoritarian Physicians and Patients' Fear of Being Labeled "Difficult" among Key Obstacles to Shared Decision Making." *Health Affairs*（*Project Hope*）, 31(5), 1030-8.

Ho, A.（2011）. "Trusting Experts and Epistemic Humility in Disability." *IJFAB: International Journal of Feminist Approaches to Bioethics*, 4(2), 102-123.

Hookway, C. (2010). "Some Varieties of Epistemic Injustice: Reflections on Fricker." *Episteme*, 7(2), 151–163.

Kidd, I. J. & Carel, H. (2019). "Pathocentric Epistemic Injustice and Conception of Health." In B. R. Sherman & S. Goguen (Eds.), *Overcoming Epistemic Injustice* (pp. 153–168). Rowman & Littlefield.

Kidd, I. J., Spencer, L. & Carel, H. (2022). "Epistemic Injustice in Psychiatric Research and Practice." *Philosophical Psychology*.

Lang, F., Floyd, M. R. & Beine, K. L. (2000). "Clues to Patients' Explanations and Concerns about Their Illnesses. A Call for Active Listening." *Archives of Family Medicine*, 9(3), 222–227.

Levinson, W., Roter, D. L., Mullooly, J. P., Dull, V. T. & Frankel, R. M. (1997). "Physician-Patient Communication. The Relationship with Malpractice Claims among Primary Care Physicians and Surgeons." *JAMA*, 277(7), 553–9.

Murray, C. J. L., Vos, T., Lozano, R., Naghavi, M., Flaxman, A. D., Michaud, C., et al. (2012). "Disability-Adjusted Life Years (DALYs) for 291 Diseases and Injuries in 21 Regions, 1990–2010: A Systematic Analysis for the Global Burden of Disease Study 2010." *Lancet*, 380(9859), 2197–223.

Peled, Y. (2018). "Language Barriers and Epistemic Injustice in Healthcare Settings." *Bioethics*, 32(6), 360–367.

Raja, S., Hasnain, M., Hoersch, M., Gove-Yin, S. & Rajagopalan, C. (2015). "Trauma Informed Care in Medicine: Current Knowledge and Future Research Directions." *Family & Community Health*, 38(3), 216–226.

Riedl, D. & Schüßler, G. (2017). "The Influence of Doctor-Patient Communication on Health Outcomes: A Systematic Review." *Zeitschrift für Psychosomatische Medizin und Psychotherapie*, 63(2), 131–150.

Rogers, C. & Farson, R. E. (1957). *Active Listening*. Industrial Relations Center of the University of Chicago.

Sakakibara, E. (2023). "Epistemic Injustice in the Therapeutic Relationship in Psychiatry." *Theoretical Medicine and Bioethics*, 44(5), 477–502.

Saks, E. R. (2007). *The Center Cannot Hold*. Hyperion.

Sherman, B. R. (2016). "There's No (Testimonial) Justice: Why Pursuit of a Virtue is Not the Solution to Epistemic Injustice." *Social Epistemology*, 30(3), 229–250.

Solomon, P. (2004). "Peer Support/Peer Provided Services Underlying Processes, Benefits, and Critical Ingredients." *Psychiatric Rehabilitation Journal*, 27(4), 392–401.

Tanesini, A. (2016). "'Calm Down, Dear': Intellectual Arrogance, Silencing and Ignorance." *Proceedings of the Aristotelian Society, Supplementary Volume*, 90(1), 71–92.

Vincent, C. (2010). *Patient Safety* (2nd ed.). Wiley-Blackwell.
Wardrope, A. (2015). "Medicalization and Epistemic Injustice." *Medicine, Health Care and Philosophy*, 18(3), 341-352.

第12章 当事者研究とコ・プロダクション(1)

熊谷晋一郎

はじめに

チャップマンとカレルは二〇二二年の論文において、自閉症をめぐる認識的不正義について指摘した（Chapman & Carel 2022）。対人的な相互性に欠損があるという、専門家主導で定義された自閉症の概念が、他者とやり取りする際に自閉症者を証言的不正義の状態に置いていると指摘したほか、自閉症者の経験を表す概念やフレーズが社会に不足していることから、解釈的不正義の状態にもあると述べている。彼らは、自閉症をめぐる認識的不正義を是正するために、1．自閉症に対する医学的欠損モデルを解体すること、2．自閉症者の性格や行動に関する価値判断を相対化すること、3．自閉症者が集い、自閉症のニーズや選好を反映したボキャブラリー・実践・社会規範を発展させてきた自閉症的認識的コミュニティ（autistic epistemic communities）の出現を認め、自己理解を支援すること、4．定型発達者側の認識的謙虚さと異文化コミュニケーションを育むこと、の四点を提案している。

本章では自閉症を例として取り上げつつ、解釈的不正義を是正するプログラムの候補として当事者研究（第1節）

に、貢献的不正義や証言的不正義を是正するプログラムの一つとして研究のコ・プロダクション（第2節）に着目する。また第3節では、自伝的記憶研究に認識的不正義の観点を接合することで、マイノリティの立場にある個人のウェルビーイングの向上に役立てる試みを紹介する。

1　解釈的正義と当事者研究

チャップマンとカレルの言う認識的コミュニティの一例として、二〇〇一年から日本で広がりを見せる当事者研究のコミュニティがある。綾屋によると、当事者研究という実践は、それに先立つ二つの当事者活動――障害者運動と依存症自助グループから影響を受けながら、精神障害者の地域生活という文脈のなかで独自の発展をしてきた（綾屋 2023）。以下では、この二つの活動について簡単な説明を試みる。

障害者運動と依存症自助グループの影響

一九七〇年前後に世界的に勃興しつつあった障害者運動は、「障害は、個人の側にではなく、社会の側に存在している」という主張を展開した。たとえば、階段しかない建物で、行きたい場所に行けない障害者がいたときに、階段をのぼれないその人の体に障害が宿っているのではなく、エレベーターを設置しない建物のほうに障害が宿っていると考えるのである。これを障害の社会モデルと呼ぶ（Dejong 1979）。建物などの物理的環境だけではない。私見では、解釈的不正義という考え方は、社会モデルの捉え方を概念やフレーズといった解釈資源にまで拡張したものだとも言えるだろう。

当事者研究に影響を与えたもう一つの活動は依存症自助グループである。一九三〇年代、アルコール依存症者による自助グループ、アルコホリクス・アノニマス（ＡＡ）が誕生し、その高い効果に注目が集まるようになった（ホワイト 2007）。彼らは、嗜癖行動の背景に、虐待や苛め、戦争体験など「重要な他者や社会との間に起きた傷つきの記憶があり、自分の人生に意味や見通しを与える一貫した個人史を失っている」ことや、傷つきの結果、「他者や社会に対して信頼感を失い、依存することが困難になっているがゆえに、消去法で自分を裏切らないと思える物質、カリスマ的人物、そして自分自身に過度に依存している」状態が依存症であることを発見した。そのうえで、依存症自助グループという、責められることのない安全な場で、トラウマをも含む過去の記憶を正直に語り合い、他者への信頼と一貫した個人史を再構築することが依存症からの回復であり、嗜癖行動が弱まるのはその副産物にすぎないというまったく新しい回復像を打ち出した。

周縁化された当事者たち

一方、マイノリティ共同体の内部に目を向けると、たとえ同じカテゴリーを共有していたとしても、そこに還元できない多様なメンバーがいることがわかる。

たとえば初期の障害者運動では、少数派の身体を持っているということが自他ともに把握しやすく、ゆえにニーズが明確で、後は主張して社会変革をするだけだというところがあった。言い換えれば、解釈的不正義の問題は相対的に小さかった。しかし、そこから周縁化されがちなメンバーとして、発達障害や精神障害と呼ばれる診断を持つ人々がいる。彼らの困難は他人に見えにくく、他人に見えにくい困難は当事者自身にも見えにくい。こうした問題があるなかで、うまく立ち振る舞えないのは自分の努力が足りなかったり、意志が弱かったりするからだろうかという自責の念に巻き込まれていく。そういう状況に置かれていると、「社会変革をしよう」と言われても、何を主張したらいいのかがわからないだろう。こうした人々にとっては、われわれ、として纏め上げられる以前の固有の経験を語り合うことを起点に、自分の身体について、どこが変えられてどこからが変えられないのかといった、有限性に関する知識を探求する必要があった（綾屋・熊谷 2008）。

周縁化された当事者は、依存症自助グループにおいても存在していた。依存症自助グループでは、グループ内部で語られたことは、グループ外部には口外しないというルールによって、傷ついた過去など、語ることにリスクを伴う内容を正直かつ安全に開示できる場を確保している。また、グループ外部の政治的な論争に対して意見を述べてはならないという運営方針が明記されている。そもそもＡＡの回復プログラムである一二ステップは、比較的、社会的資源を持つ中産階級以上の白人男性が中心となって開発されたという背景がある。彼らは依存症の問題さえ解決すれば社会のなかに戻るべき居場所があった。そうした人々を照準としたプログラムには、家庭のなかで日常的に暴力を受けていたり、社会的差別や排除を受けていたり、重複障害を抱えていたりする、社会資源に恵まれない当事者はうまくなじめない場合がある。彼らにとっては、自助グループだけは唯一安全な場所だったとしても、一歩外に出れば、差別や暴力、貧困の世界が広がっており、そうした困難を生き延びるために利用可能な資源は依存物質以外にないという状況にすぐさま追い込まれていく。こうした人々には、女性の依存症者、ＬＧＢＴの依存症者、エスニック・マイノリティの依存症者などが含まれる。差別する社会の側を変えない限り生きのびられない彼らは、グループの外部に広がる社会に向けた公開性という契機を待ち望んでいた（上岡 2019）。

当事者研究の誕生の背景

一九七〇年代、北海道浦河町にある浦河日赤病院に赴任したソーシャルワーカーの向谷地生良は、学生時代に難病患者運動や障害者運動の理念と実践に触れ、これを精神障害の領域にもたらしたいという志を持っていた。同時期に、活発に依存症臨床を実践していた旭川医科大学出身の精神科医である川村敏明は、研修医の頃に出会ったＡＡメンバーの語りに魅せられ、これをすべての精神疾患に応用したいと考えていた。当事者研究誕生に大きな影響を与えた二人、すなわち向谷地と川村の出会いは、統合失調症を中心とする精神障害の領域を舞台とした、障害者運動と依存症自助グループの出会いでもあったのである。そして浦河には、両者の合流を必要としていた当事者たち、すなわち、過疎地でアイヌとして差別を受け続け、精神障害や依存症を抱えながら生きる人々など、依存症自助グループと障害者運動という二大マイノリティ共同体のどちらからも周縁化された当事者たちが、地域から排除され、精神科医療に囲い込まれていたのだった。

両者を統合するうえで役に立ったのが「研究」という枠組みであった。困難を抱える当事者に対する「研究しよう」という呼びかけは、困難な状況に対して自責や他責で応えていた当事者に、免責された安全な観察者の立ち位置を保障し、困難について考えることのできる条件を確保する。同時に、「無知の知」、すなわち自分は十分にまだ知らないという自覚や、正確に経験を語ろうとする「正直さ」もまた、知的徳の倫理から要請される。これらの態度は主に、依存症自助グループを継承する形で、当事者研究に引き継がれている。運動を優先する文脈では「戦略的に効果的な発信をする」という態度が優先され、無知の知や正直さから乖離することも稀ではない。一方、研究と言うからには、グループの外部と共有したり、対話したりするなかで、さまざまな視点を互いに取り入れて客観性を強める「公開性」が求められる。依存症自助グループでは慎重に避けられていた公開性を強調することで、当事者研究は障害者運動から社会変革の要素を受け継いでいる。

三つ目の実践としての当事者研究

むろん、当事者研究においては、障害者運動が持っていた政治性や、依存症自助グループが持っていた安全性が損なわれている点は重要であり、既存の二つに取って代わるものではなく、共存する三つ目の実践として当事者研究を捉えることが極めて重要だ。また、「当事者」という語を置くことで、研究対象がカテゴリー化された障害属性ではなく、唯一無二の身体と歴史を有する個人であることを強調している点にも留意する必要がある。

当事者研究の例として、たとえば綾屋紗月は、自閉症者と定型発達者との間でコミュニケーションのすれ違いが起きた場合、現状の定義では、自閉症者のみに原因を帰属することが可能になると批判してきた（綾屋 2011）。綾屋によれば、そうした状況で実際に起きているのは、双方が心の理論を同時に失調させている事態なのだ。そのうえで、「感覚飽和」「夢侵入」「身体の自己紹介」「したい性」といった独自の概念を用いて、他者とのコミュニケーション以前に一人でいても生じる自身の経験を記述し理論化するとともに（綾屋・熊谷 2008; 綾屋 2023）、二〇一一年からは発達障害を自認する仲間とともに当事者研究会「おとえもじて」を立ち上げ、ホームページで研究のサマリーを公開している。こうした取り組みは、不足していた概念やフレーズなどの解釈資源を開発することを通して、解釈的不正義（hermeneutical injustice）の是正に役立つと言えるだろう。

同様に、自閉症の診断を持つ研究者であり、英国 Participatory Autism Research Collective（ＰＡＲＣ）の代表でもあるダミアン・ミルトン（Damian Milton）もまた、二〇一二年に「二重共感問題（double-empathy problem）」を提案し、自閉症者と定型発達者の間のコミュニケーション不全は双方向の問題であるにもかかわらず、相互作用がうまくいかない理由として一方的に自閉症者の欠陥を指摘する既存の自閉症言説に挑戦している（Milton 2012）。

2　貢献的・証言的正義と研究の共同創造

こうして当事者研究は、解釈的に周縁化された当事者たちが、自分たちの経験を表す概念やフレーズ、その他の表現を用いて自己表現し、それを社会に公開し、流通させようとする認識的コミュニティとして、解釈的不正義に挑戦してきたと言える。しかし、当事者研究を通じて産み出された解釈資源を多数派が学ぼうとしないために、当事者は社会のなかで声を上げる際に自分たちの解釈資源を利用することができないという、貢献的不正義（contributory injustice）の状況は残る（Dotson 2012）。加えて、当事者が自ら産み出した解釈資源を用いて自分の経験について証言したとしても、その証言に対して十分な信用が与えられないことで証言的不正義も温存されがちである。

筆者らは二〇一二年頃より、さまざまな専門家コミュニティと協力して、当事者研究のなかで産み出された仮説的な命題を、既存の科学的な方法で検証する取り組み――研究のコ・プロダクション――を重ねてきた。研究のコ・プロダクションとは、市民や当事者が、研究費の配分、仮説の提示、実験、分析、結果の解釈と公開など、研究のすべての段階に参画し、専門家とともに科学技術を推進する取り組みのことで、二〇一八年一〇月に雑誌 *Nature* で特集が組まれるなど、国際的にも重要なトピックとなりつつある。科学的な方法論で当事者の証言に対する信用性を高め、社会に広く流通させることは、貢献的・証言的不正義を是正する唯一の方法ではないが、一つの戦略ではあるだろう。

先述した綾屋やミルトンによる当事者視点での自閉症理解を裏づける経験的証拠も、少しずつではあるが報告されている。たとえば綾屋らは、一人でいても生じる自身の経験について、当事者研究から導かれた仮説を検証することで、ASD者は触覚刺激に対する自律神経反応が大きいこと（Fukuyama et al. 2017）、声の制御においてフィードバックの予測誤差に敏感であること（Lin et al. 2015）、音の聞こえかたに特異性があること（Hsieh et al. 2022）、スピーチリズム（Daikoku et al. 2023）や発声（Lin et al. 2018）に特異性があること、表情のスキャンパターンが乳幼児と同じくランダムな傾向にあること（Kato et al. 2015）、使用する語彙の特徴と社会的応答性に関連があること（Aramaki et al. 2015）、ASD傾向とは独立にストレスなどが聴覚過敏のリスク要因になっていること（熊谷ら 2013）など、さまざまなASD者の経験を実験的に実証してきた。また、自閉症者と定型発達者との間にコミュニケーション障害が生じている際に、双方が心の理論を同時に失調させているという綾屋の仮説や、ミルトンの二重共感問題仮説を裏づけるものとして、定型発達者が自閉症者に対する心の理論を持っていないことを裏づける証拠（Edey et al. 2016; Sheppard et al. 2016）や、自閉症者のコミュニケーション上の問題は、他の自閉症者と交流したときには生じないといった報告（Crompton et al. 2020a; Crompton et al. 2020b; Davis & Crompton 2021; Chen et al. 2021; Morrison et al. 2020）もある。

研究のコ・プロダクションの意義を疑う人々は少なくなったが、その実現方法については議論が続いている。たとえばコ・プロダクションを謳った研究プロジェクトの議事録を分析した研究によると、当事者の参画が形式的かつ象徴的なものに留まっているという報告がなされている（Horrocks et al. 2010）。さらに、多数派に合わせてデザインされた研究機関に身を置くことで、マイノリティが徐々に、多数派の価値観や認識枠組みに巻き込まれ、少数派視点での研究が実現しにくくなるという指摘もある（松田 2018）。加えて、当事者の知識がコ・プロダクションのプロセスにおいて十分な正統性を与えられておらず（Grim et al. 2019）、当事者は認識論的パートナーとして軽視されていることが指摘されている（Grim et al. 2019; Beresford 2020; Razon & Levin 2021）。つまり、認識的不正義を是正するためのコ・プロダクションのプロセスのなかに認識的不正義が存在することで、コ・プロダクション自体が形骸化するというわけである。

3　認識的正義と自伝

認識的不正義は個人のウェルビーイングにも影響を与える。その点について考察を加えるために、自伝的記憶研究を参照しよう。

コンウェイによる自伝的記憶のモデル

先行研究では、過去に経験した一回性の出来事の記憶について、それを解釈する概念なりフレーズを用いて物語的なフォーマットで整理した記憶の総体のことを「自伝的知識基盤（autobiographical knowledge base: ＡＫＢ）」と呼ぶことがある。そして、時々刻々、必要に迫られる形で、ＡＫＢのうちの一部が想起されたものを「自伝的記憶（autobiographic memory: ＡＭ）」という。

コンウェイは、ＡＫＢやＡＭのモデルを提案している。コンウェイによると、ＡＫＢ／ＡＭの構築や想起の過程における一般的な原則は、哲学のなかで主張されてきた二つの真理論——既存の知識体系との内的な整合性（＝coherence）が保たれているときに新規な知識を真理と見なす「整合説」と、新規な知識が事実と対応（＝correspondence）しているときに真理と見なす「対応説」――を用いて説明できるという（Conway 2005）。以下ではこの原則についてのコンウェイの解説を簡単に紹介しよう。

人間の記憶は、それぞれの個体が持っている予期――生存に直結する自己保存、規範、欲望といった「期待」と、自己や世界はこのような挙動を示すものだという「予測」を合わせたもの――との整合性を維持できるように、予期を更新するか、さもなければ記憶を書き換えたり、歪めたり、ときには捏造したりさえする。ＡＫＢ／ＡＭの構築や想起に課されるこの「予期と記憶の整合性の維持」という拘束条件が「自己整合性」（self-coherence）である。

他方、自己整合性の条件に拮抗するものとして、ＡＫＢ／ＡＭの内容は事実に対応していなくてはならないという「現実対応性」（correspondence）という条件がある。ただし、詳細な記憶をずっと保持し続けることは、記憶容量の面でも、検索時間の面でも負荷が大きくなる。ゆえに詳細な記憶は、予期と整合性を保てたものだけが、適度な抽象化の過程を経て、随意的に想起できる長期記憶に変換されることになる。

こうして、自己整合性と現実対応性の二条件に挟まれながらＡＫＢが構築される。コンウェイのモデルによると、長期記憶として保存されているＡＫＢの構造は、(1)自己整合性が優先され、抽象概念――主に言語やフレーズ――によって表象される「概念的自己」（conceptual self）」と、(2)現実対応性が優先され、具体的な感覚運動情報で表象される「エピソード記憶（episodic memories）」という二つのサブシステムからできあがっている。先ほど述べたように、(2)のエピソード記憶は、予期にかなったもののみが概念的自己とリンクし、随意的に想起可能な長期記憶となる。

過剰一般的な自伝的記憶と認識的不正義

ＡＫＢ／ＡＭに関しては、一部の人々に過剰一般的な自伝的記憶（overgeneral memory: ＯＧＭ）という傾向が認められることがよく知られている（Williams et al. 2007）。ＯＧＭとは、自分の過去の具体的な出来事を随意的に思い出して描写することの困難、とりわけ特定の時間と場所で起こった出来事をうまく報告できない状態である。高いレベルのOGMは、社会的問題解決の能力低下や自殺企図歴の高さとも有意に相関することが知られている（Richard-Devantoy et al. 2014）。

先行研究ではOGM傾向が、「誰」と「どのように」関わるかに影響を受けうることが報告されている。幼児期の親子関係が子どものOGM傾向に影響を及ぼす可能性や（Valentino et al. 2014）、より詳細で一貫性のあるナラティブ（語り）を紡ぐ親のもとに育った子どもは、よく分節化して統合されたAKB／AMを獲得することが知られている（Fivush et al. 2011）。さらに青年期になると、自分が属する文化のなかで流通しているマスター・ナラティブも解釈資源として利用するようになる。主流派は、統合されたAKB／AMが形成できるのに対し、マイノリティに属する人は、文化のなかで広く共有されているマスター・ナラティブを含む解釈資源が自分の体験に合致しないため、統合されたAKB／AMが形成されにくく、OGMが形成されがちとなる（Fivush et al. 2011）。これらはまさに、認識的正義を達成することが、マイノリティのOGMを防止するうえで重要であることを示唆する。最近では、自閉症者の繁栄やウェルビーイングの向上を目指すうえで、認識的不正義の観点が重要となることが指摘されはじめている（Chapman & Carel 2022; 綾屋 2024）。

このように、自伝的記憶研究に認識的不正義の観点を接合することで、マイノリティ－マジョリティ間の権力格差や不平等が、経験を語るという行為に与える影響を議論するための枠組みが与えられる。また、期待との整合性を維持すべしという自己整合性の条件には倫理性が宿っており、現実対応性や他者との合意という条件が信用性（credibility）を担保するとしたら、フリッカーの言う認識と倫理のハイブリッドな徳は、AKB／AMにおける現実対応性・自己整合性・合意性の両立という条件と重なると考えられる。このようにして、経験を起点に信用性を求める当事者研究やコ・プロダクションといった営みと、社会正義の実現、そして個人のウェルビーイング向上という三つのアジェンダの内在的な関連性を素描することができる。

おわりに

筆者が現在所属している大学でも二〇一二年以降、形骸化しないコ・プロダクションを大学内に実現するさまざまな取り組みを行ってきた。たとえば、障害者コミュニティのなかで仲間とともに活動してきた人物を、コ・プロダクションを担う研究者として雇用し、障害当事者の視点から自らの障害に関する研究をする「ユーザーリサーチャー制度」を、二〇一八年に日本で初めて試行的に導入した。さらに二〇二四年四月には、研究のコ・プロダクションを活動の柱として、多様性を公平に包摂するキャンパスや社会の実現を目指す全学組織「東京大学多様性包摂共創センター（UTokyo Center for Coproduction of Inclusion Diversity and Equity）」が設置された。

筆者らの研究室では現在、五名のユーザーリサーチャーが活躍しており、自分の経験だけでなく仲間たちもまた歴史・経験の多様性を豊富に持っていることや、そうした仲間たちの知恵を踏まえて自分たち当事者にとって大切にすべきことを見出し、それを羅針盤として研究に取り組むことなどが期待されている。

たとえば、転職を繰り返してきた発達障害のユーザーリサーチャーは、当事者研究を導入することで、障害の有無を超えてすべてのメンバーが各々抱えている困りごとを脅かされずにオープンにでき、互いの知識や技術を共有し補い合って高い成果を上げられるチームを実現して、仕事を継続できたという経験をした。これを検証するためにオンライン当事者研究導入講座を開発し、一三社、四八名に予備的に提供してその成果を論文化した（熊谷ら 2021）。また、企業八社、四〇チーム、一九八名を対象に行った横断調査の結果、リーダーの謙虚さ（客観的な自己理解などで定義される）が、心理的安全性の高さ（脅かされずに正直な意見表明や失敗の報告ができること）を媒介に、生産性の低下を防ぐ可能性を報告した（Matsuo et al. 2024）。現在は当事者研究の導入がリーダーの謙虚さを促進することで、働きやすい職場を実現するのではないかという仮説を検証すべく、独自に開発したプロトコールに基づき、二〇二二年八月に介入試験を開始、二〇二四年三月時点で一〇企業、二七チーム、一七三名が研究に参加している。

また、受刑経験のあるユーザーリサーチャーは、刑務官の職場環境には改善の余地があると考え、社会復帰促進センター職員一四三名と法務省補佐官級以下の職員一〇八八名を対象として法務省働き方総合アンケート調査を実施し、謙虚なリーダーがいる部署では心理的安全性が高く、職員のエンゲージメントやウェルビーイングが向上することを報告した。

経験を意味づけ伝達する概念やフレーズ、知識の産出は、社会のさまざまな領域で行われているが、障害に関する解釈資源の産出はいまだにその多くをアカデミアが独占し、必ずしも知的徳と倫理的徳の条件を満たしているとは言えない状況にある。当事者コミュニティと専門家コミュニティが、謙虚かつ対等に共同し、ハイブリッドな徳に導かれた認識的コミュニティとしての包摂的なアカデミアの構築を目指して連携していければと考えている。

注

（1）本章は、以下の論文に加筆・修正する形で執筆した。

熊谷晋一郎（2025）「精神障害における障害の社会モデルの重要性」『精神神経学雑誌』一二七巻、日本精神神経学会、印刷中

熊谷晋一郎（2022）「当事者研究と研究の共同創造」『精神神経学雑誌』一二四巻九号、日本精神神経学会、六二三～六二九頁

参考文献

Aramaki, E., Shikata, S., Miyabe, M., Usuda, Y., Asada, K., Ayaya, S. & Kumagaya, S. (2015). "Understanding the Relationship between Social Cognition and Word Difficulty. A Language Based Analysis of Individuals with Autism Spectrum Disorder." *Methods of Information in Medicine*, 54, 522-529.

綾屋紗月（2011）「アスペルガー症候群当事者の自己感と当事者研究の可能性」『臨床発達心理実践研究』六号、日本臨床発達心理士会、五五～六二頁

——（2023）『当事者研究の誕生』東京大学出版会

——（2024）「自閉スペクトラム当事者からみた診断——科学と正義論が交わるところ」『そだちの科学』四二号、日本評論社、印刷中

綾屋紗月・熊谷晋一郎（2008）『発達障害当事者研究——ゆっくりていねいにつながりたい』医学書院

Beresford. P.（2020）. "PPI or User Involvement: Taking Stock from a Service User Perspective in the Twenty First Century." *Research Involvement and Engagement*, 6, 1–5.

Chapman, R. & Carel, H.（2022）. "Neurodiversity, Epistemic Injustice, and the Good Human Life." *Journal of Social Philosophy*, 53(4), 614–631.

Chen, Y-L., Senande, L. L., Thorsen. M. & Patten, K.（2021）. "Peer Preferences and Characteristics of Same-Group and Cross-Group Social Interactions among Autistic and Non-Autistic Adolescents." *Autism*, 25(7), 1885–1900.

Conway. M. A.（2005）. Memory and the Self. *Journal of Memory and Language*, 53, 594–628.

Crompton, C. J., Ropar, D., Evans-Williams, C. V., Flynn, E. G. & Fletcher-Watson, S.（2020a）. "Autistic Peer-to-Peer Information Transfer is Highly Effective." *Autism*, 24(7), 1704–1712.

Crompton, C. J., Hallett, S., Ropar, D., Flynn, E. & Fletcher-Watson, S.（2020b）. " 'I Never Realised Everybody Felt as Happy as I Do When I am around Autistic People': A Thematic Analysis of Autistic Adults' Relationships with Autistic and Neurotypical Friends and Family." *Autism*, 24(6), 1438–1448.

Daikoku, T., Kumagaya, S., Ayaya, S. & Nagai, Y.（2023）. "Non-Autistic Persons Modulate Their Speech Rhythm while Talking to Autistic Individuals." *PloS one*, 18(9), e0285591.

Davis, R. & Crompton, C. J.（2021）. "What Do New Findings About Social Interaction in Autistic Adults Mean for Neurodevelopmental Research?" *Perspectives on Psychological Science*, 16(3), 649–653.

Dejong. G.（1979）. "Independent Living: From Social Movement to Analytic Paradigm." *Archives of Physical Medicine and Rehabilitation*, 60, 435–446.

Dotson, K.（2012）. "A Cautionary Tale: On Limiting Epistemic Oppression." *Frontiers: A Journal of Women Studies*, 33(1), 24–47.

Edey, R., Cook, J., Brewer R., Johnson, M. H., Bird, G. & Press, C.（2016）. "Interaction Takes Two: Typical Adults Exhibit Mind-Blindness Towards Those with Autism Spectrum Disorder." *Journal of Abnormal Psychology*, 125(7), 879–885.

Fivush R., Habermas T., Waters T. E. & Zaman, W.（2011）. "The Making of Autobiographical Memory: Intersections of Culture, Narratives and Identity." *International Journal of Psychology*, 46, 321–345.

Fukuyama, H., Kumagaya, S., Asada, K., Ayaya, S. & Kato, M.（2017）. "Autonomic Versus Perceptual Accounts for Tactile Hypersensitivity in Autism Spectrum Disorder." *Scientific Reports*, 7(1), 1-12.

Grim, K., Tistad, M., Schön, U-K. & Rosenberg, D. (2019). "The Legitimacy of User Knowledge in Decision-Making Processes in Mental Health Care: An Analysis of Epistemic Injustice." *Journal of Psychosocial Rehabilitation and Mental Health*, 6, 157-73.

Horrocks, J., Lyons, C. & Hopley, P. (2010). "Does Strategic Involvement of Mental Health Service Users and Carers in the Planning, Design and Commissioning of Mental Health Services Lead to Better Outcomes?" *International Journal of Consumer Studies*, 34, 562-569.

Hsieh, J. J., Nagai, Y., Kumagaya, S., Ayaya, S. & Asada, M. (2022). "Atypical Auditory Perception Caused by Environmental Stimuli in Autism Spectrum Disorder: A Systematic Approach to the Evaluation of Self-Reports." *Frontiers in Psychiatry*, 13, 888627.

上岡陽江（2019）「ダルク女性ハウスの当事者研究――多重スティグマを超える「記憶の共有化」」熊谷晋一郎編『当事者研究をはじめよう』金剛出版、一四～二六頁

Kato, M., Asada, K., Kumagaya, S. & Ayaya, S. (2015). "Inefficient Facial Scan Paths in Autism?" *Journal of Eye Movement Research*, 8, 227.

熊谷晋一郎・綾屋紗月・武長龍樹・大沼直紀・中邑賢龍（2013）「一般大学生における聴覚過敏の実態とリスク要因」*Audiology Japan*, 56, 日本聴覚医学会、二三四～二四二頁

熊谷晋一郎・喜多ことこ・綾屋紗月（2021）「当事者研究の導入が職場に与える影響に関する研究」『経済分析』二〇三号、内閣府経済社会総合研究所、二八～五八頁

Lin, I-F., Mochida, T., Asada, K., Ayaya, S., Kumagaya, S. & Kato, M. (2015). "Atypical Delayed Auditory Feedback Effect and Lombard Effect on Speech Production in High-Functioning Adults with Autism Spectrum Disorder." *Frontiers in Human Neuroscience*, 9, 510.

Lin, I-F., Hiroya, S., Asada, K., Ayaya, S., Kumagaya, S. & Kato, M. (2018). "Vocal Analysis of Speech in Adults with Autism Spectrum Disorders." *Acoustical Science and Technology*, 39(2), 154-157.

松田博幸（2018）「ピアワーカーの政治（politics）」熊谷晋一郎編『当事者研究と専門知』金剛出版、一〇五～一一一頁

Matsuo, A., Tsujita, M., Kita, K., Ayaya, S. & Kumagai, S. (2024). "The Mediating Role of Psychological Safety on Humble Leadership and Presenteeism in Japanese Organizations." *Work*.

Milton, D. E. M. (2012). "On the Ontological Status of Autism: The 'Double Empathy Problem'." *Disability and Society*, 27(6), 883-887.

Morrison, K. E., DeBrabander, K. M., Jones, D. R., Faso, D. J., Ackerman, R. A. & Sasson, N. J. (2020). "Outcomes of Real-World Social

Interaction for Autistic Adults Paired with Autistic Compared to Typically Developing Partners." *Autism*, 24(5), 1067–1080.

Razon, S. & Levin, L. (2021). "Shifting the Focus Inward: Israeli Social Workers' Participation in Decision-Making and Their Inclusion of Service-Users in Intervention-Related Decisions." *Health and Social Care in the Community*, 30, 1-9.

Richard-Devantoy, S., Berlim, M. T. & Jollant, F. (2014). "Suicidal Behaviour and Memory: A Systematic Review and Meta-Analysis." *The World Journal of Biological Psychiatry*, 16(8), 544–66.

Sheppard, E., Pillai, D., Wong, G. T-L., Ropar, D. & Mitchell, P. (2016). "How Easy is It to Read the Minds of People with Autism Spectrum Disorder?." *Journal of Autism and Developmental Disorders*, 46(4), 1247–1254.

Valentino, K., Nuttall, A. K., Comas, M., McDonell, C. G., Piper, B., Thomas, T. E., et al. (2014). "Mother-Child Reminiscing and Autobiographical Memory Specificity among Preschool-Age Children." *Developmental Psychology*, 50, 1197–1207.

ホワイト、W. L.(2007)『米国アディクション列伝――アメリカにおけるアディクション治療と回復の歴史』鈴木美保子・山本幸枝・麻生克郎・岡崎直人訳、特定非営利活動法人ジャパンマック

Williams, J. M., Barnhofer, T., Crane, C., Herman, D., Raes, F., Watkins, E. & Dalgleish, T. (2007). "Autobiographical Memory Specificity and Emotional Disorder." *Psychological Bulletin*, 133, 122–148.

謝辞：本章執筆のもとになった研究は、文部科学省科学研究費補助金・学術変革領域研究(A)「当事者化の過程における法則性／物語性の解明と共同創造の行動基盤解明」(課題番号：JP21H05175)、JST CREST「知覚と感情を媒介する認知フィーリングの原理解明」(課題番号：JPMJCR16E2)、内閣府ムーンショット型研究開発事業「多様なこころを脳と身体性機能に基づいてつなぐ「自在ホンヤク機」の開発」(課題番号：JPMJMS2292) の支援を受けた。なお、本章に関して開示すべき利益相反はない。

第13章　水俣を見てしまった責任

吉川　孝

はじめに

本章では、日本のコンテキストにおいて「認識的不正義」が持つ意味について考察する。認識的不正義やそれに関連する概念は、基本的には欧米における人種やジェンダーに焦点を合わせて成立したものであり、日本の事例とどのように関連するのか――特に、人種やジェンダーなどの明確に差別と結びつく社会的アイデンティティ以外の問題にどのように関連するのか――はそれほど明らかではない。本章では、フリッカーによる認識的不正義の考察を、水俣病に関する出来事や人物と結びつける。そうすることで、水俣の問題を差別についての議論と同じ平面で扱う可能性を示すとともに、認識的不正義の議論を新たな視座から捉え直すことになるだろう。

1 水俣病の認定をめぐる不正義

水俣病をめぐる出来事のうちに認識的不正義と類似した事柄を確認することができる（吉川 2023）。その典型の一つが水俣病の「認定」である。この病気の認定は補償金の支給などにも関連するので、医学に限定されない社会的・政治的意味を持ち続けた。被害者が認定の棄却に抗議して行政不服審査請求をして認められたり（一九七一年）、企業の責任を追及し損害賠償を求めた「第一次訴訟」に勝訴したりしたことで（一九七三年）、一九七〇年代前半には、被害者が水俣病患者として「認定」されれば補償金を受け取る制度が確立された。しかし、申請者が増加する傾向を懸念する声もあり、一九七四年の一斉検診の現場において、医師から「補償金欲しさに申請したのではないか」と尋ねられた者もいた（富樫 1995, p. 234）。一九七五年に「熊本県議会公害特別対策委員会」の委員から「ニセの患者が補償金目当てに次々と申請している」という発言もなされた[1]（一九七五年八月八日『熊本日日新聞』）。

水俣病の認定制度においては、ある人が「水俣病」であるかどうかについて、医師を中心とする認定審査の委員会によって判断された。ここでは、神経内科を基軸とする医学的知見が重視されており、病状を訴える被害者本人やその身近にいて生活習慣を同じくする家族などの証言は軽視される傾向があった。医学のなかでも、被害者の生活習慣に目を向ける疫学ではなく、診察室で脳の機能を診断する脳神経科学が権威を持っており、結果的には、被害者自身やその近くにいる者よりも被害者の日常生活から離れたところにいる「水俣病の専門家」の意見が重んじられることになった（津田 2014, pp. 92–121）。

さらに「病像」という病気の認識の問題が認定と結びついている（原田 1985, pp. 183–193; 1989, pp. 39–63; 富樫 1995, pp. 285–287）。水俣病の「認定」の基準そのものが政治的背景にも影響されて揺らぎながら、感覚障害・運動失調・視野狭窄・聴力障害などの「ハンターラッセル症候群」を備えた重症患者を典型とするものに傾きがちだった。そのため、四肢の痺れだけを訴える患者などは「軽症患者」とされ、重症患者とは異なる扱いを受けることがあり、時にはリウマチや神経症などの疾患と混同されることもあった。実際には「軽症患者」であっても、不眠に悩まされたり、身体の不調から職を失ったりして、生活を大きく変えざるをえない者もいたが、そのようなことは深刻に受け止められにくかった。

こうしたことは「認識的不正義」と重なる部分があるように思われる。つまり、被害者の知識の主体としての信頼が過小評価され、その訴えは受け入れられにくく、その結果、病気であると認められなかったり、被害者として受けるべき補償金が支給されなかったりするのである(2)。被害者の証言が真摯に受け止められない点は「証言的不正義」に類似している。さらには、水俣病の典型例から外れている「軽症」の患者たちの経験が適切に理解されることがなかった点は「解釈的不正義」に類似していると言えるだろう。

しかしながら、欧米社会での人種やジェンダーをめぐる問題を念頭に置いた概念をそのまま水俣に当てはめることには慎重にならねばならない(吉川 2023, p. 158)。認識的不正義においては、黒人であることや女性であることなどの話し手の「アイデンティティ」に基づく「偏見」ゆえに話し手の信用性が低く見積もられるとされる。フリッカーの考察において重要な役割を果たす映画『リプリー』や小説『アラバマ物語』のエピソードは、異なるジェンダーや人種の人々が交流する場面において、相手のアイデンティティに基づく偏見ゆえに、聞き手は正しく話し手を認識することができないというものである(フリッカー 2023, 一七〜三九頁)。

この点について、水俣の被害者の事情は異なっている。被害者はもともと水俣という特定の地域に住み、主に漁業を生業としている人たちであり、当初は原因不明の「奇病」に罹患したと考えられた。こうした人々のすべてが、「被害」や「疾病」ということで人種やジェンダーと同じ意味においてアイデンティティを形成しているわけではない。被害を受けたり、病気になったりしたことは、その人たちの人生全体を通じて不利益をもたらしており、生存の条件を形づくっているが、どこまでアイデンティティを形成する要素になるのかは各人によって異なっている(被害者や患者であることを意識しないように生きる人もいる)。しかし、水俣の被害者は、就職や結婚ができない、離職や離婚せざるをえないなどの文字通りの差別を受けることもあった(そのため認定申請を躊躇する者や認定されても公にしない者もいた)。水俣の被害者には、人種やジェンダーの場合と同じような差別があり、そうした意味での不正義として論じる必要もある。とはいえ、今世紀に認識的不正義をめぐる議論が生じ、この概念が輸入されることで、水俣で生じていた問題に光があたるわけではなく、そうした問題は当事者や支援者などによって当初から繰り返し指摘されていた。この点を踏まえたうえで、次節からは、認識的不正義の議論を水俣の観点から検討する。

2 証言的正義の徳

水俣と認識的不正義を関連づけるにあたって、フリッカーが不正義を是正するような人物の「徳」、とりわけ「証言的正義の徳」を提示していることに注目したい。フリッカーの証言的不正義の事例においては、聞き手が話し手のアイデンティティについての偏見を持っており、それゆえ話し手の信用性を正確に判断できない。話し手の信用性が低く見積もられることで、話し手はさまざまな不利益を被ることになる。こうした不正義を克服するためには、個人の徳が大きな役割を果たす。つまり「有徳な聞き手は、あれやこれやの仕方で自分の信用性判断における偏見の影響を中和する」のであり、「これこそが、私たちが探している、偏見に抵抗する徳である」と述べられている(フリッカー 2023, 一一九頁)。この証言的正義の徳の核心には「信用性判断に偏見がない」ということがあり、まだ偏見を身につけていない子どものように何もしなくても徳が素朴に発揮されることもあれば、あるいは、主体が自己反省して自己の判断を修正すること、つまり徳が修正的な形で発揮されることもある。いずれにしてもフリッカーの枠組みにおいては、偏見のないことや偏見を中和する姿勢をとりうることが「徳」とされている。

しかもフリッカーは、認識的正義の徳を発揮できなかったケースを具体的に指摘して、そうしたことが道徳的にどのように評価されるべきかを論じてもいる。つまり、日常の対人関係において、聞き手が話し手のことを知らなかったり、偏見を抱いていたりしたことに対する非難や責任の問題が取り上げられている。認識における不正義がどのような条件のもとで、どのような意味において非難に値するのかが検討される際の興味深い事例となるのが、映画『リプリー』におけるハーバート・グリーンリーフである。グリーンリーフは失踪した息子リプリーのことを追ってヨーロッパまでやってきた。息子と交際していた女性のマージはリプリーがもはや生きていないと告げるが、グリーンリーフはその発言を信じようとしない。女性は感情的になりやすく、その証言は信用できないというジェンダーをめぐる偏見がここに見出される。

フリッカーによれば、ここでグリーンリーフがマージの証言を軽んじたことは正しいことではないが、「非難に値する」わけではない（ibid., 一三〇頁）（本書第6章参照）。映画の舞台になった一九五〇年代当時の欧米の社会状況においては、ジェンダー平等をめぐる知見は十分に浸透していなかった。もちろん、そうした過失が何の問題もなく許容されるわけではなく、当時の社会状況に鑑みても、グリーンリーフはマージの証言を真摯に聴くことができたし、そうすることが望ましかった。こうした場面においては、グリーンリーフに対して「非難に値する」というのとは別様の否定的な評価が下される。つまり、グリーンリーフがより誠実に人の声に耳を傾ける人であったならば、そんなことはしなかっただろうという「失望という形の憤り（resentment of disappointment）」が生まれる（ibid., 一三四頁）。

こうしたフリッカーの発想を踏まえたうえで、水俣においてある種の「徳」を体現しているとも言うべき人たちが、当事者の認識を尊重して、不正義の是正に向けて活動したことに注目してみよう。そこには、被害者自身はもちろんのこと、被害者を支える支援者、医療関係者、研究者、芸術家などが含まれている。ここでは、医師の原田正純において水俣の状況や患者たちの経験がどのように認識されていたのかを確認してみたい。そうすることは、フリッカーが想定したものとは異なる徳の実例を示すことになり、認識的不正義の議論を見直すことにつながるだろう。

原田正純は、水俣病研究の第一人者として知られ、医療の実践を通じて患者の認定の問題の解決や治療に半世紀にわたって取り組んだ。原田は、患者の家庭を一軒一軒訪れて診察する実践のなかで、有機水銀が母親の胎盤を通過して胎児に蓄積されることで生じる「胎児性水俣病」の存在を明らかにした。この発見は、毒物は胎盤を通過することがないという当時の医学の常識を覆すものであり、多くの患者たちを訪問した知見に基づいてなされたものであった。以下では、原田の水俣への取り組みを確認しながら、原田がどのように水俣を認識し行為していたかを明らかにして、フリッカーの想定する「徳」の問題点を検討する。原田の水俣病患者への姿勢を確認してみると、フリッカーの想定しているものとはかなり違ったものが見出される。とりわけ「偏見の中和」と「責任」いう二つの論点からフリッカーの議論を検討してみたい。以下では、水俣における原田の活動や彼の発言などを紹介するが、その意図は、原田の個人的な情熱や努力を強調することではなく、一人の認識者が実際にとりうる姿勢を具体的に描き出すことにある。人物や状況の具体的な描写を手がかりに思考することは、小説や映画を巧みに用いたフリッカーの手法を部分的に受け継ぐものでもあり、認識をめぐる倫理学の一つのやり方であるだろう（吉川 2021）。

3 偏見の中和をめぐって

原田は、被害者と接する場面において偏見を中和することを重視しておらず、むしろそうした姿勢をとるだけで問題が解決できるという発想をはっきり批判する。そのような意味において原田は、「中立ってことは「ほとんど何もせん」ってことですよね。［…］全然、中立じゃない。権力側に加担している」（原田ら 2013, pp. 232-233）と述べている。原田は優れた科学者であり、真正な科学的知識を特徴づけるような客観性や科学的探究が目標とする中立性を否定しているわけではない(3)。むしろ原田が提起しているのは、水俣において被害者を前にした一人の認識者（とりわけ行政の担当者や科学者など）の姿勢をめぐる問題であって、日常の対人関係の場面を念頭に置いたフリッカーの問題設定と重なっている。しかし、その語り方は、偏見のなさやその中和を核とする「認識的正義の徳」を重視するものではなく、むしろそうした発想に疑義を呈するものになっている。上記の発言を敷衍すれば次のようになるだろう。

行政の担当者は、利害が対立する問題に対してどちらにも加担しない立場を取り、公害においても被害者のみならず企業や一般市民のことを偏りなく俯瞰する立場にあることが求められる。しかし、そうした意味での「中立」の立場に立つことは、患者の生活に深く分け入って、その実情をしっかりと認識することに結びつかないかもしれない。I・M・ヤングが指摘するように、統治者の立ち位置は、特殊な実情を抱えるグループのなかの個々人の経験（感情、ニーズ、生活など）から距離をとることで成り立っているが、そうした立ち位置と姿勢では取りこぼされるものがある（ヤング 2020, 一三五〜一七〇頁）。科学者においても、公害の生じた状況や被害者の病状などを偏りなく認識する姿勢だけでは、被害者にとって切実な事柄を明らかにし、そこで求められる支援につながる知見を得られないかもしれない。したがって、認識者が被害者に対して偏見なく接すればよいという姿勢に甘んじるのであれば、行政の担当者であれ科学者であれ、被害の実情を十分に汲みとらないことになりかねない。こうした状況を打破するに当たっては、被害者の発言や振る舞いの背後にある生活や社会構造や歴史を積極的に知ることが求められる。

手足の痺れを訴える者がいたときに、その相手を偏見なく認識するという姿勢だけでは、当事者がどのような食生活をしていたのか、家族に類似の症状やより深刻な症例がないかどうか、手足の痺れの頻度や生活への影響はどのようなものかなどを掘り下げることにはなりにくい。先述の行政不服審査請求では、認定申請を棄却された被害者の生活歴などを詳細に記した資料が反論として提出され、委員会の判断を覆しての認定につながった。そこには、食生活や家族の関係や近所の猫の病状などが克明に記されており（水俣病研究会 1972, pp. 8-35）、個々の被害者がどのように日常を生きていたかを認識して、この観点からの知見を示すことが医学の専門家を中心とする審査への反論になった(4)。当時の公害をめぐる問題において、このような認識は、中立を掲げる姿勢ではなく、ある種の偏りを厭わずに被害者の方へと積極的に関わる姿勢から生じるものと理解されることが多かった(5)。上述の原田の発言もこのような文脈からなされたものである。

こうした実例を記すことは、偏見の中和としての徳を記述するのとはかなり異なったものになる。偏見を中和する能力を重視する発想は、たとえば『アラバマ物語』における白人の陪審員たちに対して、黒人の容疑者の発言を偏見なく認識するよう求めるだろう。しかし原田のような立場からすれば、それだけでは、人種をめぐる不平等の社会構造やそれに基づく認識者自身の特権性が顧みられることはない。陪審員たちがその場で偏見なく被告を認識することだけが求められるのであれば、自分が白人であることの特権的立ち位置を顧みなくてもよいことになり、自分たち白人だけが判事や裁判官になっている社会状況の意味は問い直されにくい。フリッカーも認識者の「並外れてすぐれた道徳判断」によって社会変革を先取りすることの意義を指摘してはいるが（フリッカー 2023, 一三八〜一三九頁）、そうしたボキャブラリーは、本来語るべきことを的確に表現できていないように思われる。[6] ここで求められているのは、偏見のなさや中立性や特別な道徳判断というよりは、後述するように、認識者の固有の立ち位置からの他者の生への認識を通じた積極的関わりであり、それはある種の偏りを肯定することになる[7]（吉川 2023, pp. 155–161）。

4　責任をめぐって

原田が、個々の被害者の生活やその背景などの認識を怠るような姿勢を批判しながら、自らの取り組みを「責任」との関係において記していることに注目しよう。フリッカーにおいては、認識の誤りや無知をめぐる不正の責任が問題になっていたが、原田における責任はこれとは異なった意味を持っている。原田は熊本大学の大学院生のときに水俣を訪れて、患者たちの実態を知ることになる。以下の言葉は、そのときの経験を回想したものである。

私は、水俣でおこっていたことを、その現場にいって見てしまったのである。それは、患者の悲惨であり、地域での差別であり、はげしい労働者の争議であった。

見てしまうと、そこになにか責任みたいな関係ができてしまう。見てしまった責任を果たすように、天の声は私に要請する。（原田 1989, p. 2）

ここでは水俣の状況を「見る」という認識が、原田のその後の生涯を方向づけることになり、そこから水俣のことに関わっていく「責任」が生まれたとされている。

原田のその後の人生を方向づけたこのような認識は、原田自身の自己理解との関連において成立している。つまり、彼は鹿児島（さつま町）に生まれ、熊本大学の大学院に属する医学生だったのであり、水俣からそれほど遠くない――が水俣から離れた――熊本という場所に生活する者でもあった。彼が専攻する医学の分野は神経精神医学であり、この分野は水銀によって脳細胞が冒されて発症する水俣病と関係が深いものであった。しかも当時の原田に、自分の将来をこれから方向づけようとする医学生だったのである。そのときに彼は「水俣でおこっていたこと」を、「患者の悲惨」を「見てしまった」のである。まさにここでの「見る」という知覚は、彼自身の自己の理解と結びつき、彼を取り巻く状況や時機などがたまたま重なって、生涯を通じて原田の活動を導くようなものになる。原田が経験したことには、偶然が大きく作用している。生きる場所や職種やタイミングなどが重なって、彼の行為を動機づけたり、生きる姿勢を方向づけたりする力が生じている。つまり、ここでの見ることをめぐる偶然性は、認識者の「生き方」を大きく左右し、そこから生まれた責任は、原田の将来を方向づけている。

フリッカーも認識の「責任」に焦点を合わせ、それを「運・不運」という偶然性と結びつけているが、無知や誤認識などの認識の「過失」の「責任」を問題にしており、認識者の生き方を話題にするわけではない。むしろ、そこでは誰かが――その固有の生き方とは関係なく――初めて出会った相手と対話するときにその偏見の有無が問われるような場面が想定されている。『リプリー』では、グリーンリーフがヨーロッパに行って初めてマージと会って、息子のことを尋ねる。『アラバマ物語』では、裁判の陪審員たちが、黒人の被告トム・ロビンソンの証言を判断する。これらの場合には、ある場面のある時点において他人を知覚し、そこで相手の信用性をめぐる判断をすることだけが想定されている。

このような場面の設定は、水俣における認定審査の状況に類似していると言えるだろう。被害者は検診センターなどの審査の会場に赴いて、初めて出会った医師などの審査委員を前に病状を語る。審査委員は認定に必要な情報を収集して、それらの情報を偏見なく受け止めて検討し、被害者の病状を正確に判断しようとする。そのようにして審査委員会は患者を認識して、基準に合致していれば患者として認定することになる。このような制度のなかでは、医師の個人の姿勢が問われることはないし、むしろ何らかの意向をそこに反映することは求められていないないし、そうすることは困難である（原田 1985, pp. 114-117）。

フリッカーの問題設定にはある種の前提があって、そのことが原田における認識の責任のようなことを取り上げにくくしてしまっている。つまり、フリッカーは行為ではなく認識を主題にしており、その点において従来の倫理学とは異なる考察をしているのではあるが、行為を考察する従来の倫理学の枠組みをそのまま踏襲している。通常の道徳哲学においては、ある場面のある瞬間になされた「行為」に目が向けられて、その行為の善悪が問われ、しかもその行為がどのような人によるものであるかは考慮されなくてもよい（ことが理想とされる）。たとえば、自動車を運転する、アクセルを踏む、ハンドルを右にきるなどの行為は、その時々に身体の運動として成立しており、その行為そのものやその結果の是非について論じられる。

しかしながら、認識はそのようなものではなく、「マージは女性である」「女性はヒステリックである」「女性の発言は信用できない」などの認識は、行為のようにその瞬間にのみ成立しているものではなく、持続する信念となって認識者のうちで維持されている。認識は何らかの発言や行為によって表現されて、ある時点において顕在化するけれども、その時点に限らず習慣的に持続するものであり、通常は認識者のなかに潜在的に保持されている。そのような認識はネットワークを形成しながら世界全体についての背景的知識となって、時に特定の行為を導いたり、認識者の固有の人としての基本的な信念を形成したりする。そうした水準における認識は、認識者がどのように生きるのかにも関わっており、認識者の生きる状況に根ざした考察の仕方を必要としている。マードックは、世界がどのようなものであるか、そこで自己がどのように生きるのかに関わる認識を「ヴィジョン」と呼んで、道徳哲学の基本に据えていた（Murdoch 1956）。フリッカーは、マードックを参照しているものの（フリッカー 2023，九七頁）、基本的には認識を行為のように扱っており、そのつどの場面における認識の是非を論じているだけである。このような考察の枠組みにおいては、そもそも人が世界の全体をどのように受け止めているのか、その世界において自分がどのように生きるのかなどの観点は考慮されることがない。

原田においては、まさに「見てしまった責任」という表現が示すように、たまたま被害者を見てしまったという認識は、その時点での評価（過失か賞賛かなど）が問われるわけではなく、その後の人生を導くような原動力になっている。しかも原田は、その見てしまった責任を果たすなかで、たびたび自分の認識の過ちや無知に気づいて修正しており、そのことを積極的に語っている。たとえば、過去の診察の辛い経験から診察拒否をする被害者がいること、被害者に市立病院に来て診察を受けてもらう負担が大きいことなどを、原田はわかっていなかった（原田 1995，pp. 3-37）。そうした語りが意味を持つのは、原田が長期にわたる水俣との関係のなかで自己の認識を修正し続ける姿勢を持っているからであろう。認識における責任ということで問われるべきは、そのつどの認識における正・不正というよりも、ある人が世界や自己についてどのように認識しているかに関わる姿勢そのものである。

5　熊本に住む医師という立ち位置

ヴィジョンの水準において認識を問うことは、認識者が誰であって、どのように生きるのかという問いにも通じている。原田は「地元の大学にいて神経学を勉強していて、しかも、それを見ちゃった」（原田 2013, p. 26）というように、熊本に在住する医師として被害者を見てしまったことから、水俣病に関わることが自らの使命となった。ここで生じていることを言語化するために、いくつかの哲学の概念を用いることができる。ハイデガーは、自分の存在を理解する者の存在のことを「実存」と定式化して、実存する者が世界に関わる仕方を分析しているが、その者が教師であるのか、親であるのか、生徒であるのかなどによって、同じ学校という環境においても見えてくるものは異なってくる（池田 2024, pp. 126–143. cf. 門脇 2010, pp. 115–162）。カヴェルはハイデガーに依拠しつつ、人がある種の「偏り」を生きることを踏まえながら、他者との関係における自己の「立ち位置」を問うことを道徳の根幹に据えている（カヴェル 2019, p. 123; 2024, pp. 566–567. 591）[8]。こうした論点は、原田の認識の姿勢を理解するうえでか欠かせないものであり、水俣においても、被害者の話に耳を傾けるのが、医師なのか、ジャーナリストなのか、支援者なのか、役人なのか、政治家なのかなどによって、何が見え、聞こえてくるのかは大きく異なってくるし、それゆえ被害者を前にしてできることややるべきことも大きく変わってくる。本章において原田の認識の姿勢に注目するのもこの観点からであり、あくまでも原田の生きる特有の状況における認識の様式――当人以外の者がそのまま模範とすることに意味がない様式――を取り上げている。

しかも原田の自己理解は、文字通りの自己についての認識であるだけではなく、水俣病のある社会のなかで自分がどのように生きるべきかについての認識でもあり、自己と社会とが関係づけられている。「そして私自身、［…］その差別の構造のなかで、みずからがどこに身を置いているのかもみえた」（原田 1989, p. 3）というように、そこでは、差別のある社会において自分がどのような位置に立っているのかが理解される。そのようにして原田は、医師として、研究者として、医療実践や研究を通じて水俣にどのように関わるのかを問われ続けることになった。原田は、被害者やその親近者などの知見が認定や診察に反映されるよう尽力したり、病院での診察から往診へと診察の場所を切り替えたりするなど、医療の限界を認識して、そのあり方を見直し続けた。原田という実例が示すのは、個人の認識のあり方としての徳が、差別の構造と関連づけられ、その変革の起点にもなりうることである。

水俣病を学ぶと、水俣を映して己の学問なり、政治なり、社会なり、生きざまがみえてくる。(ibid., p. 3)

水俣のことを認識するにつれ、原田自身の生き方のみならず、みずからが関わる学問、政治、社会などの変化が求められたのである。各人がそれぞれ異なった状況や自己理解を生きているときに、それぞれの立場から見えてくるものが違い、水俣への関わり方も異なってくる。

フリッカーは認識主体が空間時間的文脈に「位置づけられた」ものであることを指摘しているが(フリッカー 2023, v頁、一三四頁)、認識的正義の徳を一般的に論じるゆえに、位置づけられた認識者に特有のあるべき姿を語ることができていない。認識者の状況のうちには、自分が何者であるかという自己理解も含まれているし、さらに原田の場合には水俣や熊本という土地が際立った意味を持っている。認識者は特定の状況において認識しているのであるが、そこには住む場所も大きく関与しており、住む場所によって認識できることと認識できないことがある。原田は、水俣から遠くはない熊本に住む医師であり、そのことと生き方とを切り離すことができなかった。居住地や生活圏が水俣からどの程度の距離にあるのかは、水俣と関わるうえでのある種の制約になっている。多くの人にとっては、水俣病のことは自分の生活とは関わりのないことであり、水俣に関係せずに生きていくことができる。さらには、水俣と何らかの関係を築こうとしても、誰もが水俣に移住できるわけではない。

こうした論点は、従来の枠組みを越えて認識をめぐる不正義を考えることにつながるだろう。これまでの認識的不正義の議論は、主に人種やジェンダーを念頭に置いており、異なる集団の接触を促したり、交流の仕方を変化させたりすることが問題の解決への道筋として示されている。たとえば、フリッカーを批判的に継承するメディナは、認識者が異なる集団に属する他人と接触することを重視して、「認識上の抗争(epistemic conflict)」によって生じる「不快感(discomfort)」によって認識者の特権的立ち位置が問い直されることを求めている(Medina 2012; 2016; 大橋 2023)。

この場合には、抑圧される集団の人々が抑圧する側の集団の人々と同じ土地に住んでいて、それなりに交流していることが想定されている。そのうえで、同じ土地に住みながらも日常生活や教育を受ける場所が集団ごとに分離されていることを見直すなどして、異なる集団の人たちと接触する機会を設けることが考えられている。こうしたことは、教育や都市をめぐる政策などと組み合わされ、具体的に実施することができるし、なされるべきであろう（本書第4章参照）。

しかしながら、水俣をめぐる問題は、そのような政策には馴染みにくい。水俣の被害者は、もともと未知の病の患者であり、当初の医師や対応を考える行政担当者は、被害者と日常的な接点を持っているわけではなかった。水俣病の専門家とされるようになる医師たちにしても、そのほとんどが水俣から一定の距離がある熊本大学に属していて、診察や調査のときにのみ被害者と接することになる。水俣のことが現代史の出来事としても認識されるようになった現在、日本において教育を受けた者であれば、水俣病が義務教育の教科書において取り上げられており、何らかの形で知識を持っているが、水俣から離れて居住する人にとっては被害者と直接接するような機会は少ない。

水俣病に関しては、ほとんどの人は日頃から被害者と交流するような状況にはいないなかで、いかにしてこのことを社会の問題として受け止めて、認定や補償や再発防止などの政策を進めるかが課題だったし、そうあり続けている。こうした場合、接触の機会を増やしたり接触の仕方を変えたりということが、そのまま有効な政策として機能するわけではなく、別の方策が求められるだろう。ただちに有効な指針を示すことができるわけではないが、ここでは水俣の歴史を振り返って手がかりを探ることで、本章の結びにしたい。

おわりに

一九七〇年代前半に、水俣には多くの支援者が集まったり、時には水俣に移住したりした。そうした支援者が支えになって、水俣をめぐる政治運動が熱をおび、行政が被害者のことを無視できなくなった。注目すべきは、石牟礼道子の小説『苦海浄土』を読んで、被害者の生きる世界のことを知った支援者が多数いたことである。水俣の被害者の生活を描いた石牟礼の小説が、読者に対して、被害者の生や水俣の状況を気づかせたのであり、文学作品が、被害者と接触するのと近いような役割を果たしていた。小説だけではなく、土本典昭の連作の記録映画も同じような役割を果たし、その上映会が各地で行われた。もともと土本典昭は、水俣に住む石牟礼とは異なり、東京に住みながら水俣の作品を制作した。その作品には、「よそ者」としての土本が水俣で胎児性患者やその家族と出会ったことが反映されている。その作品は、映像を通じて鑑賞者を被害者と出会わせるような仕組みになっており、鑑賞者の経験の変容を引き起こそうとしている（吉川 2020）。

こうした作品を鑑賞するとき、私たちは誰かを偏見なく認識できるというよりは、そもそも世界が別様に見えてきて、今まで見えなかった水俣のことが気にかかるようになり、自分の生とどのように関係しているのかが問われるのである。このような経験の変容は、異なる集団の成員が実際に交流することでも引き起こされうる。しかし、文学や映画などの作品の鑑賞を軸にして、世界の見え方や自己の生き方などが大きく変わることも考えられる。異なる集団の人たちと実際に接触することほどの強い力を持つわけではないが、文学や芸術作品を通じて世界の見え方が変わることも、認識的不正義を克服するための手がかりとなるだろう。大学において哲学などの人文学に携わる者は、水俣のことを授業で取り上げたり、水俣に関連づけながら医療、環境、企業、技術、差別、研究倫理などのトピックを考察したりできるだろう。

注

（1）近年でも水俣病の認定をめぐる裁判は続いており、裁判を闘う原告側は水俣病の認定を拒まれており、自分たちが「ニセ患者」の扱いを受けてきたと主張している（『朝日新聞』二〇二〇年一月二一日、『毎日新聞』二〇二二年一二月二一日、『西日本新聞』二〇二一年三月三一日）。このように水俣病をめぐって、被害者が知識の主体として軽視されることで、不利益を被ることが現在でも続いている。

（2）患者の経験に根ざした語りが医学の専門的知識を有する医師に軽んじられるなどの、医療現場における患者と医師との関係が「認識的不正義」として論じられることもある（Kidd & Carel 2014）。このような医療の問題を人種やジェンダーなどのアイデンティに根ざす偏見の問題と同列に扱ってよいかは議論を要するが、水俣の被害者の場合には、人種やジェンダーと同じような差別を受けてもいる。また、近年、水俣における障害や福祉をめぐる論点が重視されており（野澤 2020）、この問題を障害者差別と結びつけて論じることもできる。

（3）科学における「客観性」についても、一九世紀半ばに成立したときから、科学者の生き方に関係する「認識的徳」の形成に支えられているとも指摘される（ダストン&ギャリソン 2021, 第四章）。こうした科学者の徳が、認識的正義の徳とどのような関係にあるのかは検討を必要とする。そうした科学者の認識的徳も、それだけでは被害者の生への積極的な関わりを導くものでなく、認識的正義の徳と同じ問題が見出されるように思われる。

（4）本章では論じることができないが、この反論は、一人の認識者によってではなく、むしろ当事者を中心として、医療従事者、研究者などが加わった研究会によってなされた。そこに参加した原田正純は、自身が脳梗塞と診断した患者について、行政不服審査請求の先頭に立っていた被害者の川本輝夫から「脳卒中の人が汚染された魚を食べたらどうなるとですか」と問われたことで、専門家としての自負を打ち砕かれたという（原田 1995, p. 44）。

（5）宇井純は科学者の立ち位置から公害の被害者を支援しながら、「公害に第三者はいない」と繰り返し指摘している（宇井 2014）。水俣をめぐる研究者の認識の立脚点の問いは、哲学の観点からも立てられている（丸山 1996）。このような論点を現代哲学の文脈において考察することが本章の目的の一つでもある。

（6）A・クラリーは、フェミニスト哲学の方法という観点から、フリッカーの認識的正義の徳をめぐる議論を「方法論上のラディカリズム」を妨げてしまう「方法論上の保守主義」として批判している（Crary 2018; cf. 小手川 2021）。この指摘は、語り方のより以上の問題を見出すものである。これに対して、フリッカーの路線を修正しつつ支持する試みもなされている。佐藤はメディナの議論を参照しながら、自己反省と偏見の中和とを結びつけ、認識者の自己変容の可能性を示している（佐藤 2023）。

（7）このような姿勢はあくまでも認識における偏りであって、政治的な党派性への加担とは区別される（鬼頭 2009; 吉川 2022）。

（8）カヴェルの「承認」という発想は、メディナによって認識的不正義の文脈に受容されており、認識者と他者との関係のなかで認識の責任が重層的に問われている（Medina 2016, pp. 193-196）。

参考文献

カヴェル、S.（2019）『道徳的完成主義――エマソン・クリプキ・ロールズ』中川雄一訳、春秋社
――（2024）『理性の呼び声――ウィトゲンシュタイン、懐疑論、道徳、悲劇』荒畑康宏訳、講談社選書メチエ
Crary, A. (2018). "The Methodological is Political: What's the Matter with 'Analytic Feminism'?" *Radical Philosophy* 202, 47–60.
ダストン、L.&ギャリソン、P.（2021）『客観性』瀬戸口明久・岡澤康浩・坂本邦暢・有賀暢迪訳、名古屋大学出版会
フリッカー、M.（2023）『認識的不正義――権力は知ることの倫理にどのようにかかわるのか』佐藤邦政監訳、飯塚理恵訳、勁草書房
原田正純（1985）『水俣病にまなぶ旅――水俣病の前に水俣病はなかった』日本評論社
――（1989）『水俣が映す世界』日本評論社
――（1995）『裁かれるのは誰か』世織書房
原田正純、朝日新聞西部本社編（2013）『対話集 原田正純の遺言』岩波書店
池田喬（2024）『ハイデガーと現代現象学――トピックで読む『存在と時間』』勁草書房
門脇俊介（2010）『破壊と構築――ハイデガー哲学の二つの位相』東京大学出版会
Kidd, I. J. & Carel, H. (2014). "Epistemic Injustice in Healthcare: A Philosophical Analysis." *Medicine Health Care and Philosophy* 17 (4), 529–540.
鬼頭秀一（2009）「環境破壊をめぐる言説の現場から」『岩波講座哲学第8巻 生命／環境の哲学』岩波書店、一五一～一七〇頁
小手川正二郎（2021）「「フェミニズムの哲学」が可能だとしたら、それはどのようにしてか?」『哲学の探求』四八号、哲学若手研究者フォーラム、二一～二二頁
丸山徳次（1996）「水俣病と倫理学」『倫理学研究』二六号、関西倫理学会、一～一三頁
Medina, J. (2012). *The Epistemology of Resistance: Gender and Racial Oppression, Epistemic Injustice, and Resistant Imaginations.* Oxford University Press.
――(2016). "Ignorance and Racial Insensitivity." In R. Peels & M. Blaauw (Eds.), *The Epistemic Dimensions of Ignorance* (pp. 178–201). Cambridge University Press.
水俣病研究会（1972）『認定制度への挑戦――水俣市に対するチッソ・行政・医学の責任』水俣病を告発する会
Murdoch, I. (1956). "Vision and Choice in Morality." *Proceedings of the Aristotelian Society, Supplementary Volumes* 30, 32–58.
野澤淳史（2020）『胎児性水俣病患者たちはどう生きていくか――〈被害と障害〉〈補償と福祉〉の間を問う』世織書房
大橋一平（2023）「無知の習慣と認識的悪徳――フェミニスト認識論と人種の現象学の観点から」『現象学と社会科学』六号、日本現象

学・社会科学会、七七～九〇頁
佐藤邦政（2023）「証言的正義の徳から変容的な徳へ」『科学哲学』五六巻一号、日本科学哲学会、三七～五七頁
富樫貞夫（1995）『水俣病事件と法』石風社
津田敏秀（2014）『医学者は公害事件で何をしてきたのか』岩波現代文庫
宇井純（2014）「公害に第三者はない」藤林泰・宮内泰介・友澤悠季編『公害に第三者はない』宇井純セレクション2、新泉社
吉川孝（2020）「道徳経験としての声を聴くこと――土本典昭における水俣病患者の声」『文明と哲学』日独文化研究所年報一二号、一六二～一八三頁
――（2021）「倫理学における芸術作品の使用と想像力の問題――フッサール、マードック、その後継者たち」『倫理学年報』七〇号、日本倫理学会、一八～二八頁
――（2022）「旅館で本を読む哲学者――水俣への哲学的アプローチの方法をめぐって」『臨床哲学ニューズレター』四号、大阪大学臨床哲学研究室、九六～一一六頁
――（2023）「認識と倫理――水俣から学ぶ哲学」、荒畑靖宏・吉川孝編著『あらわれを哲学する――存在から政治まで』晃洋書房
ヤング、I．M．（2020）『正義と差異の政治』飯田文雄・苅田真司・田村哲樹監訳、法政大学出版局

謝辞：池田喬氏、榊原英輔氏、佐藤邦政氏、野崎優樹氏、ファヨル入江容子氏から有益なコメントをいただいた。すべてのコメントに応じた修正ができたわけではなく、筆者の今後の課題が残されたことを明記しておく。

第14章　入管行政における認識的不正義

岸見太一

はじめに

本章では入国管理行政の現場で生じる認識的不正義について論じる。[1] 二〇二一年三月、名古屋入管の収容施設において、スリランカ出身で当時三三歳のウィシュマ・サンダマリさんが適切な治療を受けることができず死亡した。彼女は施設の職員に適切な診療と治療を繰り返し訴えていたにもかかわらず、名古屋入管の職員には真剣に受け取られることはなかった。生前、面会に来た支援者に対して、職員には自分の訴えは嘘だと思われ信用してもらえないと話していた。さらに、施設内の監視カメラ映像には、体調が悪化している彼女に職員が軽口を叩く様子や、ベッドから落下した彼女を職員が抱き起こさず放置する様子が記録されていたという。この映像を見た遺族は、「動物のように扱われていた」と述懐している。だが、収容施設において動物のように扱われたのはウィシュマさんの事件だけではない。日本の収容施設での医療放置や暴行は繰り返し起きている。

ウィシュマさんの死は、治療を求める切実な訴えに対して職員が真剣に取り合わなかったために生じた。収容者の訴えはなぜ信用されないのだろうか。本章は、認識的不正義の枠組みからこの問いに取り組み、是正のために何がなされるべきかを考察する。

本章の分析には三つの特徴がある。第一に、ウィシュマさんの事件は、現行の収容制度や入国管理制度自体の妥当性にも関わるが、本章ではこれらの論点は扱わない[2]。第二に、本章が焦点を当てるのは入管収容施設だが、入管行政において認識的不正義が働く場所は入管収容施設に限られない[3]。それにもかかわらず、本章が考察する事例を限定するのは、認識的不正義がいかに複雑な仕方で生じるかを可視化するためである[4]。第三に、本章は、個人の徳や悪徳ではなく、収容者と職員との間の個別のやり取りの背後にある、集団的・社会的に共有された構造的・系統的な認識のパターンに分析の焦点を当て、そのうえで、問題のある構造的パターンを解消する是正策を考察する。この点で本章は、ホセ・メディナが指摘する、認識的不正義論における「知ることの倫理」から「知ることの政治」への関心の拡大を反映している（Medina 2022, pp. 55-56）。ただし、個人の徳の分析は無意味だという含意はない[5]。

1　職場としての入管収容施設

入管収容施設では、どのような人が働いているのだろうか。施設内で収容者と日常的に対面しながら働く現場職員の職務内容は、看守勤務と医療処置に大きく分けられる[6]。ウィシュマさんが収容されていた当時の名古屋入国管理局を例に説明すると次のようになる。

日本の入管の収容施設において看守勤務にあたるのは「入国警備官」と呼ばれる公安職の国家公務員である。刑務所で看守勤務する「刑務官」と混同されることもあるが、両者は別の試験（入国警備官採用試験と刑務官採用試験）で採用される別の職種である。入国警備官は、階級制が敷かれており、労働三権は認められていない。これは刑務官や警察官と同じである。施設内は男子区と女子区に分けられ、男子区には男性、女子区には女性の入国警備官がそれぞれ複数名割り当てられ、交替で二四時間勤務に就いていた。収容者の居室に出入りするのは基本的にこの担当の入国警備官である。また各収容区には別に、業務を監督・指揮する看守責任者と副看守責任者が割り当てられていた（出入国在留管理庁 2021）。

収容施設では、収容者に対する医療処置を担当する医師や看護師も働いている。名古屋入管では、医師として、二名の非常勤医師が週一回または二回、平日午後の決められた時間に勤務していた（必要性が認められた場合には外部医師に受診する場合もあった）。また、看護師として、一名の正看護師が非常勤で平日の日中勤務していた。そのほかに、准看護師の資格を持つ常勤の入国警備官が男女それぞれ一名ずつ勤務していた（ibid.）。

看守勤務職員と医療処置を担当する職員は、求められる役割に違いがあるが、収容者と日常的に対面する業務であるという共通点がある。

2　拘禁施設における認識的不正義

入管収容施設の現場職員は収容者の訴えをなぜ信用できないのだろうか。この問いを考えるにあたり重要な先行研究は、メディナとマット・ウィットによるアメリカの拘置所における認識的不正義の事例研究である（Medina & Whit 2021）。もちろん刑法違反の嫌疑がかけられた人々が収容される拘置所と、行政法である入管法違反を理由に収容される入管収容施設との間には大きな違いがある。だが、両者はともに行動の自由が制限される拘禁施設である。法的位置づけや建築構造の違いにもかかわらず存在する拘置所と入管収容施設との間の環境の類似性に着目するならば、メディナらの研究は日本の入管収容施設を考えるうえでも重要である。

メディナらが分析しているのはアメリカのダーラム郡拘置所で起きた死亡事件である。同拘置所では、二〇一六年の一月に、収容されていた黒人のマシュー・マケインさんが持病の糖尿病とてんかんの十分な治療を受けることができずに二九歳の若さで死亡している。死亡当日、彼が発作を起こしたのを目撃した同室の収容者は緊急コールボタンを押したが、当直の職員はこれに応答しなかった。支援者によれば、マケインさんは医療措置を繰り返し訴えていたが、看守は彼を単なる「泣虫」だと見なして彼の訴えを無視していた。

メディナらは、拘禁施設における認識的不正義として次の三つの形態を指摘している（ibid., p. 356）。第一の形態は、証言的不正義である。収容者は、聞き手が収容者に対して抱いている否定的なイメージのせいで、発言の内容を信用してもらえないかもしれない。マケインさんが発した治療を求める切実な訴えが、職員に取り合う必要がないものとして軽視されてしまったことは、まさにこれにあてはまる。

第二の形態は、解釈的不正義である。収容者は自らの経験や心身状態を自分の言葉で伝達するうえで困難を抱えている。収容者にとって、収容に至る経緯や、自らが職員に抵抗している理由を、職員や外部の人に誤解や再解釈されることなく理解させることは難しい。

第三の形態は、訴えの封殺（silencing）である。[7]収容者は、訴えの封殺を、面会機会や通信手段が制限されるという拘禁施設の制度から強いられるだけでなく、職員とのやり取りにおいて強いられることもある。その結果、収容者が訴えを断念することもある。

以下では、こうした認識的不正義が拘禁施設で作動するメカニズムについて、第3節では看守勤務職員に則して、第4節では医療従事者に則してそれぞれ論じる。

3　看守勤務職員における認識的不正義

ウィシュマさんとマケインさんの事件は、証言的不正義の典型的な事例である。証言的不正義が生じるのは、ステレオタイプによって自動的に形成されたある人の発言の信用性（credibility）についての否定的な判断が、その人の発言内容の真実性を高める証拠が提示されたにもかかわらず、維持され続ける場合である[8]。

拘禁施設に収容され行動の自由が制限されている人に対するステレオタイプのせいで、収容者の発言の信用性は低く見積もられてしまう。マケインさんの場合、彼が拘置所に収容されていたのは、保釈金が払えなかったからである（判決はまだ下されていない）。拘置所のなかでマケインさんの体調が悪化したことは、少なくとも同室の収容者には明らかだった。それにもかかわらず、体調が悪化したマケインさんを見た看守は、収容者の訴えは信用できないというステレオタイプ的な判断を維持し続けた。ウィシュマさんの場合も、体調の悪化は明らかだったにもかかわらず、彼女が詐病で嘘の訴えをしているという現場職員の判断は訂正されなかった[9]（出入国在留管理庁 2021）。

拘禁施設の現場職員が収容者の明らかな体調の変化を見落としてしまう重要な要因として、問題のある内集団バイアスの存在が指摘できる[10]（本書第4章参照）。職員の間には、収容者の訴えと担当職員の報告内容が食い違った場合には、無意識のうちに同僚職員の報告により高い信用性を認める心理作用が働く傾向がある。メディナらによれば、ダーラム郡拘置所においては、収容者が処遇に関する苦情を訴えた場合に、もし収容者の訴えと担当職員の報告内容に食い違いがあった場合には、常に収容者の訴え内容の信用性が疑われるというパターンが存在していた（Medina & Whit 2021, pp. 365-366）。このパターンに見られるような、職員が、収容者からの報告に比べて同僚からの報告により高い信用性を認める傾向性は、内集団バイアスと呼ばれる。

ウィシュマさんの事件においても、彼女の医療を求める訴えの信用性は、職員の報告内容の信用性と比較されていた。入管が作成した調査報告書によれば、ウィシュマさんは収容施設から一時的に出る（仮放免）許可を得るために病気を訴えているのだという報告が職員からなされていた。彼女の訴えが、彼女は詐病であるという同僚の職員からの報告の信用性と比較されたうえで、決まって退けられていたのは、入管職員の間で内集団バイアスが作用していたからであると考えられる[11]。

ウィシュマさんの事件では、看守勤務職員との間で解釈的不正義も生じていた。社会のなかで周縁化された位置にある人は、自らの経験を多数者に理解させることが難しい。ウィシュマさんの場合、彼女が元交際相手から暴力を受けていたという経験の重みが、職員には適切に理解されていなかったことが入管の報告書から読み取れる。

ウィシュマさんは入管職員に対して、同居していた元交際相手から繰り返し暴力を受けており、交際相手の子どもを中絶させられたこと、さらにはスリランカに帰国すれば元交際相手の家族から危害を加えられる恐れがあることを訴えていた（出入国在留管理庁 2021, pp. 62-64）。彼女は、一月に入管に提出した仮放免許可を求める書類のなかでも、帰国すれば危害を加えられる恐れがあることを訴えている。DV被害経験がどれだけ深刻なものだったかは、彼女の別の行動からも見てとれる。ウィシュマさんは体調を崩し始めた当初、服薬や医療機関への受診を拒否していた。彼女と面会を続けていた支援者はその理由を、元交際相手に薬を無理やり飲まされて中絶させられた恐怖のためではないかと推測している（眞野 2021, p. 70）。ウィシュマさんの訴えと行動は、彼女をDV被害者として捉えた場合にはよく理解できるものである。

しかし、入管職員の間では彼女が受けたDVの経験は深刻なものとは受け取られていなかった。報告書によれば、職員はウィシュマさんが元交際相手から暴力を受けていたことを知っていたにもかかわらず、「痴話げんか程度」のものだと認識していた（出入国在留管理庁 2021, p. 65）。その結果、彼女の言動は、職員によって別の仕方で再解釈されてしまう。職員の間では、彼女が支援者と接触した後で日本に留まりたいと考えるようになり、収容施設外に出る許可（仮放免許可）を申請した直後に体調不良を訴えたという表面的な事実だけから、彼女は「仮放免許可に向けたアピールとして実際より誇張して体調不良を訴え」ているものと理解されていた（ibid., p. 55）。名古屋入管では、組織全体としても、収容者にDV被害者がいる可能性はほとんど想定されていなかった。DV防止法は、国に「被害者の自立を支援することを含め、その適切な保護を図る責務」を課している。入管庁でも「DV事案に係る措置要領」のなかで、DV事案の内容について本人の同意のもと事情聴取をして本庁まで報告することや、仮放免手続きを進めることが定められていた。だが、名古屋入管の職員の間では措置要領の内容はそもそも知られていなかった(12)（ibid., p.

65)。

4　医療従事者における認識的不正義

証言的不正義と解釈的不正義の問題は、医者や看護師と収容者との間でも生じる。そもそも一般の医療施設においても患者と医師との間では認識的不正義は生じやすい（Kidd & Carel 2017）（本書第11章参照）。特に患者が外国人である場合、通訳がおらず母語ではない言語で説明せざるをえないときには、伝達上の困難はさらに大きくなる（解釈的不正義）[13]。医師は患者の訴えのうち診断に関連する情報を選別している。この選別は、医学的知識だけでなく、患者の訴えの信用性に対する判断に基づいてなされ、医師が患者に抱いているステレオタイプが無意識のうちに作用している（証言的不正義）。

入管収容施設、拘置所、刑務所のような拘禁施設で働く医師や看護師は、医療従事者であると同時に施設の職員としての役割意識も抱いているため、収容者が被る認識的不正義はいっそう深刻になる。たとえば、拘禁施設で働く医療従事者は、施設の職員であるという立場から、患者に対する医療処置を一定の水準に抑制しようとして処置を最低限のものに留めようとするかもしれない。医療従事者がこうした態度をとるとき、患者は、医師の診断を信用せず、処方薬を指示通り飲まないという抵抗を試みるかもしれない。

ウィシュマさんの事件の場合、彼女が適切な治療を受けられなかった背景には、診察の訴えを報告するかどうかの裁量が看守にある、常勤医が不在で休日夜間に治療ができない、点滴も打てないほど収容施設内の機材が貧弱である、患者本人が診療科を選択できないなど、多くの要因がある。さらに、医師と患者とが対立する関係があったことは見過ごすことはできない[14]。

5　証言的不正義と解釈的不正義の悪循環と訴えの封殺

さらに深刻なことに、解釈的不正義と証言的不正義は相互に絡み合うことで、互いがより強固になっていく（フリッカー 2023, 二〇八頁；Medina 2013, pp. 96-97; Medina & Whit 2021, p. 373）。拘禁施設においては、ウィシュマさんの事件に即して説明したように、周縁化された人々は、自分の言動を誤解されたり再解釈されたりすることなく理解してもらうことが難しい（解釈的不正義）。収容者は、自分の経験を正確に理解してもらうために繰り返し職員に訴える。だが、収容者が置かれた状況を想像できない職員の側では、収容者は信用性のない無意味な訴えを繰り返す存在と認識され、その収容者の訴えの内容に対する信用性は低いまま固定化されてしまう（証言的不正義の強化）。その結果、収容者の訴えが職員に理解される見込みもいっそう低くなってしまう（解釈的不正義の強化）。この悪循環を止めるためには、次節で述べるような拘禁施設の外部にいる人々の介入が必要になる。

この悪循環は、認識的不正義の第三の形態である訴えの封殺を深刻な仕方で引き起こす。訴えの封殺とは、ある人が、自らの言葉や動作によって表現した訴えが無効となるように、何らかの仕方で強いられることを指す（Langton 1993; Medina 2021）。最もわかりやすいのは、面会機会や通信手段が制限されるという拘禁施設の制度のために、収容者が外部にいる人に自らの経験を伝えることが困難となっていることである。

訴えの封殺は、訴えが向けられる人に適切に受け止める意思や能力がない場合にも生じる（ドットソン 2022）。前述の悪循環が存在する場合、収容者が助けを訴えても、職員は助けを求めているとは受け取らない（特別扱いを求めていると受け取るかもしれない）。このとき、収容者は助けを求めるという行為を封じられているだけでなく、意味のない行為をする人として職員に嘲笑されるかもしれない（Medina 2021, pp. 188-189）。さらに、たとえ訴えが意図した通りに受け止められても封殺は生じうる。名古屋入管でもダーラム群拘置所でも、収容者から苦情を受けつける制度は存在したが機能していなかった[15]（ibid., pp. 189–190）。

収容者の訴えの封殺は、一度限りのものではなく、系統的に繰り返し生じることに注意が必要である。紙幅の都合でここでは詳細を省くが、日本の入管は、組織的文書において収容者を否定的に意味づけるスティグマ化に加担しており、職員が収容者を恒常的に疑いの目で見ることを助長している（岸見 2023, pp. 137–140）。

訴えの封殺は、収容者のハンガー・ストライキに関してさえ生じている。収容施設は抵抗の拠点でもあり、日本の入管でも施設内での処遇や長期の収容に抗議する集団的なハンガー・ストライキが繰り返し実施されている（岸見・髙谷・稲葉 2023, 第5章）。だが、驚くべきことに、ハンガー・ストライキは職員には抗議としては受け取られない。入管の組織文書上は、絶食行為は「集団官給食拒否」と呼ばれており、ハンガー・ストライキは単なる演技であり抗議活動ではないと見なされている。収容者が自らの尊厳をかけた抵抗行動でさえも、職員によって意味を剥奪され封殺されてしまう（岸見 2023, pp. 140–141）。

以上から、収容者は、助けを求めることも抗議をすることも封じられた状況に置かれていることがわかる。何かを訴えても、ほとんど何も変わらないばかりか、職員から嘲笑されるかもしれない状況では、収容者は黙ったままでいることを余儀なくされる可能性が高い[16]。

6 認識的不正義の是正策

収容施設における認識的不正義を是正するために何がなされるべきだろうか。ここでは詳述できないが、ウィシュマさんの事件の後に入管が示した対処策は、認識的不正義が作動しやすい構造的要因をむしろ強化するものとなっている（岸見 2023, pp. 136–142）。問題のある構造要因はなぜ見落とされるのか。その理由は、認識的に閉じた集団が持つ特徴から説明できる。

認識的に閉じた集団とは、同質性の高い人々から成る、相対的に閉鎖的な社会ネットワークを形成している集団を指す[17]。こうした集団のなかでは、ものごとの解釈の枠組みは固定されやすい。そのため、外部から新しい情報がもたらされた場合でも、既存の解釈は更新されず維持されてしまいがちである。そればかりか、この集団の成員には、自分たちに見落としているものがあると自覚することさえ難しい。行政組織は、認識的に閉じた集団になりやすい。さらに、収容者の訴えが職員によって打ち消されるパターンは、公式の研修・訓練や上司・同僚とのやり取りを通じてより強固になっていく（ibid., pp. 141-142）。このパターンは職員の無意識のバイアスによって支えられており、職員が自覚することは難しい。

認識的に閉じた集団が、自分たちの解釈の枠組みには限界があり、注意すべきものを見落としていることに気づくためには、集団の外部からの介入が必要である（Medina 2013, p. 76）。メディナらはこの点を、ダーラム郡拘置所の収容者の事例に即して分析している。この事例においては、支援団体が介入することによって、拘置所の職員による収容者のスティグマ化に対処できた（Medina & Whit 2021, pp. 373-377; 岸見 2023, pp. 143-144）。

日本の入管収容施設においても、支援者はスティグマ化に対抗する役割を果たしている。収容者の訴えは、面会活動を日常的に行う市民団体やジャーナリストが介在することで、収容施設の外部に伝えられる。ウィシュマさんが生前に書いた手紙は、支援者によって出版されている（眞野 2021）。二〇二一年の「入管法改悪に反対する緊急アクションシットイン」は象徴的な事例である。シットインにおいては、収容されている人々のメッセージが支援者によって読み上げられ、自分自身が収容された経験がある人も参加して発言した。シットインが創り出したのは、仮放免中の人も含む当事者が公共的な場で自ら声を発する空間である（岸見・高谷・稲葉 2023, 第1章）。これらの活動を通じて、匿名化された収容者のイメージは相対化され、ウィシュマさんをはじめとする一人ひとりの姿が描き出された。シットインが目標とした入管法改定阻止は一度は実現したが、二〇二三年に同内容の法案が成立してしまった。だが、シットインでは、認識的不正義の是正に向けて、収容施設の内外の人々がなしうる協働の可能性が示された。

入管収容施設において認識的不正義が作動しにくい状況を作り出す責任は、現場職員だけではなく、収容施設の外部にいる、支援者や収容者の家族、ジャーナリスト、研究者や政治家、その他の一般の人々、さらには収容者自身によって分有されるべきである。(18) 収容施設の外部にいる人々について述べれば、外部にいる人々は収容者と行政職員の双方に関与し働きかけることができる点において、重要な役割を果たしうる。収容者は、外部の人に自分の経験を伝えることが特に難しい環境に置かれている（訴えの封殺）。収容施設の外部にいる支援者は、この環境を緩和するうえで重要な役割を担うことができる。外部にいる人々はさらに、収容者の訴えを施設の外部に伝え増幅させることによって、行政職員の間で抱かれている無意識のバイアスの存在を可視化し、認識的不正義を緩和する役割を果たすことができるだろう。

各人が具体的に負う責任は、それぞれが社会において占める位置によって異なっている。重要なのは、問題のある無意識のバイアスが作動しにくい状況は、各人が他の人々と一緒になって解決に向けて行動することによって、はじめて実現されるということである。本章の議論が、収容施設における不正義の理解とその是正についての公共的な議論にささやかながら貢献できれば幸いである。

注

（1）本章は岸見（2023）の一部を、再構成したうえで加筆・修正したものである。元論文では認識的不正義論に加え、入管施設の参与観察研究と感情労働論も踏まえた分析を行った。

（2）筆者は岸見・髙谷・稲葉（2023）の第七章でこれらの論点を論じている。

（3）入国審査、滞在資格の取得・更新や帰化のための審査、難民認定のための審査などでも認識的不正義は生じている。難民認定における認識的不正義は岸見（2024）で論じた。

（4）現実の事例に即して周縁化された抑圧された人々の経験を分析することの方法論上の重要性については、Grasswick & McHugh（2021）の Chapter 1 を参照。

（5）徳が発揮されるやり取りの側面と構造的な側面に同時に対処することが重要である（Medina 2020, p. 112, pp. 122–3）。徳アプローチと制度アプローチは大きく重なるという指摘については本書第4章も参照。本章が示す是正策は、職員個人の徳の向上にも寄与するだろう。

（6）本章での「現場職員」とは収容者らと日常的に対面で接触する職務にあたる職員を指す。

（7）ここで「訴えの封殺」と訳した silencing は、ガヤトリ・スピヴァクの議論、有色人種女性研究、言語行為論等から認識的不正義論に導入された概念である（スピヴァク 1998; Langton 1993; ドットソン 2022）。「訴え」には言語的コミュニケーションだけでなく、第5節で取り上げるハンガー・ストライキを含む、非言語的コミュニケーションも含まれる（cf. スピヴァク 1998）。

（8）証言的不正義がどのような場合に生じるかについては議論があるが、本章では本文で示したように理解する。

（9）ウィシュマさんは、亡くなる二か月以上前から体調不良を覚え、一度は回復したものの一月中旬以降、体調は悪化していった（出入国在留管理庁 2021）。支援者も体調の悪化を認めて一月二〇日に入管庁に申し入れをした（眞野 2021, p. 60）。ただし、職員が詐病であるという判断を維持した別の要因として、庁内医師による診断で重篤な異常なしとされていたという点は留意が必要である（出入国在留管理庁 2021, pp. 55–56）。医療の問題は後述する。

（10）メディナは社会心理学的要因についての分析はしていない。ここでの分析は社会心理学的要因に注目するエリザベス・アンダーソンの議論（Anderson 2010; アンダーソン 2022）を参考に筆者が行った。別の要因としては、職員に作動するシステム正当化バイアスがある（岸見 2023, pp. 118–119）。

（11）職員が作成したウィシュマさんの面会記録には、支援者が「病院に行って体調不良を訴えないと仮放免されない」と発言したという記載があった（ただし支援団体は発言の事実を否定）。報告書では、この面会記録が職員の間で共有されていたことが、職員がウィシュマさんの詐病を疑った一因として挙げられている（出入国在留管理庁 2021, p. 55）。

（12）措置要領では、DV被害者の仮放免手続きが進められるのは、「当該容疑者が逃亡又は証拠の隠滅を図るおそれがある等、仮放免することが適当でないとき、又はその他の理由で仮放免により難い場合を除」くという条件が付されている。報告書はウィシュマさんの事件では、彼女のDV被害を認めたとしても、難民認定理由に明らかに該当しない難民申請を行っていることから収容を継続すべき事例であったと結論づけている（出入国在留管理庁 2021, pp. 85-86, p. 92）。もちろん、措置要領自体の妥当性も別に問われるべきである。

（13）ウィシュマさんの事件では、医師の診察の際には通訳がいた（出入国在留管理庁 2021, p. 81）。それ以外の場合には通訳はいなかった。

（14）この点を含め、医療従事者に関わる議論の詳細は岸見（2023）の pp. 124–126 を参照。

（15）一例を挙げれば、ウィシュマさんは入国者収容所等視察委員会宛ての提案箱に治療を受けられないことを訴える手紙を投函したが、開封されたのは彼女の死後だった。
（16）これは証言の飲み込み（smothering）と呼ばれる訴えの封殺である（ドットソン 2022）。
（17）認識的に閉じた集団の説明については、メディナの集団的悪徳としての心の閉鎖性（closed-mindedness）の議論と、アンダーソンの認識的バブルの議論を参考にした（Medina 2013, pp. 35-36, p. 75; Anderson 2021, p. 11）。
（18）岸見（2023）では、認識的不正義を是正する責任が社会的位置の異なる人々の間で分有されるべき理由と、収容者・現場の職員、施設の外部にいる人々が担うべき具体的な責任について論じている。

参考文献

Anderson, E. (2010). *The Imperative of Integration*. Princeton University Press.

(2021). "Epistemic Bubbles and Authoritarian Politics." E. Edenberg & M. Hannon (Eds.), *Political Epistemology*. Oxford University Press.

アンダーソン、E.（2022）「社会制度がもつ徳としての認識的正義」飯塚理恵訳、木下頌子・渡辺一暁・飯塚理恵・小草泰編訳『分析フェミニズム基本論文集』慶應義塾大学出版会

ドットソン、K.（2022）「認識的暴力を突き止め、声を封殺する実践を突き止める」小草泰・木下頌子・飯塚理恵訳、木下頌子・渡辺一暁・飯塚理恵・小草泰編訳『分析フェミニズム基本論文集』慶應義塾大学出版会

フリッカー、M.（2023）『認識的不正義——権力は知ることの倫理にどのようにかかわるのか』佐藤邦政監訳、飯塚理恵訳、勁草書房

Grasswick, H. & McHugh, N. A. (Eds.) (2021). *Making the Case: Feminist and Critical Race Philosophers Engage Case Studies*. State University of New York Press.

Kidd, I. J. & Carel, H. (2017). "Epistemic Injustice and Illness." *Journal of Applied Philosophy*, 34(2), 172-190.

岸見太一（2023）「なぜ収容者の訴えは信用されないのか——感情労働現場としての収容施設における認識的不正義」、岸見・髙谷・稲葉（2023）一〇三～一五九頁

——（2024）「難民らしさと無知の認識論」『難民研究ジャーナル』第一三号、難民研究フォーラム、五六～七〇頁

岸見太一・髙谷幸・稲葉奈々子（2023）『入管を問う——現代日本における移民の収容と抵抗』人文書院

Langton, R. (1993). "Speech Acts and Unspeakable Acts." *Philosophy and Public Affairs*, 22(4), 293-330.

眞野明美（2021）『ウィシュマさんを知っていますか？——名古屋入管収容場から届いた手紙』風媒社

Medina, J. (2013). *The Epistemology of Resistance*. Oxford University Press.

—— (2020). "Capital Vices, Institutional Failures, and Epistemic Neglect in a County Jail." In I. J. Kidd, H. Battaly & Q. Cassam (Eds.), *Vice Epistemology* (pp. 108–125). Routledge.

—— (2021). "Agential Epistemic Injustice and Collective Epistemic Resistance in the Criminal Justice System." *Social Epistemology*, 35(2), 185–196.

—— (2022). "Political Epistemology." In D. Plou, V. Castro & J. Trices (Eds.), *The Political Turn in Analytic Philosophy* (pp. 55–75). De Gruyter.

Medina, J. & Whit, M. S. (2021). "Epistemic Activism and the Politics of Credibility: Testimonial Injustice Inside/Outside a North Carolina Jail." In H. Grasswick & N. A. McHugh (Eds.), *Making the Case: Feminist and Critical Race Philosophers Engage Case Studies* (pp. 351–388). State University of New York Press.

出入国在留管理庁（2021）「令和３年３月６日の名古屋出入国在留管理局被収容者死亡事案に関する調査報告書」（令和三年八月一〇日）。https://www.moj.go.jp/isa/publications/press/01_00156.html（二〇二四年八月二七日最終アクセス）

スピヴァク、G．C．（1998）『サバルタンは語ることができるか』上村忠男訳、みすず書房

謝辞　本書の原稿検討会の参加者には有益なコメントをいただいた。特に佐藤邦政さんからは言語哲学における訴えの封殺（silencing）研究について知見を得た。記して感謝します。なお、本論文はＪＳＰＳ科研費 19K12937、22K12957 の助成を受けています。

あとがき

本書は、日本におけるさまざまな日々の実践が認識的正義に近づくものとなってほしいという編者たちの願いから生まれた。この願いを実現するためには、認識的（不）正義概念やその研究成果が多くの人に正確に伝わり、先行研究への批判も含めた議論や語りが広がり、日本の文脈に合った概念資源が見出されたり、（その資源が取り立てて語られなくなるほど）身近なものとして定着していったりすることが大切だと思われる。

このような動機から、二〇二三年六月ごろ、すでに認識的不正義について主題的に研究していた神島裕子さん、榊原英輔さん、三木那由他さんに佐藤が声をかけて編者になることをご快諾いただき、本書の企画を練ることになった。三人は、研究者としてのお力はもちろん、本書を認識的正義にかなった仕方で作り上げるためにその知恵を拝借したいと思っていた方々であった。本書はいたるところでその恩恵を受けている。そうして創意工夫に満ちた企画書が仕上がった後、出版については『認識的不正義』邦訳の出版でお世話になった勁草書房に引き受けていただいた。

この「あとがき」では、各編者の語りのコーナーを設けることにした。認識的不正義の研究者の間でも、認識的（不）正義に対してどのような見方をしており、その概念資源に何を期待しているのかは各人の交差する社会的アイデンティティや社会的立場、利害関心や価値観によって大きく異なる。そこで読者の方々にはぜひ認識的（不）正義についての多様な語りを聴いていただきたいと思った。本当は、執筆者全員の声をお届けできればよかったのだが、都合上、今回は編者の方々に限定せざるをえない。それでも各編者の生の語り（？）を聴いていただければ、その多声的な響きを味わってもらえるものと思う。それは認識的（不）正義の本としてはとてもよいことだと個人的に思っている。

語りのコーナーに行く前に、もうひとつ大切なこととして、本書に関する障害者への情報保証についてお伝えしておこう。本書は、この紙媒体の書籍の刊行後、ＥＰＵＢ版の電子書籍として刊行予定とのことである。ＥＰＵＢ版では――購入者のデバイス仕様に依存するかもしれないが――読み上げ機能や文字サイズなどの表示の変更が利用できる。本書を目にした方で、このようなニーズを持っており、本書の内容に関心をお持ちのお知り合いがいらっしゃったら、ぜひこの情報をお伝えいただけると嬉しい。このような出版方法を実現してくださる勁草書房に感謝申し上げるとともに、本書が関心を共有する多くの読者に届くことを祈っている。

前座はここまで。あとは神島裕子・榊原英輔・佐藤邦政・三木那由他の順（五十音順）で各編者の語りをご堪能ください。

（佐藤邦政）

＊＊＊

何年も前にアメリカの哲学者マーサ・ヌスバウムの評伝を書いたとき、縁あってヌスバウムにインタヴューする機会があり、その内容を巻末に収録させていただいたところ、それについてある男性の研究者から「女性同士はいいですね」と言われ困惑したことがある。私が女性だから女性であるヌスバウムにインタヴューすることができたという意味なのか、それとも女性同士だからインタヴュー内容が充実しえたという意味なのか、その発言の真意はわからない。どちらにしても、もし物事がうまくいくことが同性同士のおかげだとすれば、世の中には「男性同士はいいですね」が溢れていることになる。筆者が本書の第8章で取り上げた政治分野においてもそうであろうし、同様にジェンダー・ギャップが著しい経済分野においてもそうであるだろう。

同様のことは不動産分野においても言えるかもしれない。ここでは架空の事例の検討を通して、読者のみなさんに性別に基づく偏見による認識的不正義の一つの所在を紹介することで、「あとがき」に代えたいと思う。

かねてより自分名義の不動産が欲しかったミチコは、定年までの年数を見据えて中古マンションの購入を決意し、住宅ローンを組むことにした。これまでの貯金で頭金も払えるし、勤続年数もあり、健康上の目立った問題もないため、ローン審査は通るだろうと思っている。だが、仲介の不動産会社の担当者から「どうしてご主人ではなくあなたがローンを組むのか」と聞かれ、答えに窮することがあった。ミチコは人生でこれまで複数回の引っ越しをしているので、そのたびに公営住宅や民間マンションの内覧をしてきたが、案内の担当者がみな、ミチコの夫にのみ通勤経路を聞くことにうんざりしていた。当初は「私も働いていて、通勤経路は……」と自ら伝えていたが、途中から面倒でやめてしまった。こうしたことの積み重ねもあり我慢も限界であったが、どうしてもその中古マンションが欲しかったため仲介の不動産会社の担当者に楯突くことはせず、その不動産会社の提携銀行にて簡易審査をするところまで漕ぎ着けたところ、「あなたは女性なのでご主人に保証人になってもらう必要がある」とのことであった。ミチコが不動産会社の担当者に「私が男性だったら妻に保証人になってもらう必要はないんですよね」と尋ねると、「多分そうですね」との返答であった。涙を呑んだミチコは、自分で探したネット銀行で住宅ローンを申し込み、無事に審査が通って安堵している。

この架空の事例を読んで、不正義の事例としては深刻さが足りない、ミチコは経済的に苦労していないし、ネット銀行で住宅ローンが通ったのだから別にいいじゃないか、単に気持ちの問題だろう——こう思う人がいるかもしれない。だがその人は、「女性は一人前ではない」という偏見に基づく認識的不正義を犯している。というのも、もしミチコが男（わかりやすさのためにミチオとする）だったら以下のようになるからである。

かねてより自分名義の不動産が欲しかったミチオは、定年までの年数を見据えて中古マンションの購入を決意し、住宅ローンを組むことにした。これまでの貯金で頭金も払えるし、勤続年数もあり、健康上の目立った問題もないため、ローン審査は通るだろうと思っている。だが、仲介の不動産会社の担当者から「どうして奥様ではなくあなたがローンを組むのか」と聞かれ、答えに窮することがあった。ミチオは人生でこれまで複数回の引っ越しをしているので、そのたびに公営住宅や民間マンションの内覧をしてきたが、案内の担当者がみな、ミチオの妻にのみ通勤経路を聞くことにうんざりしていた。当初は「私も働いていて、通勤経路は……」と自ら伝えていたが、途中から面倒でやめてしまった。こうしたことの積み重ねもあり我慢も限界であったが、どうしてもその中古マンションが欲しかったため仲介の不動産会社の担当者に楯突くことはせず、その不動産会社の提携銀行にて簡易審査をするところまで漕ぎ着けたところ、「あなたは男性なので奥様に保証人になってもらう必要がある」とのことであった。ミチオが不動産会社の担当者に「私が女性だったら夫に保証人になってもらう必要はないんですよね」と尋ねると、「多分そうですね」との返答であった。涙を呑んだミチオは、自分で探したネット銀行で住宅ローンを申し込み、無事に審査が通って安堵している。

ミチオは、男性というだけで働いていないと決めつけられたり、男性というだけで配偶者に保証人になってもらわないといけないと言われたりしている。女性と同じように、自分にできることをしたり、自分がなしたいと思うことをなそうとしているだけであるにもかかわらず、男性というだけで一人前として扱われないことを受け入れなければならない。このように、同じシナリオで性別だけをチェンジしてみれば、性別に基づく偏見がいかにナンセンスであり、また偏見を被る側の人々の自己肯定感を蝕むものであるかがわかるだろう。

以上から窺えるように、不動産分野にも認識的不正義はある。読者のみなさんにはぜひ、社会のさまざまな分野にある認識的不正義について、臆せずに語り始めてほしい。


（神島裕子）

＊＊＊

認識的不正義という概念を道具として見ると、そこには特有の長所と短所がある。

認識的不正義という概念の長所の一つは、それが道徳と認識論が交錯する領域の問題を扱っているために、何が悪いかについて合意を形成しやすいことである。価値判断の背後には、判断する者の価値観があるが、認識的不正義を論じる際には、真理を信じることは虚偽を信じることよりも良い、という認識的な価値観を、道徳的価値判断を行う際の基礎に据えることができるのである。

誤謬よりも真理を、無知よりも知を良しとする価値観は普遍的であり、認識的不正義を行う当人でさえ共有している。たとえば、フリッカーが認識的不正義の典型的事例として挙げた『リプリー』のグリーンリーフも、もしリプリーが息子を殺害した犯人であると後に知ったならば、疑ったことをマージに詫びただろう。また『アラバマ物語』で無実のトムに有罪判決を下した白人の陪審員たちも、メイエラが実父に殴られている隠し撮り映像が後に見つかったら、しぶしぶではあっても、トムを無罪放免にしたであろう。

これに対し、認識的不正義が〈小さな〉問題や〈小さな〉悪ばかり扱うという点は、認識的不正義という概念の短所と見なされるかもしれない。フリッカーの例でも、トムの証言を信じなかった白人陪審員より、娘に暴力を加え、意図的に陪審員を欺き、トムを無実の罪に陥れたメイエラの父ボブのほうがずっと悪い。『リプリー』の物語でも、マージの意見を一笑に付したグリーンリーフより、ディッキーを殺害し、それに感づいたマージの発言が信用されないように工作したリプリーのほうがずっと悪いのは明白である。

フリッカーは二〇一七年の論文において、聞き手が真相を知りながら話し手の発言を意図的に無視したり、話し手の信用性を貶めたりするようなケースは、認識的不正義には該当しないと明確に論じている（"Evolving Concepts of Epistemic Injustice." In *The Routledge Handbook of Epistemic Injustice* (pp. 53-60). Routledge）。たとえば証言的不正義は、聞き手の偏見のゆえに、無意識的に話し手の信用性を過小評価してしまう現象なのである。このため、認識的不正義には、いわば過失犯のみが存在し、故意犯は存在しないことになる。ボブやリプリーは、少なくとも作中の該当箇所では、認識的不正義を犯してはいないのである。

本書では、公害の犠牲となり水俣病に罹患した人々（第13章）や、本邦の出入国在留管理庁（入管）に収容されている人々（第14章）が被ってきた認識的不正義に関して、丹念な記述が展開されている。しかし、水俣病では、被害者が出始めた頃の新日本窒素肥料（現チッソ）の対応に不誠実さがあった点や、必要な対策が後手に回ったことが最大の問題だと考える人は少なくないだろう。また、入管制度自体に問題があると考える人は、制度自体の問題を論じずに、入管のなかで生じる認識的不正義に焦点を当てるのは、的外れだと感じるかもしれない。認識的不正義の議論では、その害がどこにあるのかが丹念に議論される。これは、認識的不正義が、社会のなかで生じるさまざまな問題の中でも、比較的小さな問題を扱っているがゆえに、その潜在的な悪影響の大きさを、あえて論証する必要があるからではないだろうか。

フリッカーは『認識的不正義』の序文のなかで、ポストモダニズムが相対主義に陥り、現状を否定もできない保守派に陥ってしまったことを批判的に取り上げた。社会の進歩を願うフリッカーは、相対主義を避けるために、何が進歩であるかについての合意を必要とする。ここにおいて、過失犯しか扱わないという認識的不正義の特徴は利点となるだろう。なぜなら、犯罪や不法行為として法に抵触する問題を除けば、故意に何かを行う人は、それを良かれと思って行っているのであり、それを非とする人との間には、容易には埋まらない価値観の対立が存在しているからである。

「不正義」という言葉は、強い非難を帯びた言葉である。誰もが悪と認める事象に対して用いる限りは問題ないだろう。対して、耳目を集める〈大きな〉問題は、たいてい何が善で何が悪であるかの合意が得られない問題である。このため、認識的不正義という概念を用いて社会の進歩に貢献したいと考えている哲学者は、大きな問題に取り組みたいという誘惑に打ち勝つ必要がある。なぜなら、そのような問題は政治の領分であり、優勢な意見や劣勢な意見、対立や妥協は存在しても、正義や不正義は存在せず、そのような問題に認識的不正義の概念を適用することは、進歩どころか独善主義に後退する危険性を孕んでいるからである。

私は、何が進歩であるかについて合意を得やすい〈小さな〉問題に取り組むことには、価値観の対立を含む〈大きな〉問題の解決のために政治的活動に身を投じるのとは異なる、一定の社会的意義があると考えている。なぜなら、仮に個々の事象は小さなことであったとしても、認識的不正義は決して些末な問題ではなく、生じる頻度が高く、問題が十分に認知されていないという点で、極めて重要な問題だからである。

フリッカーが認識的不正義の概念を提唱してから一定の時がたち、世界的には議論が成熟しつつあるが、本邦における具体的な問題状況を分析する課題は、ほとんど未着手のままである。本書を手に取った読者のなかから、身近に生じている認識的不正義に意識を向け、この課題に取り組む人が出てくれることを切に願っている。

（榊原英輔）

＊＊＊

私は「あとがき」冒頭で簡単に述べた本書企画の裏話をもう少し続けよう。本書の企画で実現したこととと、持ち越しになったことがある。実現できたことの一つは、多様な哲学分野で活躍している研究者に本書への寄稿を依頼することができたことである。また、教員のほか、大学院生や若手研究者の方々にも参加していただくことができた。

執筆の過程では、任意参加で執筆者同士で草稿を検討し合う会を催し、編者と執筆者で顔の見えるコミュニケーションができるだけ取れるようにした。そこでは、本書の目的や主旨についてお互いの意見の違いを知り、所々の擦り合わせができただけではなく、大学院生や若手研究者の迷いや不安を（すべてとは言わなくても）解消できたところもあったかと思う。さらに、勁草書房編集部の土井美智子さんにお願いして当初の字数制限を超えた原稿をお許しいただくことで、文献情報において周縁化されたり省略されたりしがちなマイナー（だが重要）な研究をすべて含めてもらうことができた。

今回持ち越しになった企画には、執筆者の公募制がある。海外では、書籍への寄稿に応募する企画を見かけることがある（多くはないかもしれないが）。執筆者探しを伝手に頼ると、どうしても出身大学や所属大学が偏ったり、人気の執筆者に依頼が集中しがちになったりする。しかし、研究は目立たなくても、そこに独自の視点と問いの切り口でアプローチするものが多くある。もちろん海外に比べて裾野が広くない日本の研究出版業界では、伝手を頼る依頼方法には多くのメリットがあるが、マイナーな研究を包摂するような執筆依頼の方法についてはいろいろな視点から検討する余地があるように思う。それは、制度的な認識的正義につながることであるように思われる。

制度的な話をしたので、認識的不正義にまつわる私の個人的なエピソードをお伝えして筆をおこう。私が認識的不正義の概念に関心を持ったのは父母の影響が強いと思う。父は北海道の浦川出身で、当時は厳しい自然環境とそれを生き抜くための家父長制の大家族のもとで育ち、早くに実母を亡くしている。苦学生で蛍雪の功を積み、自分でお金を貯めては夜間大学や大学院に入学して最終的に東京大学で博士号をとり、就職後は北海道の家族への仕送りを優先していたという。そんな父は私の家では、子どもの私や弟にはめっぽう優しかったが、母には特段厳しかったと思う。生まれや育ちに影響を受けながらも矜持を持った父の生き方と母への関わり方を私はどのように考えたらいいのだろう。父は二〇二二年六月に他界したが、認識的不正義の責任について考える現在の私のルーツになっている。母は健在なので今は語るのをやめておこう。それでも弱い人へ向ける母の優しい視線はフェミニストそのものを体現していると私は思っている。これからもその姿からいろいろと学んでいきたい。

人は多面的であり、道徳的に至らないこともあり、自分を持てあますこともある。認識的不正義はそこかしこに発生しており、一筋縄では対処できない。そんな複雑で訳のわからない自分と世界を見つめて、少しずつ正義や不正義とは何なのか解きほどくことができたらと思う。

（佐藤邦政）

＊＊＊

数年前のある学生とのやり取りを忘れられずにいる。その学生は女性で、言語哲学の重要な論者を取り上げ、その理論を批判的に検討しようとしていた。その理論には、男性だからこその見方が無根拠の前提として含まれている、というのがその学生の診断だった。その話を聞かせてもらったとき、私はアイデアの面白さに興奮し、もっといろいろと教えてほしいと話をねだった。学生はいくつかの着想源を語りつつ、しかし次第に不安げな表情になっていく。そしてしばらく黙り込み、言った。「私はいま話したような（女性だからこその）経験をもとにこのように考えているのですが、これって果たして哲学になるのでしょうか？」

私はショックを受けた。哲学者の無意識の男性中心主義を批判することは、間違いなく哲学的な議論だろう。その哲学的な議論をするうえで必要な事例として女性が女性であるがゆえに経験したことを語ること、当然それも哲学であって然るべきだ。でも、そうではないとその学生は思っていた。そう思わせる何かが哲学に、その学生が触れた哲学の文献に、あるいは哲学の授業にあったのだろう。

ショックを受けながらも、私自身もその感覚には覚えがあった。一方で、哲学的なパズルを取り上げ、あるいは提案し、その解を探ろうとするという、少なくとも分析哲学の領域内ではいかにも哲学的とされる議論にも、面白さは大いに感じる。その一方で、自分自身が女性として、あるいはその他のマイノリティ（トランスジェンダーであるとか、非異性愛者であるとか、精神疾患当事者であるとか）として経験する日々の困惑や憤りがある。そしてそれらは、まったく異なる二つの世界のように長く感じられてきた。哲学の話をするときは哲学の話、マイノリティとしての話をするときにはマイノリティとしての話。暗黙の前提として、「マイノリティとしての経験のなかで得たものは（仮に既存の哲学説に照らして思うところがあったとしても）哲学的な議論には適さない」と思っていたのだろう。

ミランダ・フリッカーの認識的不正義の概念には、この二つの世界の間の壁を貫いて風穴を開けてくれるようなところがある。それは認識論の理論的な文脈のなかに置かれている概念である（本書第5章）。他方でそれは、本書の最終部で見られるように、具体的な事象を、とりわけマイノリティの抑圧の経験を語れる概念でもある。女性やその他のマイノリティとしての経験のある人にとっては、哲学と現実の生の連絡路が広がっているように感じられるだろう。

実際、認識的不正義の概念がどのように論じられてきたのかを通時的に見ていくと、私が調べた範囲では、当初は理論的にその概念の有効性を検討する論文が多く見られたのが、次第に具体的な事象への応用が話題として多くなっていく流れがあるように思える。医療や教育や科学の現場におけるやり取りについて、先住民族やトランスジェンダーが直面する障壁について、論文が書かれていっている。ひょっとしたら、「この現実のなかで自分自身が生きる経験に何か語るべきことがあるように思えるのに、それがどうやったら哲学になるのかわからない」という気持ちを抱えていた人がたくさんいたのかもしれない、と想像する。そうした人が、自分自身の経験を哲学のフィールドへ持ち込む方法を手に入れた。もしかしたら、それが認識的不正義という概念がこれほどまでに注目され、広まっていることの理由の一端なのかもしれない。

本書を読んでくれた方のなかにも、同様の気持ちを抱いている人がいるだろうか？　きっといるだろう。そうした人には、ぜひ読むだけでなく自ら語り始めてほしいと思う。もちろん、どこかで公開するというのは難しいかもしれない。頭の中で語ったり、個人的な日記をつけたりするのでも構わない。本書を通じて、おそらく認識的不正義という概念を使うための注意点がいくらかわかったり、この概念の使用例を見て何となく「こういうふうにやればいいのか」という感覚が得られたりしたことだろう。もしそうだとしたら、今度はぜひ自分で使ってみてほしい。子ども時代に遭遇した不当な出来事、職場でもやもやしたこと、病院での困りごと、……。これまでは「なんだか嫌だった」としか言いようのなかった事柄のなかに、ひょっとすると今なら語れるものがあるかもしれない。最初は慣れないと思うが、繰り返し語ろうとするうちに、きっとコツも掴めてくるはずだ。

そしてこのことも強調したい。そうした語りの試みは、哲学なのだと。それはきっと、もとから哲学的なテーマだったのだが、しかしいかにも「哲学らしい」と見なされる形を与えにくいものでもあった。認識的不正義の概念は、その形を与えてくれるツールのひとつだ。それを使うのに、哲学者や研究者という職業に就いている必要はない。ぜひこの概念を使ってあなたの経験を語り始めてほしい。それはもう哲学なのである。

（三木那由他）

編著者略歴

佐藤邦政（さとう　くにまさ）はしがき・第 1 章・あとがき

茨城大学大学院教育学研究科（倫理学）講師。東京大学大学院教育学研究科修士課程修了、日本大学大学院文学研究科哲学専攻博士後期課程修了。博士（文学）。著書に『善い学びとは何か』（新曜社、2019 年）ほか、監訳書に『認識的不正義』（勁草書房、2023 年）。

神島裕子（かみしま　ゆうこ）第 8 章・あとがき

立命館大学総合心理学部教授。東京大学大学院総合文化研究科博士課程修了。博士（学術）。著書に『正義とは何か』（中公新書、2018 年）ほか、編著書に『ジェンダーと LGBTQ の哲学』（丸善出版、2024 年）ほか。

榊原英輔（さかきばら　えいすけ）第 2 章・第 11 章・あとがき

東京大学大学院医学系研究科講師。東京大学大学院医学系研究科博士課程修了。博士（医学）。共編著に『心の臨床を哲学する』（新曜社、2020 年）、著書に *The Cognitive Science of Belief*（共著、Cambridge University Press, 2022 年）ほか。

三木那由他（みき　なゆた）第 7 章・あとがき

大阪大学大学院文学研究科講師。京都大学大学院文学研究科博士課程指導認定退学。博士（文学）。著書に『話し手の意味の心理性と公共性』（勁草書房、2019 年）、『グライス 理性の哲学』（勁草書房、2022 年）ほか。

執筆者略歴

吉川千晴（よしかわ　ちはる）第 3 章

京都大学大学院文学研究科博士後期課程在籍。主論文に「ハークの基礎づけ整合主義の理論的位置付け」（『哲学論叢』49、2022 年）ほか。

飯塚理恵（いいづか　りえ）第 4 章

広島大学未来共創科学研究本部共創科学基盤センター特任助教。東京大学大学院総合文化研究科修士課程修了、エジンバラ大学にて博士号を取得。Ph.D. 共編訳書に『分析フェミニズム基本論文集』（慶應義塾大学出版会、2022）、訳書に『認識的不正義』（勁草書房、2023 年）。

笠木雅史（かさき　まさし）第 5 章

名古屋大学大学院情報学研究科准教授。関西大学大学院文学研究科修士課程修了、カルガリー大学にて博士号を取得。Ph.D.（philosophy）著書に『現場の大学論』（共著、ナカニシヤ出版、2022 年）ほか、訳書にプリチャード『知識とは何だろうか』（勁草書房、2022 年）。

小林知恵（こばやし　ちえ）第 6 章

広島大学大学院人間社会科学研究科上廣応用倫理学講座寄附講座助教。北海道大学大学院文学研究科博士後期課程修了。博士（文学）。著書に『入門 科学技術と社会』（共著、ナカニシヤ出版、2024 年）、主論文に「表出主義と構成的な道徳的真理」（『倫理学研究』8、2017 年）ほか。

池田　喬（いけだ　たかし）第9章
明治大学文学部教授。東京大学大学院人文社会系研究科博士課程修了。博士（文学）。著書に『差別の哲学入門』（共著、アルパカ、2021年）、『ハイデガーと現代現象学』（勁草書房、2023年）ほか。

佐々木梨花（ささき　りか）第10章
東京大学大学院法学政治学研究科博士課程在籍、日本学術振興会特別研究員（DC1）。主論文に「変容的経験の悪しき推奨」（共著、『応用倫理』15、2024年）ほか。

熊谷晋一郎（くまがや　しんいちろう）第12章
東京大学先端科学技術研究センター教授。東京大学大学院医学系研究科博士課程単位取得退学、東京大学大学院工学系研究科博士号取得。博士（学術）。著書に『発達障害当事者研究』（共著、医学書院、2008年）、『当事者研究』（岩波書店、2020年）ほか。

吉川　孝（よしかわ　たかし）第13章
甲南大学文学部教授。慶應義塾大学大学院文学研究科博士課程修了。博士（哲学）。著書に『フッサールの倫理学』（知泉書館、2011年）、『ブルーフィルムの哲学』（NHKブックス、2023年）ほか。

岸見太一（きしみ　たいち）第14章
福島大学行政政策学類准教授。早稲田大学大学院政治学研究科博士課程修了。博士（政治学）。著書に『入管を問う』（共著、人文書院、2023年）ほか、主論文に「難民らしさと無知の認識論」（『難民研究ジャーナル』13、2024年）ほか。

人名索引

あ 行

綾屋紗月　205, 208–210
アリストテレス　Aristotle　104, 106–108
アルコフ　Alcoff, L. M.　9, 17, 19, 65, 68
アルサジ　Al-saji, A.　156, 162
アンダーソン，E.　Anderson, E.　15–16, 25, 28, 66, 68–69, 71, 111, 142–143, 200, 248–249
アンダーソン，L.　Anderson, L.　6
アントニー　Antony, L.　19
石牟礼道子　233
井上瞳　179
ウィシュマ・サンダマリ　237–238, 240–246, 248–249
宇井純　234
ウィット　Whit, M. S.　239, 241, 244, 246
ウィリアムズ　Williams, B.　14
オーキン　Okin, S. M.　131
オースティン　Austin, J. L.　40, 117
オルポート　Allport, G. W.　162

か 行

カヴェル　Cavell, S.　230, 234
カペレン　Cappelen, H.　127, 184
カレル　Carel, H.　163, 193–195, 204, 213, 234, 243
川村敏明　207
川本輝夫　234
ガンター　Guenther, L.　161
カント　Kant, I.　101–104, 132
キケロ　Cicero　144
キッド　Kidd, I. J.　ii, 39, 193–195, 201, 234, 243
ギリガン　Gilligan, C.　144
ギルバート　Gilbert, M.　71, 122, 127
ククラ　Kukla, Q. R.　30, 117–121, 125–127
グライス　Grice, P.　122
クラリー　Crary, A.　234
クレイグ　Craig, E.　14
ケリー　Kelley, A.　183
コーディ　Coady, D.　15, 26–27, 37, 40, 94
コリンズ　Collins, P. H.　10
コンウェイ　Conway, M. A.　211–212
コングドン　Congdon, M.　51–52, 99, 110

さ 行

榊原英輔　32, 191
サックス　Saks, E. R.　191
佐藤邦政　17, 19, 67, 111, 144, 234
サンデル　Sandel, M. J.　144
サンフォード　Sanford, W.　5
シャーマン　Sherman, B. R.　198
ジャガー　Jaggar, A.　143–144
シュンペーター　Schumpeter, J. A.　142
ジョンソン　Johnson, C. R.　125–126
スナイダー　Snider, N.　144
スピヴァク　Spivak, G. C.　248
スペワック　Spewak, D. C.　31
セン　Sen, A.　144
ソール　Saul, J.　61, 64, 67, 73
ソルニット　Solnit, R.　114

た 行

ダール　Dahl, R. A.　142
タネシニ　Tanesini, A.　8, 10, 49–50, 194
チャップマン　Chapman, R.　204–205, 213
土本典昭　233
ディーバー　Dever, J.　127, 184
デイヴィス　Davis, E.　18, 109
デュボイス　Du Bois, W. E. B.　13
デュラー　Dular, N.　114–116

ドゥオーキン　Dworkin, A. R.　174
トービン　Tobin, T. W.　143-144
ドットソン　Dotson, K.　6, 29, 35-36, 39, 171, 184, 190, 209, 244, 248-249
ドライア　Dreier, J.　110
トンプソン　Thompson, W. C.　38

な　行

ニコライディス　Nikolaidis, A. C.　38
ヌスバウム　Nussbaum, M.　46, 106

は　行

ハーストハウス　Hursthouse, R.　93, 104, 111
ハートリー　Hartley, C.　19, 144
バーリン　Berlin, I.　133, 144
バイスコフ　Byskov, M. F.　39
ハイデガー　Heidegger, M.　230
ハスランガー　Haslanger, S.　10, 184
原田正純　ii, 220, 223-231, 234
ピート　Peet, A.　31, 119-124, 127
ヒンチマン　Hinchman, E. S.　120
フーコー　Foucault, M.　138
ブーター　Bueter, A.　34
フックウェイ　Hookway, C.　32-33, 37, 41, 111, 191
ブックマン　Buchman, D. Z.　191
ブラウンスタイン　Brownstein, M.　61-62, 67, 73
フランクリン　Franklin, J. H.　83
ブリーズ　Blease, C.　37
フリッカー　Fricker, M.　i-ii, 2-3, 5, 7-8, 11, 13-17, 23-28, 30-31, 34-36, 39-40, 44-48, 50, 52-54, 58-61, 63-68, 70-73, 78-79, 84-89, 92-95, 98-111, 113, 115-117, 126, 130, 132-138, 140, 142-145, 147-151, 153, 157-161, 163-165, 171, 183-184, 190, 198, 201, 213, 219, 221-224, 226-229, 231, 234, 244
フルツ　Geurts, B.　125
フロイド　Floyd, G.　6
フロッシュ　Frosch, D. L.　191
ペイトマン　Pateman, C.　131-132
ベッグビィ　Begby, E.　19, 89-90
ペティット　Pettit, P.　133-134
ペレド　Peled, Y.　188
ベレンシュタイン　Berenstain, N.　39, 172
ホー　Ho, A.　198
ボーヴォワール　Beauvoir, S.　56
ポールハウス　Pohlhaus Jr., G.　ii, 36, 39, 47-49, 126
ホーンズビー　Hornsby, J.　29-30, 127
ポッター　Potter, E.　9
ホルロイド　Holroyd, J.　73, 109

ま　行

マードック　Murdoch, I.　229
マイトラ　Maitra, I.　87-88, 91, 174
前田健太郎　142
マクグリン　McGlynn, A.　183
マクダウェル　McDowell, J.　106, 111, 148, 150-154, 156, 163
マケイン　McCain, M.　239-241
マッキノン　MacKinnon, C.　174
マッケンナ　McKenna, R.　14, 19
三浦まり　142
ミルズ　Mills, C. W.　12-13, 19
ミルトン　Milton, D. E. M.　209-210
向谷地生良　207
メディナ　Medina, J.　ii, 6, 16, 41, 73, 126, 231, 234, 238-241, 244, 246, 248-249
森喜朗　138-140, 144-145
モンティース　Monteith, M. J.　65-67, 74

や　行

ヤング　Young, I. M.　12, 165, 225
ヤンシー　Yancy, G.　153-157, 159-160, 164

ら　行

ラッキー　Lackey, J.　16, 91-92, 94-95
ラング　Lang, F.　199
ラングトン　Langton, R.　29-30, 111, 117-118, 127, 174, 244, 248
リー, J. Y.　Lee, J. Y.　29
ルークス　Lukes, S.　138
ルッチ　Luzzi, F.　94, 114-115
ロールズ　Rawls, J.　19, 27, 131-132, 144

わ 行

事項索引

さ　行

た　行

な　行

は　行

ま　行

や　行

ら　行

認識的不正義ハンドブック　理論から実践まで

2024年11月20日　第1版第1刷発行

編著者　佐藤邦政・神島裕子
榊原英輔・三木那由他

発行者　井村寿人

発行所　株式会社　勁《けい》草《そう》書房

112-0005 東京都文京区水道2-1-1　振替 00150-2-175253
（編集）電話 03-3815-5277／FAX 03-3814-6968
（営業）電話 03-3814-6861／FAX 03-3814-6854
本文組版 プログレス・平文社・中永製本所

ISBN978-4-326-10345-4　Printed in Japan

M・フリッカー　認識的不正義　権力は知ることの倫理にどのようにかかわるのか　佐藤邦政監訳　三七四〇円

D・プリチャード　知識とは何だろうか　認識論入門　笠木雅史訳　四四〇〇円

上枝美典　現代認識論入門　ゲティア問題から徳認識論まで　A5判　二八六〇円

J・マクダウェル　徳と理性　マクダウェル倫理学論文集　大庭健編・監訳　三六三〇円

H・カペレン／J・ディーバー　バッド・ランゲージ　悪い言葉の哲学入門　葛谷・杉本他訳　四九五〇円

三木那由他　話し手の意味の心理性と公共性　コミュニケーションの哲学へ　A5判　五二八〇円

三木那由他　グライス理性の哲学　コミュニケーションから形而上学まで　A5判　三八五〇円

P・グライス　論理と会話　清塚邦彦訳　五二八〇円

池田喬　ハイデガーと現代現象学　トピックで読む『存在と時間』　A5判　三三〇〇円

＊本体価格は二〇二四年一一月現在。消費税10％が含まれております。